আমার জীবনের আদিকাণ্ড

মোহনদাস করমচন্দ গান্ধী (১৮৬৯–১৯৪৮) : 'মহাত্মা' ও 'জাতির জনক' নামে সুপরিচিত ও সর্বজনশ্রদ্ধেয় ব্যক্তিত্ব; জন্মগ্রহণ করেন গুজরাতের পোরবন্দর-এ। ১৮৮০-র দ্বিতীয়ার্ধে লন্ডনযাত্রা আইন বিষয়ে অধ্যয়নের জন্য এবং পড়াশোনা শেষ করে ফিরে আসেন ভারতে ব্যারিস্টার হিসেবে কাজ করার ইচ্ছায়। কিন্তু ১৮৯৩ সালে তিনি রওনা দেবেন সাউথ আফ্রিকার নাটাল-এর উদ্দেশে এবং সেখানে বসবাসকারী ভারতীয়দের প্রতি ঘটে চলা জাতিবিদ্বেষের প্রতিবাদে টানা একুশ বছর ধরে কাজ করে চলবেন একজন অ্যাটর্নি হিসেবে। অতঃপর ১৯১৫ সালে পাকাপাকিভাবে ফিরে আসবেন মাতৃভূমিতে, যোগ দেবেন ভারতের জাতীয় কংগ্রেসে এবং হয়ে উঠবেন ব্রিটিশ শাসনের বিরুদ্ধে দেশব্যাপী অহিংস আন্দোলনের পুরোধাপুরুষ। বিশ্বের নানা প্রান্তে শোষণ ও বিদ্বেষের বিরুদ্ধে অহিংস মানবাধিকার আন্দোলনসমূহ গান্ধীজির জীবনবীক্ষা ও দর্শনের দ্বারা গভীরভাবে প্রভাবিত হয়েছে।

মহাদেব দেশাই (১৮৯২–১৯৪২) : স্বাধীনতা সংগ্রামী ও জাতীয়তাবাদী লেখক এই মানুষটি ব্যক্তিগত সচিব হিসেবে গান্ধীজির সঙ্গে জড়িয়ে ছিলেন ১৯১৭ থেকে ১৯৪২ সাল পর্যন্ত। শুধু যে একনিষ্ঠ গান্ধী-অনুগামী ছিলেন তাই নয়, মহাত্মা-র চিন্তাধারা ব্যাখ্যায় তাঁর পারদর্শিতা ছিল অসামান্য। ধারাবাহিকভাবে নিবদ্ধ রচনা করে গেছেন *ইয়ং ইন্ডিয়া, নবজীবন* এবং *হরিজনবন্ধু*-র জন্য; করেছেন রবীন্দ্ররচনার অনুবাদ; ইংরেজিতে প্রাঞ্জল অনুবাদ করেছেন মহাত্মা গান্ধীর *দ্য স্টোরি অব মাই এক্সপেরিমেন্টস উইথ টুথ*।

ললিতা জাকারিয়া : মহাত্মা গান্ধী সম্পর্কে গবেষণার ধারায় একটি শ্রদ্ধেয় নাম। ভারত সরকারের তথ্য ও সম্প্রচার মন্ত্রকের অন্তর্গত গবেষণা, অনুসন্ধান ও প্রশিক্ষণ বিভাগের প্রাক্তন অধিকর্তা। ২০১১ সালে অক্সফোর্ড ইউনিভার্সিটি প্রেস প্রকাশিত *টুগেদার দে ফট : গান্ধী–নেহরু করেসপনডেন্স ১৯২১–১৯৪৮*-এর সম্পাদক।

আমার জীবনের আদিকাণ্ড
এক চিত্রিত কাহিনি

মোহনদাস করমচন্দ গান্ধী

বিন্যাস ও সম্পাদনা
মহাদেব দেশাই

টীকাসংযোজন
ললিতা জাকারিয়া

বঙ্গানুবাদ
আশীষ লাহিড়ী

OXFORD
UNIVERSITY PRESS

OXFORD
UNIVERSITY PRESS

অক্সফোর্ড ইউনিভার্সিটি প্রেস অক্সফোর্ড ইউনিভার্সিটির একটি বিভাগ। এটি বিদ্যা,
গবেষণা, এবং শিক্ষার উৎকর্ষ সাধনে ইউনিভার্সিটির উদ্দেশ্যকে অগ্রসর করার লক্ষ্যে বিশ্বব্যাপী
প্রকাশনার কাজ করে চলেছে। যুক্তরাজ্য এবং অন্য কয়েকটি রাষ্ট্রে অক্সফোর্ড
একটি নিবন্ধীকৃত ট্রেডমার্ক।

অক্সফোর্ড ইউনিভার্সিটি প্রেস
দ্বারা ভারতে প্রকাশিত।
২/১১ গ্রাউন্ড ফ্লোর, আনসারি রোড, দরিয়াগঞ্জ, নতুন দিল্লি ১১০ ০০২, ভারত।

মাই আর্লি লাইফ-এর প্রথম প্রকাশ ১৯৩২
অলংকৃত ইংরেজি সংস্করণের প্রথম প্রকাশ ২০১২
অলংকৃত এই বাংলা সংস্করণের প্রথম প্রকাশ ২০১৯

ISBN-১৩: ৯৭৮-০-১৯-৯৪৮৯৪৩-৫
ISBN-১০: ০-১৯-৯৪৮৯৪৩-২

বর্ণসংস্থাপন: GeetanjaliUni 13/16,
ট্রানিসটিক্স ডাটা টেকনলজিজ, কলকাতা ৭০০০৯১
ভারতে মুদ্রণ: রেপ্লিকা প্রেস প্রাইভেট লিমিটেড

Amar Jibaner Adikanda : Ek Chitrita Kahini
[My Early Life : An Illustrated Story]
by
M. K. Gandhi

Published by Oxford University Press, 2019

অলংকরণ : সৌরভ চট্টোপাধ্যায়

সূচিপত্র

প্রকাশকের নিবেদন

এই বইয়ে মুদ্রিত অংশের অনেকটাই আক্ষরিকভাবে দুটি বই থেকে নেওয়া : *দ্য স্টোরি অব মাই এক্সপেরিমেন্টস উইথ ট্রুথ* (নবজীবন প্রেস, আমেদাবাদ, ১৯২৫ ও ১৯২৯) এবং *সত্যাগ্রহ ইন সাউথ আফ্রিকা* (এস. গণেশন, মাদ্রাজ, ১৯২৮)। এ বইয়ের বিন্যাস ও সম্পাদনা করেছিলেন মহাদেব দেশাই। গান্ধীজি-র সহায়তা নিয়ে তিনি এর কিছু কিছু অংশ নতুন করে লিখেওছিলেন। ১৯৩২ সালে অক্সফোর্ড ইউনিভার্সিটি প্রেস এটি প্রথম প্রকাশ করে *মাই আর্লি লাইফ* নামে।

মাই আর্লি লাইফ : অ্যান ইলাস্ট্রেটেড স্টোরি সেই বইয়েরই এক নতুন ও পরিমার্জিত রূপ, যা আজকের দিনের অল্পবয়সি পাঠক, যাদের সঙ্গে গান্ধীজির সময়ের দূরত্ব বেশ কয়েক দশক, তাদের কথা মাথায় রেখে পরিকল্পিত। পৃষ্ঠাগুলির মধ্যে মাঝে মাঝেই *দ্য কালেক্টেড ওয়ার্কস অব মহাত্মা গান্ধী* [CMWG] থেকে উদাহরণ আর উদ্ধৃতি তুলে লিখিত রচনাটিকে নতুন করে প্রাণবান করে তোলার চেষ্টা করা হয়েছে। এইগুলি আর সম্পাদকীয় টীকা বাঁকা হরফে (*Italics*) ছাপা হয়েছে অপেক্ষাকৃত ছোটো অক্ষরে।

অনুবাদকের নিবেদন

এই বইটি মূলত অল্পবয়সিদের জন্য রচিত। অথচ এর মধ্যে রয়েছে গভীর দর্শনকথা, ধর্মকথা, পুরাণকথা, নীতিকথা, ইতিহাস, রাজনীতি। তার সঙ্গে রয়েছে গান্ধীজির নিজস্ব সরল শৈলী, যা মহাদেব দেশাইয়ের ইংরেজি অনুবাদে সুন্দরভাবেই ফুটেছে। গান্ধীজির নিজস্ব ইংরেজির যে-ধরন, তার সঙ্গে মহাদেব দেশাইয়ের ইংরেজি অনুবাদের শৈলীগত সাদৃশ্য খুবই উল্লেখযোগ্য। অতএব এক্ষেত্রে বাংলা অনুবাদের প্রথম শর্ত— ভাষা হবে একেবারে ঘরোয়া, মুখের ভাষার অনুসারী। তাতে থাকবে চাপা উইট। জটিল শব্দ যতদূর সম্ভব পরিত্যাজ্য। এবং সর্বোপরি, গান্ধীজির নিজস্ব জীবনদর্শন, যা তাঁর ভাষাব্যবহারেরও দর্শন, তা দ্ব্যর্থহীনভাবে ওতপ্রোত হয়ে থাকবে সে-ভাষায়।

ইংরেজি ভাষার মস্ত সুবিধে হল, মুখের ভাষা আর মননের ভাষার নৈকট্য। বাংলা ভাষায় এখনও যা দূরপরাহত। সুতরাং ইংরেজির আক্ষরিক অনুবাদ করতে গেলে লেখার মূল সুরটাই নষ্ট হয়ে যাবে। তাই লেখকের বক্তব্যের এতটুকু হানি না ঘটিয়ে আগাগোড়াই অনুবাদকে হতে হবে মূলানুগ এবং ভাবানুগ। অনুবাদ হবে ভাবের বা অভিব্যক্তির, শব্দের নয়।

আরও সমস্যা হল, গান্ধীজি মাঝে মাঝেই লৌকিক ছড়া, ইংরেজি কবিতা, সংস্কৃত বচন, এমনকী গীতার শ্লোক উদ্ধৃত করেছেন। গীতার

শ্লোকের ক্ষেত্রে অবশ্য সমস্যা কম। প্রচলিত বাংলা অনুবাদ থেকে উদ্ধৃত করলেই হল। কিন্তু সেখানেও একটু স্বাধীনতা নিয়েছি, সাধু ক্রিয়াপদগুলিকে চলিতে রূপান্তরিত করেছি। তাতে হয়তো মুখের ভাষা ও মননের ভাষার দূরত্ব কিছুটা ঘুচেছে। কিন্তু তার বিষয়বস্তুর যে-জটিলতা সেটুকু অবশ্য অনতিক্রম্য। অল্পবয়সি যে-পাঠক এতে আগ্রহী হবে, তাকে একটু বাড়তি কষ্ট করে এর মর্মার্থ বুঝে নিতে হবে।

সবচেয়ে বড়ো সমস্যা হল, প্রচলিত ছড়া বা গানের অনুবাদ নিয়ে। কোথাও সেটা ভাবগম্ভীর, কোথাও হালকা আর মজাদার, কোথাও-বা মর্মস্পর্শী। দু-একটা উদাহরণ দিই।

কৈশোরে গান্ধীজির এক বন্ধু তাঁকে মাংসভোজী করে তোলার জন্য বদ্ধপরিকর হয়ে উঠেছিল। নিষ্ঠাবান বৈষ্ণব পরিবারের সন্তান গান্ধীজির কাছে সেটা চরম ধর্মদ্রোহের শামিল। তাঁর মনের এই দ্বিধা দূর করার জন্য বন্ধুটি তাঁকে নানারকম অভিভাবন দিত। তার একটি হল, ইংরেজরা মাংস খায় বলেই তাদের গায়ে এত জোর, আর তাই তারা আমাদের শাসন করছে। তাই ইংরেজ তাড়াতে হলে মাংস খেতে হবে। বালক মোহনদাসের মনে ধরেছিল এ-যুক্তি। এ নিয়ে তখন একটা গুজরাতি ছড়া স্কুলের ছাত্রদের মধ্যে খুব জনপ্রিয় ছিল। তার ইংরেজি অনুবাদটি এইরকম:

Behold the mighty Englishman
He rules the Indian small,
Because being a meat-eater
He is five cubits tall.

নানাভাবে এর পঙ্ক্তিওয়ারি অনুবাদ করতে গিয়ে দেখা গেল, ছন্দের মজাটা আসছে না। তখন পঙ্ক্তি ছেড়ে ভাবের অনুবাদ করলাম, মনে হয় তাতেই কিছুটা উতরে দেওয়া গেল:

ওই দ্যাখ ভীম পালোয়ান ইংরেজ!
ওরা মাংসখেকোর জাত
তাই লম্বায় পাঁচ হাত।
মোরা পুঁচকে ভারতবাসী
ওদের পায়ের তলায় আছি।

এখানে ভীম পালোয়ানের জায়গায় অনায়াসেই 'বলবান' কিংবা 'শক্তিমান' লেখা চলত; কিন্তু তাতে মজাটা বোধহয় আসত না। ইংরেজির চার পঙ্‌ক্তি বাংলায় পাঁচ পঙ্‌ক্তিতে রূপান্তরিত, কিন্তু এক ধরনের হালকা চটুল ছন্দ বোধহয় আনা গেছে, কিছুটা অন্ত্যমিলেরও আভাস দেওয়া গেছে।

আবার অন্য ধরনের ভাবগম্ভীর কবিতার একটা উদাহরণ দিই। হিংসার আশ্রয় নিয়ে পশু মেরে তার মাংস খাওয়া অনুচিত, নৈতিকতা-বিরোধী, এই অতি সুপরিচিত বক্তব্য পেশ করতে গিয়ে গান্ধীজি গোল্ডস্মিথ-এর ইংরেজি কবিতার কয়েকটি পঙ্‌ক্তি উদ্ধার করেছিলেন:

No flocks that range the valley free
To slaughter I condemn;
Taught by the Power that pities me
I learn to pity them.

এর যতদূর সম্ভব সরল, একটু প্রাচীনধর্মী, 'কাব্যিক' বাংলা এইরকম দাঁড়িয়েছে:

যে-মেষেরা মুক্ত সদাই উপত্যকায় চরে
তাদের জবাই করা আমি ধিক্কারি ঘৃণাভরে,
করুণাময়ের নিত্য করুণা লভেছি মাথার 'পরে
আমারও মমতা তাই তো সদা ওদের ওপর ঝরে।

অন্ত্যমিলগুলিও আনা গেছে এইভাবে। এর বিকল্প হতে পারত একেবারে নিখাদ নির্জলা গদ্য; কিন্তু তাতে বোধহয় এর নৈতিক ভাবোচ্চতা মার খেত।

কোনো কোনো ক্ষেত্রে সাধ্যের অতৃপ্তিকর সীমাকে মেনে নিতে হয়েছে।
যেমন ধরা যাক এই নীতিধর্মী কবিতাটি:

> For a bowl of water give a goodly meal;
> For a kindly greeting bow thou down with zeal;
> For a simple penny pay thou back with gold;
> If thy life be rescued, life do not withhold.
> Thus the words and actions of the wise regard;
> Every little service tenfold they reward.
> But the truly noble know all men as one,
> And return with gladness good for evil done.

এর ঠিক মেজাজটা শত চেষ্টা করেও ধরতে পেরেছি বলে মনে হয় না:

> একবাটি জল যদি পাও, তবে দাও ভরপেট মহাভোজ;
> একটি নম্র অভিবাদন— তাকে নত হয়ে নাও শিরে;
> জোটে যদি মোটে একটি পয়সা, ফিরিয়ে দাও সোনা;
> যদি তোমার প্রাণ ফিরে পাও, বেঁধো না তাকে কষে।
> গুণীজনের কথায় রে ভাই, নিত্য ঠাহর করো;
> একটু সেবার দশগুণ তাঁরা ফিরিয়ে দেন ইনাম।
> মহৎ যাঁরা, জানেন তাঁরা সব মানুষই এক,
> (তাই) সানন্দে ফিরিয়ে দেন 'কু'-র বদলে 'সু'।

বেশ অক্ষম এই অনুবাদ-প্রচেষ্টা।

সমস্যা কেবল কবিতা নিয়েই নয়। কিছু দর্শনসিক্ত গদ্য অভিব্যক্তিকেও
মৌখিক-ঘেঁষা সরল বাংলায় আনা বেশ দুষ্কর। দু-একটি উদাহরণ।
সত্যাগ্রহর তাৎপর্য ব্যাখ্যা করতে গিয়ে গান্ধীজি বলছেন:

> *Asatya* meaning untruth literally means *that which is not*
> as *satya*— truth— also means that which *is*. If untruth

> does not so much as exist, its so-called victory is death—a negation. And truth being that which *is* can never be destroyed, that is, it is ever victorious. This is the doctrine of *satyagraha* in a nutshell.

এখানে ইংরেজিতেই *Asatya* শব্দটা ব্যবহার করে তাকে বলা হচ্ছে untruth! এর তথাকথিত 'আক্ষরিক' অনুবাদ একেবারেই হাস্যকর হয়ে পড়বে। এখানেই অনুবাদকের অগ্নিপরীক্ষা। বাক্যটাকে একটু ঘুরিয়ে নিয়ে এটার বাংলা এইভাবে করেছি:

> আক্ষরিক অর্থেই 'অসত্য' মানে হল যার অস্তিত্ব নেই, ঠিক যেমন 'সত্য' মানে হল যার অস্তিত্ব *আছে*। অসত্য যদি আদপেই না থাকে, তাহলে তার তথাকথিত বিজয়ের অর্থ মৃত্যু— নেতি। আর যেহেতু সত্য হল সেই জিনিস যার অস্তিত্ব আছে, তাই তাকে কখনো ধ্বংস করা যায় না, অর্থাৎ সত্য চিরবিজয়ী। এই হল সংক্ষেপে সত্যাগ্রহ-র মূল কথা।

গান্ধীজির আত্মসমালোচনা-মধুর দাম্পত্য রাগারাগির এক অনবদ্য চিত্র আছে এ বইতে। গান্ধী নিজেকে স্বামী হিসেবে 'নিঠুর-দরদি' বলে বর্ণনা করেছেন; ইংরেজিটা ছিল— a cruelly kind husband. গান্ধী পরিবার যখন দক্ষিণ আফ্রিকায়, তখন খানিকটা অকারণেই গান্ধী কস্তুরবার ওপর মেজাজ দেখিয়েছিলেন। তার বর্ণনা এইরকম:

> I shouted: 'I will not stand this nonsense in *my* house.' 'Keep your house to yourself then and let me go,' she sharply shouted back. I forgot myself, caught her by the hand, dragged her to the door and proceeded to open it with a view to pushing her out. The tears were rushing down her cheeks and she cried: 'Have you lost all sense of shame? Must you so far forget yourself? Where am I to go? I have

no one here to go to. You think I must put up with your
cuffs and kicks because I am your wife. For Heaven's sake
behave yourself, and shut the door. Let us not be found
making scenes like this!'

এর বাংলা করেছি:

আমি চিৎকার করে বললাম, '*আমার* বাড়িতে এ অসভ্যতা আমি
বরদাস্ত করব না।'

'তাহলে থাকো তুমি তোমার নিজের বাড়ি নিয়ে, আমাকে রেহাই
দাও', তিনিও ঝাঁঝিয়ে উঠে উত্তর দিলেন। রাগে আমি কাণ্ডজ্ঞানশূন্য
হয়ে গেলাম। ওঁর হাত ধরে হিড়হিড় করে টানতে টানতে সদর
দরজার দিকে নিয়ে চললাম, দরজা খুলে বাড়ি থেকে বার করে দেব
বলে। ওঁর গাল বেয়ে অঝোরে অশ্রু ঝরছিল। কাঁদতে কাঁদতে তিনি
বলে উঠলেন, 'তোমার কি লজ্জাশরম বলে আর কিছু অবশিষ্ট নেই?
তুমি এতটা নীচে নামাবে নিজেকে? কোথায় যাব আমি? এখানে এমন
কেউ নেই যার কাছে আমি যেতে পারি। তোমার নিশ্চয়ই ধারণা,
তোমার স্ত্রী বলে আমাকে তোমার লাথিঝ্যাঁটা সব সহ্য করে যেতে
হবে। দোহাই তোমার, নিজেকে সামলাও, দরজাটা বন্ধ করো। এ দৃশ্য
দেখে লোকে কী ভাববে বলো তো। এভাবে লোক হাসিও না।'

cuffs and kicks-এর জায়গায় 'লাথিঝ্যাঁটা', sharply shouted
back-এর জায়গায় 'ঝাঁঝিয়ে উঠে উত্তর দিলেন', making scenes-এর
জায়গায় 'লোক হাসানো', এগুলিতে সচেতনভবে চলিত কথ্য ব্যবহার
করেছি; কিন্তু tears were rushing down her cheeks-এর বেলায়
সচেতনভাবেই 'গাল বেয়ে অঝোরে অশ্রু ঝরছিল' ব্যবহার করেছি,
কারণ পরিস্থিতির অসহনীয় বেদনা ওটা ছাড়া বার করে আনা যেত
না। গুরুচণ্ডালীর সচেতন ব্যবহার আধুনিক বাংলার এক মস্ত সম্পদ;
অনুবাদে সেটা বিশেষভাবে কাজে লাগে।

পিতার মৃত্যুর সময় স্ত্রীর সঙ্গে সহবাস করছিলেন বলে গান্ধীজি সারা
জীবন নিজেকে ক্ষমা করতে পারেননি। ইংরেজিতে সেই অতি-পরিচিত
ঘটনাটি বিনা আড়ম্বরে, কিন্তু মর্মস্পর্শীভাবে ব্যক্ত হয়েছে এইভাবে:

So all was over! I had but to wring my hands. I felt deeply
ashamed and miserable. I ran to my father's room. I saw
that if animal passion had not blinded me, I should have
been spared the torture of separation from my father during
his last moments. I should have been massaging him, and
he would have died in my arms. But now it was my uncle
who had had this honour. He was so deeply devoted to his
elder brother, that he had earned the honour!

এর বঙ্গানুবাদ করেছি:

সব তাহলে শেষ! আমার চুল ছিঁড়তে ইচ্ছে করল। লজ্জায় অপমানে
আমি এতটুকু হয়ে গেলাম। ছুটে গেলাম বাবার ঘরে। উপলব্ধি
করলাম যে, জান্তব কামনা যদি আমাকে গ্রাস না করত, তাহলে বাবার
জীবনের এই শেষ মুহূর্তটিতে তাঁর কাছ থেকে বিচ্ছিন্ন হয়ে থাকার
যন্ত্রণা আমায় ভোগ করতে হত না। আমার তো উচিত ছিল ওঁর পা
টিপেই চলা। তাহলে তো আমার হাতের ওপরেই উনি ঢলে পড়তেন।
কিন্তু এখন সেই সম্মানটা পেয়ে গেলেন কাকা। দাদার প্রতি তাঁর যে
এত ভক্তি, তারই জোরে তিনি এ সম্মান জিতে নিলেন।

এখানে wring my hands-এর জায়গায় 'চুল ছিঁড়তে ইচ্ছে করল'
কিংবা I felt deeply ashamed and miserable-এর জায়গায় 'লজ্জায়
অপমানে আমি এতটুকু হয়ে গেলাম' লেখার ফলে ভাবের মিল বেশি
পরিস্ফুট হয়েছে বলে মনে করি। তাথাকথিত 'আক্ষরিক' অনুবাদে এটা
ফুটত না।

শেষ উদাহরণটি মজার। বন্ধুদের পাল্লায় পড়ে বালক মোহনদাস, আর
পাঁচজন বালকেরই মতো, বহু কষ্টে লুকিয়ে লুকিয়ে বিড়ি খেতেন।
লুকিয়ে বিড়ি খাওয়ার পরাধীনতা তাঁকে এতই পীড়িত করে যে এক
বন্ধুর সঙ্গে মিলে আত্মহত্যা করবেন বলে ঠিক করলেন। ধুতরো বিচি
সংগ্রহ করলেন জঙ্গল থেকে। 'Evening was thought to be the
auspicious hour'— 'আত্মহত্যার শুভ বা অনুকূল মুহূর্ত'র শ্লেষটি
অসাধারণ। শেষপর্যন্ত অবশ্য বোঝা গেল, বিড়ি না খেতে পাওয়ার
স্বাধীনতাহীনতা আত্মহত্যার পক্ষে যথেষ্ট জোরালো কারণ নয়!

এই অনুবাদটি করতে গিয়ে একইসঙ্গে নানান রস নিয়ে কারবার করতে
হয়েছে— মধুর, রুদ্র, বীর, হাস্য, কোমলকরুণ, বিশেষ করে আধ্যাত্মিক
রস, যার সঙ্গে আমি ব্যক্তিগতভাবে একেবারেই পরিচিত নই। এটাও
অনুবাদকের একটা বড়ো পরীক্ষা— যে-আদর্শ কিংবা অনুভবের সঙ্গে
তার মনের সায় নেই, সেগুলিকেও বিশ্বস্তভাবে ব্যক্ত করা। অনুবাদের
সময় এই কথাটা আগাগোড়া মনে রাখার চেষ্টা করেছি। অনুবাদকের
মতাদর্শ, অনুবাদকের অনুভব যেন ভাষাকে আচ্ছন্ন না করে। কতদূর
সফল হয়েছি, বলবেন— বলবে— অল্পবয়সি পাঠকরা।

আশীষ লাহিড়ী
জুলাই ২০১৮

উপক্রমণিকা*

অক্সফোর্ড ইউনিভার্সিটি প্রেস যে ভারতের স্কুলের ছাত্রছাত্রীদের জন্য গান্ধীজির আত্মজীবনীর একটি সংক্ষিপ্ত সংস্করণ প্রকাশের কথা ভেবেছেন, এটা আনন্দের কথা। আমি যেহেতু গান্ধীজির কাছের মানুষ এবং তাঁর আত্মজীবনীর অনুবাদক, তাই এই সংক্ষিপ্ত সংস্করণটি তৈরি করার ব্যাপারে তাঁরা আমার সাহায্য চান, এবং আমি সানন্দে রাজি হই। তবে ফল যা দাঁড়াল তাতে মূল রচনার প্রতি কত দূর সুবিচার করা গেল, তা নিয়ে আমার সংশয় আছে। তার অন্তত একটা কারণ এই যে, ওই আত্মজীবনীখানি বাহুল্যবর্জিত আঁটোসাঁটো রচনার আদর্শস্বরূপ; তাকে আরও আঁটোসাঁটো করে তোলা প্রায় অসম্ভব। তবু আমি এ-কাজে হাত দিলাম এই ভেবে যে, এ বইতে বিভিন্ন নৈতিক ও ধর্মীয় বিষয়ে এমন কিছু খুঁটিনাটি আলোচনা আছে যাতে

---

* ১৯৩২ সালে অক্সফোর্ড ইউনিভার্সিটি প্রেস ইন্ডিয়া প্রকাশিত *মাই আর্লি লাইফ*-এর মূল সংস্করণ থেকে পুনর্মুদ্রিত।

অল্পবয়সিদের আগ্রহ থাকবার কথা নয়, সুতরাং সেগুলিকে বাদ দিলে ক্ষতি নেই। যেমন বন্ধুবর শ্রীযুক্ত ভালজি দেশাই অনূদিত *দ্য হিস্টরি অব সত্যাগ্রহ ইন সাউথ আফ্রিকা* থেকে দক্ষিণ আফ্রিকায় সত্যাগ্রহর সংক্ষিপ্ত যে-বর্ণনা এখানে উপস্থিত করা হয়েছে তাতে দক্ষিণ আফ্রিকার ভারতীয়দের সমস্যাদির নানান অন্তরঙ্গ খুঁটিনাটি বাদ পড়েছে। রাখা হয়েছে কেবল সেইসব কাহিনি, যেগুলির প্রতি আগ্রহ চির-অমলিন থাকবে এবং যেগুলির নৈতিক মূল্য চিরস্থায়ী।

মনে হয়েছিল সংক্ষিপ্ত সংস্করণটি ১৯১৪ সালের বিবরণে এসে শেষ হওয়াই ভালো। এর পিছনে কিছু ন্যায্য যুক্তি হয়তো ছিল। কেননা, ১৯১৪-র পরের পর্বর ঘটনাবলি নিয়ে লেখা অংশটি বাদ দেওয়াতে স্কুল-ছাত্রদের ক্ষেত্রে এই আত্মজীবনীর প্রকৃত তাৎপর্যের কিছু হেরফের হবে না। যত অল্পবয়সিই হোক, একজন পাঠক সাম্প্রতিক কালে গান্ধীজি সম্পর্কে যা-কিছু শুনেছে, সেসবই অঙ্কুর-আকারে আগের পর্বের এইসব ঘটনাবলির মধ্যে পাওয়া যাবে। সত্যানুসন্ধান আর সত্যনিষ্ঠার নিষ্কম্প শিখা এই আদি পর্বর আগাগোড়া প্রজ্বলন্ত। সত্য মানে নিছক যথার্থতা নয়, সত্য এখানে ঈশ্বরেরই সমার্থক, তাই তা প্রেমের সঙ্গে আর অহিত না-করার সঙ্গে নিবিড়ভাবে যুক্ত। বিভিন্ন ক্ষমতাশালী শাসক ও শক্তির সঙ্গে মোকাবিলা করার যে-সাহস, তার উৎস তো সত্যর প্রতি ওই বিনিদ্র আসক্তি; প্রেম ছাড়া সত্যময় সে-জীবন যাপন করা যায় না। তারই ফলে ওই সাহস হয়ে ওঠে সুপবিত্র। এমার্সন-এর কথায়, 'তিনি সদাই হয়ে ওঠেন এক মুক্তিদাতা, কিন্তু সে-মুক্তি এক আদর্শ স্বাধীনতা। ... সত্যকথনের স্বাধীনতা সেখানে থাকে, মিথ্যাকথনের স্বাধীনতা থাকে না'; সেবার স্বাধীনতা থাকে, শোষণের নয়; আত্মোৎসর্গর স্বাধীনতা থাকে, কিন্তু হত্যা করার কিংবা আঘাত করবার স্বাধীনতা থাকে না। সুপবিত্র সেই সাহসিকতার নিদর্শন এমনকী ১৯১৪-র আগের এই পর্বেও যথেষ্টই মিলবে।

দ্বিতীয় খণ্ডের শুরুতে আত্মজীবনীর লেখক জানিয়েছেন, 'সমালোচকদের সন্তুষ্ট করার উদ্দেশ্য নিয়ে আমি এই আত্মজীবনী লিখিনি। এই লেখাটাও সত্য সংক্রান্ত নানা পরীক্ষানিরীক্ষারই একটি। অবশ্যই এর একটা লক্ষ্য হল আমার সহকর্মীদের মনে কিছু আশ্বাস আর ভাবনার খোরাক জোগানো।'

এর সঙ্গে আমি এইটুকু যোগ করতে চাই যে, এই সংক্ষিপ্ত সংস্করণে 'সহকর্মী' বলতে কেবল তাঁদেরই বোঝানো হচ্ছে না, যাঁরা 'সত্যাগ্রহী' রূপে চিহ্নিত। এখানে 'সহকর্মী' বলতে বোঝানো হচ্ছে সেই সমগ্র ভ্রাতৃমণ্ডলীর সদস্যদের, যাঁরা সত্য আর অহিংসাকে পবিত্র জ্ঞান করে, যাঁরা সত্য আর অহিংসার জন্য সব ছাড়তে পারে। আমার মনে হয়, সবার আগে তরুণরাই স্বভাবত সেই ভ্রাতৃমণ্ডলীর সদস্য, অন্তত তাই হওয়া উচিত। এই সংক্ষিপ্ত সংস্করণটি যেন তাদের মনে মূল রচনাটি পূর্ণাঙ্গ পাঠের ক্ষুধা জাগিয়ে তোলে।

মহাদেব দেশাই
এপ্রিল ১৯৩২

ছেলেবেলা

আমার বাবা, কাবা গান্ধীর ধনসম্পত্তি জমানোর এতটুকু উচ্চাশা ছিল না। আমাদের জন্য তিনি খুব সামান্যই সম্পত্তি রেখে গিয়েছিলেন।

প্রথাগত কোনো শিক্ষা ছিল না তাঁর, কেবল অভিজ্ঞতার শিক্ষাটুকু ছাড়া। বড়োজোর গুজরাতি ইস্কুলের পঞ্চম শ্রেণি অবধি পড়েছিলেন। ইতিহাস আর ভূগোল কিছুই জানতেন না, কিন্তু ব্যাবহারিক কাজকর্মে প্রচুর অভিজ্ঞতা অর্জন করেছিলেন। খুব জটিল সব সমস্যার সমাধানে এবং শত শত লোককে পরিচালনা করার ব্যাপারে সে-অভিজ্ঞতা তাঁর খুব কাজে লেগেছিল। ধর্মীয় শিক্ষা তিনি খুব সামান্যই লাভ করেছিলেন, তবে মন্দিরে বার বার যেতে যেতে এবং ধর্মকথা শুনতে শুনতে বহু হিন্দু যে-ধর্মীয় সংস্কৃতি আয়ত্ত করে নেয়, সেটা বাবাও রপ্ত করেছিলেন। জীবনের শেষ দিকে আমাদের পারিবারিক বন্ধু এক ব্রাহ্মণ পণ্ডিতের পরামর্শে বাবা গীতা পড়তে শুরু করেন। প্রত্যেক দিন পুজোর সময় জোরে জোরে পাঠ করতেন গীতার কয়েকটি শ্লোক।

বাবা তাঁর জ্ঞাতিগোষ্ঠীকে ভালোবাসতেন। তিনি ছিলেন সত্যনিষ্ঠ, সাহসী ও উদার। তাঁর সততায় কোনো খাদ ছিল না। পরিবারের ভিতরেই হোক বা বাইরে, অটল পক্ষপাতহীনতার জন্য তিনি প্রসিদ্ধ

ছিলেন। কিছুকাল রাজকোট রাজ্যের প্রধানমন্ত্রী হয়েছিলেন। রাজকোট রাজ্যের প্রতি তাঁর আনুগত্যের কথা সবাই জানত। একজন রাজনৈতিক এজেন্ট একবার বাবার উপরওলা, রাজকোটের ঠাকুরসাহেব সম্বন্ধে অপমানকর কথা বলেছিলেন। বাবা রুখে দাঁড়িয়েছিলেন সে-অপমানের বিরুদ্ধে। এজেন্ট সাহেব চটে গিয়ে কাবা গান্ধীকে ক্ষমা চাইতে বলেন। কিন্তু তিনি ক্ষমা চাইতে অস্বীকার করেন। তখন তাঁকে কয়েক ঘণ্টার জন্য আটক করে রাখা হয়। এজেন্ট সাহেব যখন দেখলেন কাবা গান্ধী অনমনীয়, তখন তাঁকে ছেড়ে দিলেন।

মা আমার মনের ওপর সবচেয়ে বড়ো যে-ছাপটি রেখে গেছেন, সেটা হল সাত্ত্বিকতার। মা গভীরভাবে ধর্মবিশ্বাসী ছিলেন। প্রার্থনা না করে কোনোদিন অন্নগ্রহণ করার কথা ভাবতেও পারতেন না। হাভেলিতে—মানে বৈষ্ণব মন্দিরে—যাওয়াটা তাঁর নিত্যকর্মের মধ্যে পড়ত। আমি যতদূর মনে করতে পারছি, মা একবারের জন্যও ‘চতুর্মাসা’য় যেতে ভুল করেননি। সবচেয়ে কঠিন ব্রতগুলো পালন করতেন আর একেবারে অক্ষরে অক্ষরে মেনে চলতেন তার নিয়মকানুন। শরীর খারাপের অজুহাতে নিজের ব্রতপালনে কোনোরকম শিথিলতা বরদাস্ত করতেন না। একবার মনে আছে, চান্দ্রায়ণ-ব্রত পালনের সময় মা অসুস্থ হয়ে পড়েছিলেন, কিন্তু সে-অসুস্থতাকে ব্রতপালনের পথে বাধা হতে দেননি। পরপর দুটো-তিনটে উপোসের পালা তাঁর কাছে কোনো

ব্যাপারই ছিল না। চতুর্মাসার সময় একবেলা উপোস তো করতেনই, কিন্তু তাতেও সন্তুষ্ট না হয়ে তিনি একবার একটা চতুর্মাসার সময় একদিন অন্তর উপোস করলেন। অন্য এক চতুর্মাসার সময় একবার তিনি পণ করলেন, সূর্যের মুখ না দেখা পর্যন্ত কিছু মুখে তুলবেন না। আমরা, বাড়ির বাচ্চারা, আকাশের দিকে হাঁ করে চেয়ে থাকতাম, কখন সূর্যের উদয় হয় সেটা মাকে জানাবার জন্য। সকলেই জানে, ভরা বর্ষায় সুয্যিদেব অনেক সময়েই মুখ দেখানো পছন্দ করেন না। এমনসব দিনের কথা আমার বেশ মনে পড়ে, যখন হঠাৎ সূর্যের মুখ দেখতে পেয়ে আমরা ছুটে গিয়ে মাকে সে-খবরটা দিতাম, আর মা-ও ছুটে বেরিয়ে আসতেন সূর্য দেখতে, কিন্তু হায়, ততক্ষণে সূর্যদেব আবার উধাও; ফলে সেদিন মা-র আর খাওয়াই হত না। মা হাসিমুখে বলতেন, 'ও কিছু না। আসলে ভগবান চাইছেন না যে আমি আজ কিছু খাই।' বলে ব্যস্ত হয়ে পড়তেন তিনি তাঁর নিত্যদিনের কাজে।

মা-র কাণ্ডজ্ঞান ছিল অত্যন্ত সজাগ। রাজ্যের খবরাখবর মা ভালোই রাখতেন। রাজসভার মহিলারা খুব প্রশংসা করতেন তাঁর বুদ্ধির। শিশু হওয়ার সুবাদে আমি প্রায়ই মা-র সঙ্গে ঘুরঘুর করবার সুযোগ পেতাম। ঠাকুরসাহেবের বিধবা মা-র সঙ্গে তাঁর কত-যে প্রাণবন্ত আলোচনা হত, সেসব আমি আজও স্পষ্ট মনে করতে পারি।

এই হলেন আমার বাবা-মা। এঁদের সন্তান হিসেবে ২ অক্টোবর ১৮৬৯ আমার জন্ম হয় পোরবন্দরে (কাথিয়াওয়াড়), যার অন্য নাম সুদামাপুরী।

গান্ধীজি অনেক সময় পুরাণের সুদামার উদাহরণ দিয়ে বিনয়, সমতা আর খাঁটি ভালোবাসার বিষয়টি বোঝাতেন। সুদামা ও কৃষ্ণ ছিলেন পরস্পরের বন্ধু আর একই গুরুর শিষ্য। গুরুর নাম সন্দীপনী। সুদামার মস্ত পরিবার। তারা খুব গরিব। সংসারের প্রতি উদাসীন হওয়ায় সুদামার স্ত্রী তাকে বকাঝকা করে কৃষ্ণর কাছে সাহায্যর জন্য পাঠান। অথচ, প্রভুর কাছে যাওয়ামাত্র সুদামা সাহায্য চাইবার কথা

ভুলে যেতেন। কিন্তু ফিরে এসে দেখতেন, তাঁর ঘর দামি দামি জিনিসে ভরে গেছে।

'ছোটোরা বলো তো দেখি, প্রভু কৃষ্ণর কাছে যাওয়ার সময় সুদামা কী জামাকাপড় পরে গিয়েছিলেন? তিনি কি রেশমি পাড়-দেওয়া ধুতি পরে গিয়েছিলেন? না কি ঝালর-দেওয়া জামা? না কি, একেবারে চ্যাপটা একখানা মারাঠি পাগড়ি মাথায় দিয়ে, গায়ে কিংখাবের চাদর জড়িয়ে গিয়েছিলেন? মোটেই না! তিনি গিয়েছিলেন ছেঁড়া জামাকাপড় পরে। ... 'আচ্ছা রুখি, সুদামা ঠিক কী পোশাক পরেছিলেন, জান কি? না, তুমি হয়তো জান না। কিন্তু আমি জানি। কারণ আমার জন্ম যে পোরবন্দরে, যেখানে সুদামা জন্মেছিলেন। বেশ, এবার বলো তো, সুদামা কোনদিকে মুখ করেছিলেন? বাড়ির দিকে? বুঝলে ভায়া, তিনি বাড়ি থেকে বেরিয়ে চলেছিলেন সেইদিকে যেখানে তার প্রভুর নিবাস।'

(দ্য কালেক্টেড ওয়ার্কস অব মহাত্মা গান্ধী [CWMG],
খণ্ড ১৫, পৃষ্ঠা ৫১)

আমার ছেলেবেলা কেটেছিল পোরবন্দরে। মনে আছে, আমাকে স্কুলে ভরতি করে দেওয়া হয়েছিল। বেশ কষ্ট করে তবে নামতা মুখস্থ করতে পেরেছিলাম। সেসব দিন সম্বন্ধে কেবল এইটুকুই আমার মনে আছে যে, অন্য ছেলেদের সঙ্গে জুটে আমি মাস্টারমশাইদের পেছনে লাগতে শিখেছিলাম। আমার বুদ্ধি যে বেশ ঢিলে ছিল, আর স্মরণশক্তি ছিল কাঁচা, এ থেকে তার জোরালো প্রমাণ মেলে।

ইস্কুলবেলা

আমার বয়স তখন বোধহয় বছর সাতেক। বাবা পোরবন্দর থেকে রাজস্থান রাজসভার সদস্য হয়ে রাজকোটে বদলি হলেন। ওখানে আমাকে একটি প্রাথমিক বিদ্যালয়ে ভরতি করে দেওয়া হল। সেই দিনগুলো আমার বেশ মনে পড়ে, এমনকী যেসব শিক্ষক আমাকে পড়াতেন তাঁদের নাম এবং অন্যান্য খুঁটিনাটিও। পোরবন্দরের মতো এখানেও আমার পড়াশোনা নিয়ে বলবার মতো তেমন কিছুই নেই। ছিলাম বড়োজোর এক মাঝারি মাপের ছাত্র। ওই ইস্কুল থেকে আমি ভরতি হলাম সাবার্বান স্কুলে, তারপর সেখান থেকে হাই স্কুলে। ততদিনে বারোয় পা দিয়েছি। এই সংক্ষিপ্ত পর্বটিতে আমি মাস্টারমশাইদের কাছে, কিংবা স্কুলের সহপাঠীদের কাছে একটিও মিথ্যে কথা বলেছি বলে আমার মনে পড়ে না। ছিলাম খুবই লাজুক প্রকৃতির, কারোর সঙ্গে মিশতাম না। বই আর ইস্কুলের পড়া, এই ছিল আমার একমাত্র সঙ্গী। ঘড়ির কাঁটা ধরে ইস্কুলে যাওয়া আর ছুটি হওয়া মাত্রই ছুটে বাড়ি চলে আসা—এই ছিল আমার দৈনন্দিন অভ্যাস। একেবারে আক্ষরিক অর্থেই ছুটে চলে আসতাম আমি, কারণ কারও সঙ্গে কথা বলা আমার ধাতে সইত না। পাছে কেউ আমার পিছনে লাগে, এই ভেবেও ভয় পেতাম।

হাই স্কুলের প্রথম বছরে পরীক্ষার সময় একটা ঘটনা ঘটেছিল, যেটা লিখে রাখার মতো। শিক্ষা-পরিদর্শক মিস্টার গিল্‌স এসেছিলেন স্কুল পরিদর্শনে। বানান অনুশীলনের জন্য তিনি আমাদের পাঁচটি শব্দ লিখতে বললেন। তার মধ্যে একটা ছিল 'kettle'। বানানটা আমি ভুল লিখেছিলাম। ক্লাসের মাস্টারমশাই তাঁর জুতোর ডগা দিয়ে দৃষ্টি আকর্ষণ করে আমায় একটা কিছু নির্দেশ দেওয়ার চেষ্টা করছিলেন, কিন্তু আমি নির্দেশটা ধরতে পারছিলাম না। তিনি চাইছিলেন আমি পাশের ছেলেটির খাতা দেখে নকল করি, কিন্তু ব্যাপারটা আমার মাথার ওপর দিয়ে বেরিয়ে যাচ্ছিল। কারণ আমি জানতাম মাস্টারমশাই ওখানে রয়েছেন আমাদের টোকাটুকি ধরবার জন্য। ফল হল এই যে, দেখা গেল, আমি ছাড়া সব ছেলেই সবকটা বানান ঠিকঠাক লিখেছে। কেবল আমিই বোকামি করেছিলাম। পরে মাস্টারমশাই আমার এই বোকামির ব্যাপারটা আমাকে বোঝাতে চাইলেন, কিন্তু কোনো ফল হয়নি। 'টোকাটুকি'র বিদ্যেটা কোনোদিনই আমার শিখে ওঠা হয়নি।

অথচ তাই বলে ওই ঘটনার ফলে মাস্টারমশাইয়ের প্রতি আমার শ্রদ্ধা এতটুকু টোল খায়নি। বড়োদের দোষ-ত্রুটির ব্যাপারে আমি স্বভাবতই অন্ধ ছিলাম। পরে এই মাস্টারমশাইয়ের আরও অনেক দুর্বলতার কথা আমি জানতে পেরেছিলাম। তবু তাঁর প্রতি আমার শ্রদ্ধা একইরকম রয়ে গিয়েছিল। কেননা আমি বড়োদের নির্দেশ

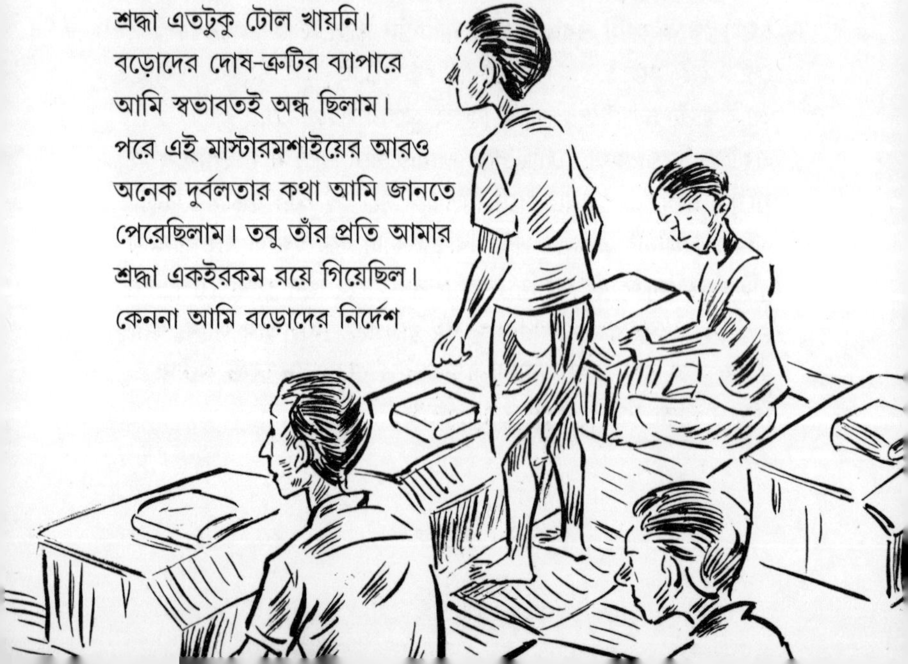

মেনে চলার শিক্ষা পেয়েছিলাম, তাঁদের কাজকর্মর বিচার-বিশ্লেষণ করার নয়।

ওই পর্বের আরও দুটি ঘটনা আমার মনে চিরকালের মতো গাঁথা হয়ে রয়েছে। ইস্কুলের পড়ার বই ছাড়া আর কিছু পড়তে আমার বিরক্ত লাগত, সেটাই ছিল আমার অভ্যেস। প্রতিদিনের পড়া অবশ্য আমাকে তৈরি করতেই হত, কেননা মাস্টারমশাইকে ঠকাতে আমার যতখানি খারাপ লাগত, ঠিক ততখানিই খারাপ লাগত তাঁর বকুনি খেতে। তাই পড়া আমি তৈরি করে যেতাম ঠিকই, কিন্তু অনেক সময়েই তাতে আমার মন লাগত না। কাজেই, ইস্কুলের পড়াই যখন ঠিকঠাক হত না, তখন বাড়তি কিছু পড়ার প্রশ্নই ওঠে না। তবু কী করে যেন বাবার কেনা একটা বই আমার নজর কেড়ে নিল। বইটা হল *শ্রবণ পিতৃভক্তি নাটক* (পিতামাতার প্রতি শ্রবণ-এর ভক্তি বিষয়ক নাটক)। গভীর আগ্রহ নিয়ে বইটা পড়ে ফেললাম। ঠিক ওই সময়েই আমাদের ওখানে ভ্রাম্যমাণ পটুয়া-কথকরা এসেছিল। তারা যেসব ছবি দেখাল তার মধ্যে একটা ছিল শ্রবণের, সে তার অন্ধ পিতামাতাকে বহন করে তীর্থে নিয়ে চলেছে। বইটা আর ছবিটা আমার মনে যে-দাগ কাটল তা কোনোদিন মুছে যাওয়ার নয়। নিজেকে বললাম, 'এই একটা অনুকরণ করার মতো দৃষ্টান্ত।' শ্রবণের মৃত্যুতে তার বেদনাহত পিতামাতার বিলাপ এখনও আমার মনের মধ্যে টাটকা হয়ে রয়েছে।

> *রামায়ণের শ্রবণ ছিল পিতৃমাতৃভক্ত পুত্র। সে তার অন্ধ পিতামাতাকে একটা বাঁকের দুই প্রান্তে বাঁধা দুটি ঝুড়িতে বসিয়ে বহন করে নিয়ে যেত নানা তীর্থক্ষেত্রে। নদী থেকে জল নিয়ে আসবার সময় রাজা দশরথের হাতে তার মৃত্যু হয়। কলসিতে জল ভরার শব্দ শুনে রাজা ভুল করে ভেবেছিলেন, একটা হাতি বুঝি জল পান করছে।*

সেই করুণ সুর আমার হৃদয় একেবারে গলিয়ে দিল। বাবার কিনে-দেওয়া একটা অ্যাকর্ডিয়ান যন্ত্রে সেই সুর বাজালাম আমি।

আরেকটা নাটক নিয়ে অনুরূপ ঘটনা ঘটেছিল। ঠিক ওই সময়েই আমি বাবার কাছ থেকে বিশেষ একটি নাট্য কোম্পানির নাটক দেখবার অনুমতি পেয়েছিলাম। *হরিশ্চন্দ্র* নামের ওই নাটকটা আমার মন কেড়ে নিল। দেখে দেখে যেন আমার আশ মেটে না। কিন্তু কত ঘন ঘনই-বা নাটকটা দেখবার অনুমতি মিলতে পারে? ভাবনাটা আমাকে পাগল করে তুলল। আমি নিজে নিজেই কতবার যে নাটকটা অভিনয় করলাম তার ইয়ত্তা নেই। 'সকলেই কেন হরিশ্চন্দ্রর মতো সত্যনিষ্ঠ হবে না?' দিনরাত নিজেকে আমার এই প্রশ্ন। সত্যর পথ ধরে চলা, আর তার জন্য হরিশ্চন্দ্র যে-সমস্ত দুঃখলাঞ্ছনা ভোগ করেছিলেন সেসব ভোগ করা, এই এক আদর্শ আমাকে অনুপ্রাণিত করল। আমি হরিশ্চন্দ্রর কাহিনিকে অক্ষরে অক্ষরে সত্য বলে বিশ্বাস করতাম। কাহিনিটার কথা ভাবলে আমার কান্না পেত। আজ আমার স্বাভাবিক বোধবুদ্ধি আমাকে বলে, হরিশ্চন্দ্র কখনও কোনো ঐতিহাসিক চরিত্র হতে পারেন না। কিন্তু শ্রবণ আর হরিশ্চন্দ্র দুজনেই আমার কাছে হলেন সজীব বাস্তব এবং আমি নিশ্চিত যে, আজও ওই নাটক দুটি পড়লে আমি একইভাবে অভিভূত হব।

হাই স্কুলে কেউ আমাকে গবেট মনে করত না। মাস্টারমশাইদের স্নেহ আমি বরাবরই পেয়েছি। আমার পড়াশোনা কতদূর এগোল তার রিপোর্ট আর 'ভালো ছেলে হয়ে থাকা'র সার্টিফিকেট প্রতি বছর বাবা-মার কাছে পাঠানো হত। কখনো খারাপ 'সার্টিফিকেট' আসেনি। বাস্তবিক, দ্বিতীয় শ্রেণি থেকে উত্তীর্ণ হওয়ার সময় আমি এমনকী পুরস্কারও পেয়েছিলাম। পঞ্চম আর ষষ্ঠ শ্রেণিতে আমি যথাক্রমে চার টাকা আর দশ টাকার জলপানি পেয়েছিলাম। তার কৃতিত্ব অবশ্য যত-না আমার মেধার, তার চেয়ে বেশি সৌভাগ্যের। কারণ ওই জলপানিগুলো সবাইকে দেওয়া হত না; ওগুলো সংরক্ষিত ছিল কেবল কাথিয়াওয়াড়-এর সোরাথ বিভাগ থেকে আসা ছেলেদের মধ্যে যারা সেরা, তাদেরই জন্য। আর সেসব দিনে চল্লিশ-পঞ্চাশ জনের একটা শ্রেণিতে ক-টা ছেলেই-বা সোরাথ থেকে আসত।

যতদূর মনে পড়ে, নিজের সামর্থ্য সম্বন্ধে আমার কোনো উঁচু ধারণা ছিল না। পুরস্কার কিংবা জলপানি পেলেই আমি অবাক হয়ে যেতাম। কিন্তু আমার চারিত্রিক নৈতিকতাকে আমি প্রাণপণে আগলে রাখতাম। এতটুকু ত্রুটি ঘটলেই আমার চোখে জল চলে আসত। বকুনি খাওয়ার মতো কোনো কাজ করলে, কিংবা মাস্টারমশাই যখন মনে করতেন আমি বকুনি খাওয়ার মতো কোনো কাজ করেছি, সেটা আমি সইতে পারতাম না। মনে আছে, একবার আমাকে শাস্তি হিসেবে মার খেতে হয়েছিল। কী শাস্তি পেলাম তার চেয়ে, আমাকে যে শাস্তি পাওয়ার যোগ্য মনে করা হয়েছিল, সেটাই আমাকে কষ্ট দিয়েছিল। আমি হাউ হাউ করে কেঁদেছিলাম। এটা যখন প্রথম বা দ্বিতীয় শ্রেণিতে পড়ি তখনকার ঘটনা। সপ্তম শ্রেণিতে পড়বার সময়েও ওইরকম একটা ঘটনা ঘটেছিল। তখন প্রধান শিক্ষক ছিলেন দোরাবজি এদুলজি জিমি। নিয়মশৃঙ্খলার ব্যাপারে খুব কড়া হলেও ছেলেদের কাছে তিনি ছিলেন জনপ্রিয়। ছিলেন একজন কঠোর নিয়ম-মানা লোক, পড়াতেনও ভালো। উঁচু ক্লাসের ছাত্রদের জন্য ব্যায়ামচর্চা আর ক্রিকেট খেলা বাধ্যতামূলক করে দিয়েছিলেন। দুটোই ছিল আমার অপছন্দ। বাধ্যতামূলক করে দেওয়ার আগে আমি কখনো ব্যায়াম করিনি, ফুটবল-ক্রিকেটও খেলিনি। আমার লাজুকপনাই ছিল এই অনীহার কারণ। আজ বুঝতে পারি, কাজটা আমি ঠিক করিনি। তখন আমার একটা ভুল ধারণা ছিল যে শিক্ষার সঙ্গে ব্যায়ামচর্চার কোনো সম্পর্ক নেই। আজ বুঝি, শিক্ষাক্রমে শরীরের প্রশিক্ষণকে মনের প্রশিক্ষণের মতোই গুরুত্ব দেওয়া উচিত।

তবে এ-কথাটা জানানো দরকার যে, ব্যায়াম না করার দরুন আমার কিন্তু কোনো ক্ষতি হয়নি। কারণ আমি বইয়ে পড়েছিলাম, খোলা হাওয়ায় অনেক দূর হাঁটলে খুব উপকার হয়। সে-পরামর্শটা আমার মনে ধরেছিল। তাই নিয়মিত হাঁটার অভ্যাস করেছিলাম আমি, যে-অভ্যাস আজও রয়ে গেছে আমার। এই হাঁটাহাঁটি আমার শরীরকে বেশ জবরদস্ত করে গড়ে তুলেছিল।

'ব্যায়ামের ব্যাপারে আমরা ঠিক আমাদের খাদ্যাভ্যাসের মতোই উদাসীন। দুলকি চালে দু-এক মাইল হাঁটাটা তো আর কোনো ব্যায়াম নয়। একটা বিলিয়ার্ড বলকে লাঠি দিয়ে একশো বা দুশোবার মারাটাও কোনো ব্যায়াম নয়। দুর্গন্ধময় বাতাসে পূর্ণ একটা ঘরে এই ধরনের ব্যায়াম করলে তার ফল ক্ষতিকর হতে বাধ্য। এহেন খারাপ পরিস্থিতিতে, যখন অন্য কোনোরকম ব্যায়ামের সুযোগ নেই, তখন হাঁটাই হচ্ছে শ্রেষ্ঠ ব্যায়াম। তবে সেটা ব্যায়াম-পদবাচ্য হয়ে ওঠে তখনই, যদি সকালে-বিকেলে একটানা ছ-মাইল করে হাঁটা যায়। হাঁটতে হবে জোরকদমে, ঘণ্টায় চার মাইল গতিতে।'

(দ্য কালেক্টেড ওয়ার্কস অব মহাত্মা গান্ধী [CWMG],
খণ্ড ১৩, পৃষ্ঠা ২৭০)

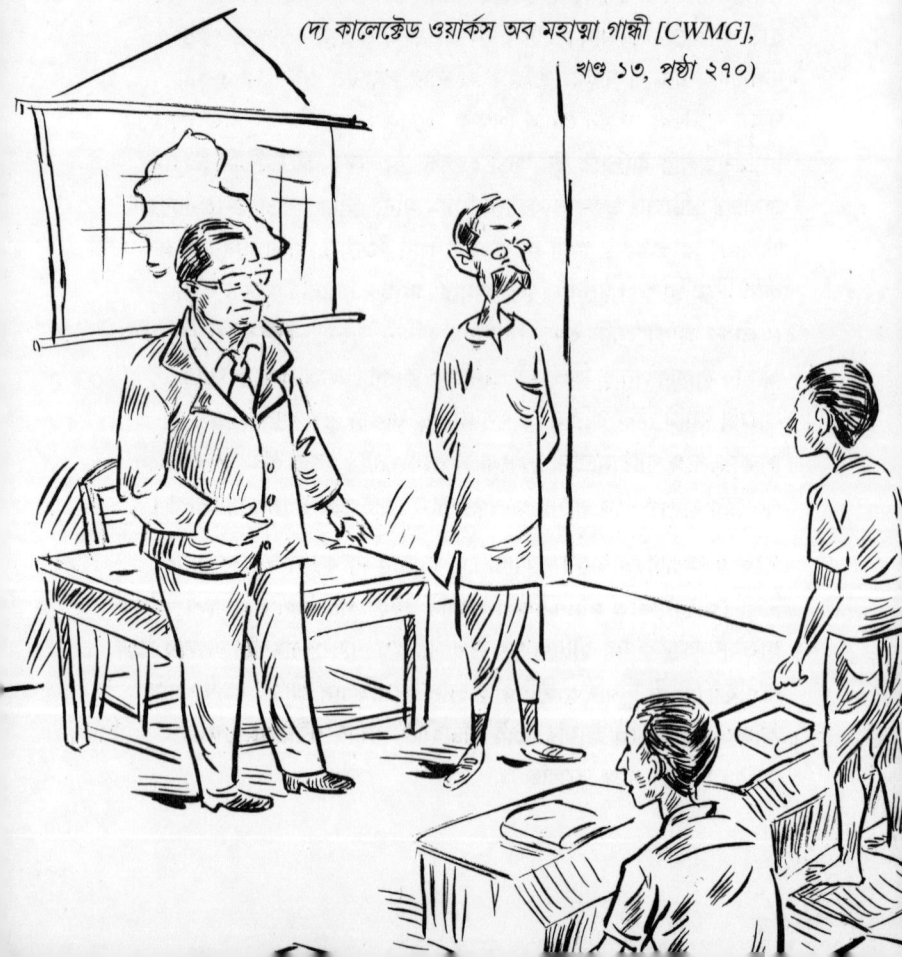

তবে ব্যায়ামকে অবহেলা করার দরুন আমার ক্ষতি না হলেও, অন্য একটা বিষয়কে অবহেলা করার মাশুল আমি আজও গুণে যাচ্ছি। কী করে জানি না, আমার একটা ধারণা হয়েছিল, সুন্দর হাতের লেখা শিক্ষার অপরিহার্য অঙ্গ নয়। বিলেত যাওয়ার আগে অব্দি আমার সে-ধারণা টিকে ছিল। ওইখানে গিয়ে আমার বোধোদয় হল যে খারাপ হাতের লেখা ত্রুটিপূর্ণ শিক্ষার লক্ষণ বলে গণ্য হওয়া উচিত। প্রত্যেক যুবক-যুবতীকে বুঝতে হবে, সুন্দর হাতের লেখা শিক্ষার অপরিহার্য অঙ্গ।

'খারাপ হাতের লেখা একটা গুরুতর ত্রুটি। সুন্দর হাতের লেখা কৃতিত্বর বিষয়। খারাপ হাতের লেখায় কিছু লিখলে আমরা আমাদের বন্ধু আর গুরুজনদের ওপর একটা ভারী বোঝা চাপিয়ে দিই, এবং নিজেদের কাজের ক্ষতি করি।'

(দ্য কালেক্টেড ওয়ার্কস অব মহাত্মা গান্ধী [CWMG], খণ্ড ১৫, পৃষ্ঠা ৯৮)

'এমন লোক আমি বড়ো একটা দেখিনি, যার হাতের লেখা আমার চেয়েও খারাপ। এদিকে টাইপরাইটার জিনিসটা আমি পছন্দ করি না, তাই হাতে লেখবার সুযোগ থাকলে, নিজের চিঠি টাইপ করিয়ে নেওয়া কিংবা নিজেই টাইপ করে নেওয়ার চেয়ে আমি বরং আমার সেই অবোধ্য হস্তাক্ষরে লেখা চিঠিটাকেই লোকের ঘাড়ে চাপিয়ে দিই। . . . টাইপরাইটার সময় বাঁচায়, তাতে সন্দেহ নেই। আমি স্বীকার করি, সময় আর টাকা সমার্থক; কিন্তু টাকাই যে সব তা মানি না। . . . আর টাইপরাইটার যেভাবে প্রসার লাভ করছে তাতে লিপিশিল্পর অসামান্য কারুকৃতি তো ধ্বংসের মুখে এসে দাঁড়িয়েছে।'

(দ্য কালেক্টেড ওয়ার্কস অব মহাত্মা গান্ধী [CWMG], খণ্ড ৩৩, পৃষ্ঠা ৩৯৬–৭)

ইস্কুল জীবনের আরও দুটো স্মৃতি লিখে রাখার মতো। চতুর্থ শ্রেণি থেকে ইংরেজিই বেশিরভাগ বিষয়ের পড়ানোর মাধ্যম হয়ে উঠল। আমি একেবারে অথই জলে পড়ে গেলাম। জ্যামিতি নামক নতুন বিষয়টাতে আমি মোটেই সুবিধে করে উঠতে পারতাম না, তার ওপর ইংরেজি মাধ্যম সেটাকে আরও কঠিন করে তুলল। মাস্টারমশাই খুব যত্ন করেই পড়াতেন, কিন্তু আমি তাঁর পড়ানো বুঝতে পারতাম না। কিন্তু বহু কষ্টে যখন ইউক্লিড-এর তেরো নম্বর উপপাদ্যে গিয়ে পৌঁছোলাম, তখন বিষয়টার চরম সরলতা আমার কাছে হঠাৎই ফুটে উঠল। যে-বিষয়টিকে বুঝতে হলে কেবল নিজের শুদ্ধ যুক্তিবোধের প্রয়োগই যথেষ্ট, সে-বিষয় কখনও শক্ত হতে পারে না। সেইসময় থেকে জ্যামিতি আমার কাছে একইসঙ্গে সরল আর কৌতূহলজনক হয়ে উঠল।

সে-তুলনায় সংস্কৃত বরং বেশি দুরূহ বলে প্রমাণিত। জ্যামিতিতে মুখস্থ করে রাখার মতো কিছুই ছিল না, কিন্তু সংস্কৃতর বেলা আমার ধারণা হয়েছিল সবটাই মুখস্থ করে রাখতে হবে। এই বিষয়টাও পড়ানো শুরু হয়েছিল চতুর্থ শ্রেণি থেকে। ষষ্ঠ শ্রেণিতে উঠে আমার মন খারাপ হয়ে গেল। ওই ক্লাসের মাস্টারমশাই খুব কড়া। ছাত্রদের ওপর জোর খাটানোয় যেন তিনি সদাব্যস্ত বলে মনে হল আমার।

সংস্কৃত আর ফারসির মাস্টারমশাইদের মধ্যে এক ধরনের রেষারেষি চলত। ফারসির মাস্টারমশাই ছিলেন দয়ালু। আমরা নিজেদের মধ্যে বলাবলি করতাম যে, ফারসি বিষয়টা খুব সোজা, ফারসির মাস্টারমশাইও খুব ভালো আর ছাত্রদের প্রতি সহানুভূতিশীল। এই 'সহজতা'র ফাঁদে পা দিয়ে একদিন আমি ফারসির ক্লাসেই বসে রইলাম। সংস্কৃতর মাস্টারমশাই ক্ষুব্ধ হলেন। কাছে ডেকে নিয়ে বললেন, 'ভুলে যেয়ো না, তুমি একজন বৈষ্ণব পিতার পুত্র। তোমার নিজের ধর্মের ভাষা তুমি শিখবে না? কোনো অসুবিধে হলেই আমার কাছে চলে আসবে, কেমন? আমি ছাত্রদের আমার সর্বশক্তি দিয়ে

সংস্কৃত শেখাতে চাই। যত এগোবে, ততই দেখবে, এর মধ্যে মগ্ন হয়ে থাকার মতো অনেক কিছু আছে। মন খারাপ কোরো না। এসো, সংস্কৃত ক্লাসে এসে আবার বসো।'

এমন সহৃদয়তায় আমার মন গলে গেল। মাস্টারমশাইয়ের এই স্নেহ আমি উপেক্ষা করতে পারলাম না। আজ কৃষ্ণশঙ্কর পাণ্ডিয়ার কথা ভাবলেই আমার মন কৃতজ্ঞতায় পূর্ণ হয়ে ওঠে। কারণ ওই সময় ওই সামান্য সংস্কৃতটুকু না শিখলে পরে হয়তো আমার পক্ষে আমাদের পবিত্র শাস্ত্রগ্রন্থগুলোর দিকে আগ্রহ বোধ করতে অসুবিধে হত। বাস্তবিক, সংস্কৃত ভাষা আরও ভালো করে কেন শিখিনি তা নিয়ে গভীর আক্ষেপ বোধ করি, কেননা পরে আমি উপলব্ধি করেছি যে, প্রতিটি হিন্দু বালক-বালিকার খুব ভালো করে সংস্কৃত ভাষা রপ্ত করা উচিত।

এখন আমার মত হল, ভারতের যাবতীয় উচ্চশিক্ষার পাঠ্যক্রমে হিন্দি, সংস্কৃত, ফারসি, আরবি ও ইংরেজি ভাষার জন্য স্থান থাকা আবশ্যক আর শিক্ষার মাধ্যম হওয়া উচিত মাতৃভাষা। এই লম্বা তালিকা দেখে ঘাবড়ানোর কোনো কারণ নেই। আমাদের শিক্ষা যদি আরও প্রণালীবদ্ধ হত, আর ছেলেরা যদি বিদেশি ভাষার মাধ্যমে বিষয়গুলি শেখবার জোয়াল থেকে মুক্ত হত, তাহলে আমার কোনো সন্দেহ নেই যে, অনেকগুলি ভাষাশিক্ষা একটা বিরক্তিকর কাজ না হয়ে আনন্দের কাজ হয়ে উঠত।

'বিদেশি ভাষার মাধ্যমে শিক্ষালাভ করতে গেলে একটা অতিরিক্ত চাপ পড়ে, যা আমাদের ছেলেরা বাধ্য হয়ে বহন করে; যদিও এরজন্য তাদের কঠিন মূল্য দিতে হয়। পরবর্তীকালে এছাড়া অন্য কোনো ভার বইবার ক্ষমতা তারা বহুলাংশে হারিয়ে ফেলে। আমাদের স্নাতকরা তাই একদল অকেজো লোক মাত্র; তাদের শরীরে নেই বল, কাজে নেই উদ্যম, তারা নেহাত নকলনবিশ। তাদের সৃজনশীলতার ও মৌলিক চিন্তাভাবনার উৎস শুকিয়ে যায়। উদ্যোগশীলতার চেতনা

ছাড়াই, অধ্যবসায়, মনোবল আর সাহসিকতার গুণগুলির বিকাশ
ছাড়াই বড়ো হয়ে ওঠে তারা।'

(দ্য কালেক্টেড ওয়ার্কস অব মহাত্মা গান্ধী [CWMG],
খণ্ড ১৪, পৃষ্ঠা ১৪–১৫)

একটি ভাষা সম্বন্ধে বিজ্ঞানসম্মত জ্ঞান থাকলে অন্যান্য ভাষা শেখা
অনেকটা সহজ হয়ে যায়।

বাস্তবে হিন্দি, গুজরাতি আর সংস্কৃতকে একটি ভাষা বলে গণ্য করা
যেতে পারে, আর ফারসি ও আরবিকেও একটি ভাষা বলা বলে
গণ্য করা যায়। ফারসি অবশ্য আর্য গোষ্ঠীর ভাষা, আর আরবি হল
সেমিটিক গোষ্ঠীভুক্ত ভাষা। তা সত্ত্বেও এ-দুটির মধ্যে সম্পর্ক ঘনিষ্ঠ,
কারণ ইসলামের অভ্যুদয়ের মধ্য দিয়েই এ-দুটি ভাষার পূর্ণ বিকাশ
ঘটেছে বলে মনে করা হয়। উর্দুকে আমি একটি স্বতন্ত্র ভাষা বলে
গণ্য করিনি, কারণ ওই ভাষা হিন্দি ব্যাকরণকেই মেনে নিয়েছে,
আর এর শব্দভাণ্ডার মূলত ফারসি আর আরবি থেকে নেওয়া। ভালো
উর্দু শিখতে হলে ফারসি আর আরবি শিখতেই হবে। ঠিক যেমন
ভালো গুজরাতি, হিন্দি, বাংলা কিংবা মারাঠি শিখতে গেলে সংস্কৃত
শিখতেই হবে।

বিয়ে এবং মাংস খাওয়া

দুঃখের সঙ্গে আমাকে লিখতে হচ্ছে যে তেরো বছর বয়সেই আমার বিয়ে হয়ে গিয়েছিল। আজ যখন আমার চারপাশে ওই বয়সের ছেলেমেয়েদের দেখি, তাদের আদরযত্ন করি, ভাবি আমার বিয়ের কথা, আর তখনই নিজের প্রতি করুণা হয় আমার। ওরা যে এ-দুর্দশা এড়াতে পেরেছে, তারজন্য ওদের অভিনন্দন জানাই। কোনোদিক থেকেই আমি এরকম একটা অস্বাভাবিক বিয়ের সপক্ষে কোনো নৈতিক সমর্থন খুঁজে পাই না। হাই স্কুলে পড়তে পড়তেই আমার বিয়ে হয়ে যায়। একমাত্র আমাদের বর্তমান হিন্দু সমাজেই বিয়ে আর লেখাপড়া এইভাবে হাত-ধরাধরি করে চলে।

আরেকটা দুঃখের ঘটনার কথাও বলতে হবে এখানে। তা হল আমার কুসঙ্গে পড়া, যেটা আমার জীবনের এক বিয়োগান্তক ঘটনা বলেই মনে করি আমি।

সঙ্গীটি আদতে ছিল আমার দাদার বন্ধু। ওরা দু-জন একই ক্লাসে পড়ত। আমি সেই সঙ্গীটির দুর্বলতাগুলো জানতাম, তবু তাকে আমার বিশ্বস্ত বন্ধু বলেই মনে করতাম। আমার মা, বড়দা ও আমার স্ত্রী সকলেই আমাকে সাবধান করে দিয়েছিলেন যে আমি খারাপ সঙ্গে মিশছি। স্বামী হিসেবে আমি এতই উদ্ধত ছিলাম যে স্ত্রীর হুঁশিয়ারিতে কান দিইনি।

কিন্তু মা ও বড়দার মতের বিরুদ্ধে যাওয়ার সাহস আমার ছিল না। তা সত্ত্বেও আমি তাঁদের কাছে এই যুক্তি তুলে ধরেছিলাম যে, আমি ওর দুর্বলতাগুলো যেমন জানি, তেমনই ওর সদ্গুণগুলোও তো জানি, এবং আমার আশা, নিজেকে শুধরে নেবে ও।

এ-যুক্তি তাঁদের মনে ধরেছিল বলে মনে হয় না। কিন্তু তাঁরা আমার কথা মেনে নিয়ে আমাকে আমার মতো চলতে দিলেন।

পরে আমি বুঝতে পেরেছি আমার বিচারে ভুল ছিল। যাকে শুধরে নিতে চাইছি, তারই সঙ্গে ঘনিষ্ঠতা পাতানো একজন সংস্কারকের উচিত না। সত্যিকারের বন্ধুত্ব এমনই এক হরিহরাত্মা সম্পর্ক যা বাস্তব জগতে দুর্লভ। সেই বন্ধুত্বই মূল্যবান আর স্থায়ী হয় যার মূলে থাকে স্বভাবের মিল। বন্ধুরা একে অপরের ওপর প্রভাব ফেলে। কাজেই বন্ধুত্বর সম্পর্কের মধ্যে শুধরে নেওয়ার সুযোগ থাকে না বললেই চলে। আমার মতে সবরকম একান্ত অন্তরঙ্গতার সম্পর্কই পরিহার করা উচিত; কারণ মানুষ সদ্গুণের চেয়ে বদগুণটাই ঢের বেশি তাড়াতাড়ি আয়ত্ত করে। আর ঈশ্বরের সঙ্গে যে-মানুষ বন্ধুত্ব পাতাবে, তাকে হয় একলা থাকতে হবে, নাহয় বন্ধু করে নিতে হবে তামাম বিশ্বকেই। আমার ভুল হতে পারে, কিন্তু আমার অন্তরঙ্গ বন্ধুত্ব পাতানোর প্রয়াস ব্যর্থ প্রমাণিত হয়েছিল।

এই বন্ধুটির সঙ্গে যখন আমার প্রথম মোলাকাত ঘটে সেসময় রাজকোটে 'সংস্কার'-এর এক ঢেউ উঠেছিল। বন্ধুটি আমাকে জানাল, আমাদের অনেক শিক্ষকই লুকিয়ে লুকিয়ে মদ-মাংস খান। এবং রাজকোটের আরও অনেক সুপরিচিত লোকের নামও করল সে, যারা ওই একই ব্যাপারে যুক্ত। এমনকী, ও জানাল, হাই স্কুলের কয়েকজন ছাত্রও রয়েছে এদের মধ্যে।

আমি অবাক হলাম, দুঃখ পেলাম। বন্ধুকে এর কারণ জিজ্ঞাসা করলাম। ও যা ব্যাখ্যা দিল তা এই : 'আমরা জাতি হিসেবে এইজন্যই দুর্বল যে আমরা মাংস খাই না। মাংস খায় বলেই ইংরেজরা আমাদের শাসন

করতে পারছে। তুই তো জানিস আমার গায়ে কত তাকত আর আমি কত জোরে ছুটতেও পারি। কারণ আমি মাংস খাই। মাংস খেলে গায়ে ফোড়া হয় না, আব হয় না। আর, যদি-বা হয়, সহজেই সেরে যায়। আমাদের যেসব মাস্টারমশাই আর যেসব বিশিষ্ট লোক মাংস খান, তাঁরা তো আর বোকা নন। তাঁরা বোঝেন এর কত গুণ। তোরও উচিত তাই করা। চেখে দেখতে দোষ কী? খেলেই বুঝতে পারবি তোর গায়ে কত জোর আসবে।'

মাংস খাওয়ার সপক্ষে এইসব সওয়াল সে যে একবারের আড্ডায় করেছিল তা নয়। মাঝে মাঝেই বন্ধুটি অনেক সময় নিয়ে, লম্বা লম্বা যুক্তি ফেঁদে, আমাকে যা বোঝাবার চেষ্টা করত, তার সারমর্ম হল এই। আমার দাদার পতন আগেই হয়েছিল। তাই তিনি আমার বন্ধুর যুক্তিই সমর্থন করলেন। আমার এই বন্ধুটির এবং আমার দাদার পাশে আমাকে সত্যিই খুব রোগাপাতলা লাগত। ওরা দুজনেই আমার তুলনায় ঢের বেশি শক্তপোক্ত আর শক্তিশালী ছিল, সাহসও ছিল বেশি। এই বন্ধুটির কীর্তিকলাপ আমায় যেন জাদু করে ফেলল। ও অনেক দূরত্ব অস্বাভাবিক জোরে দৌড়োতে পারত। হাই জাম্প আর লং জাম্পেও ছিল ওস্তাদ। বেধড়ক পিটুনি খেলেও ওর যেন গায়েই লাগত না। প্রায়ই ও নিজের কেরামতি দেখাত আমাকে। যা হয়, নিজের যেসব গুণের খামতি আছে, সেগুলো অন্য কারও আছে দেখলে লোকের তাক লেগে যায়। আমারও তাই হল। তারপরই মনে অদম্য ইচ্ছে জাগল, ওর মতো হতে হবে। লাফানো বা দৌড়োনো আমার একেবারেই আসত না। কী করলে ওর মতো শক্তিশালী হওয়া যাবে?

তার ওপর আমি ছিলাম ভীতু। চোর, ভূত আর সাপের ভয়ে সিঁটিয়ে থাকতাম। রাতে বাড়ির বাইরে বেরোতে ভয় করত। অন্ধকারে আমার আতঙ্ক ছিল। অন্ধকারে একলা ঘুমোনো প্রায় অসম্ভব ছিল আমার পক্ষে। মনে হত, একদিক থেকে ভূত, অন্যদিক থেকে চোর, আরেক দিক থেকে সাপ ধেয়ে আসছে। ফলে ঘরে আলো না জ্বালিয়ে ঘুমোতে

পারতাম না। যৌবনের দোরগোড়ায় আমার এইসব ভয়ের কথা কী করে জানাব আমি পাশে শুয়ে-থাকা ঘুমন্ত স্ত্রীকে? আমি তো জানতাম ওর সাহস আমার চেয়ে বেশি, তাই আমার লজ্জা করত। সাপ ও ভূতের ভয় আমার স্ত্রীর ছিল না। সে অন্ধকারে যেখানে খুশি যেতে পারত। আমার বন্ধুটি আমার এইসব দুর্বলতার কথা জানত। সে আমাকে বলত, জ্যান্ত সাপের গায়ে সে হাত রাখতে পারে, চোরদের পরোয়া করে না আর ভূতপ্রেতে বিশ্বাস নেই ওর। এবং, বলাই বাহুল্য, এসবেরই কারণ হল, ও মাংস খায়।

গুজরাতি কবি নর্মাদ-এর একটা ছড়া তখন আমাদের মতো ইস্কুল-ছাত্রদের মধ্যে খুব চলত। ছড়াটা এইরকম:

ওই দ্যাখ ভীম পালোয়ান ইংরেজ!
ওরা মাংসখেকোর জাত
তাই লম্বায় পাঁচ হাত।
মোরা পুঁচকে ভারতবাসী
ওদের পায়ের তলায় আছি।

আমার ওপর এর যথোচিত প্রভাব পড়েছিল। আমি হার মানলাম। ক্রমে আমার ধারণা জন্মাল, মাংস খাওয়া খুব ভালো, মাংস খেলে আমার শক্তি বাড়বে, সাহস বাড়বে। আর সারা দেশ যদি মাংস খাওয়া অভ্যেস করে তাহলে ইংরেজদের হারানো যাবে।

অতঃপর পরীক্ষা শুরু করার জন্য একটা দিন ঠিক হল। কাজটা গোপনে সারতে হবে, কেননা আমার বাবা-মা ছিলেন নিষ্ঠাবান বৈষ্ণব, আর আমি তাঁদের অসম্ভব ভক্তি করতাম। আমি জানতাম, তাঁরা যখনই জানতে পারবেন যে আমি মাংস খেয়েছি, তখনই মনে প্রচণ্ড আঘাত পাবেন। তার ওপর, আমার সত্যনিষ্ঠা আমাকে একটু বেশি মাত্রায় সাবধান করে তুলল। এ-কথা আমি বলতে পারব না যে, আমি তখন জানতাম না মাংস খাওয়া আরম্ভ করার সঙ্গে সঙ্গে

বাবা-মাকে প্রতারণা করা হবে। কিন্তু আমার মন তখন ওই 'সংস্কারে'র জন্য বদ্ধপরিকর। নিছক রসনাতৃপ্তির ব্যাপার এটা নয়; আমি তো জানতামই না জিনিসটা খেতে কেমন। আমি চাইছিলাম শক্তিশালী আর সাহসী হতে, আর চাইছিলাম আমার দেশের লোকও তাই হোক। তাহলেই আমরা ইংরেজদের হারিয়ে দিয়ে ভারতকে স্বাধীন করতে পারব। 'স্বরাজ' শব্দটাই তখনও শুনিনি। কিন্তু স্বাধীনতা বলতে কী বোঝায় জানতাম। 'সংস্কারে'র উন্মাদনা আমার চোখ ধাঁধিয়ে দিল। গোপনীয়তার পাকা বন্দোবস্ত করে আমি মিছেমিছি নিজেকে এই বলে ভোলালাম যে, বাবা-মার কাছ থেকে ব্যাপারটা গোপন রাখা সত্যের পথ থেকে বিচ্যুত হওয়া নয়।

অবশেষে এল সেই দিন। আমার সে-অবস্থা পুরোপুরি বর্ণনা করা খুব কঠিন। একদিকে 'সংস্কার'-সাধনের উন্মাদনা, জীবনে একেবারে নতুন

কিছু শুরু করবার অভিনবত্ব। অন্যদিকে, যে-কাজটা করবার জন্য আমি এত উৎসুক, সেই কাজটাই চোরের মতো লুকিয়ে লুকিয়ে করবার লজ্জা। দুয়ের মধ্যে কোনটা যে আমাকে বেশি টানছিল, বলতে পারব না। নদীর ধারে একটা নিরিবিলি জায়গার সন্ধানে বেরিয়ে পড়লাম আমরা। আর সেইখানেই জীবনে প্রথম দেখলাম সেই বস্তুটি—যার নাম মাংস। সঙ্গে রুটিওয়ালার দোকান থেকে আনা পাঁউরুটিও ছিল। দুটোর কোনোটাই আমার মুখে রুচিকর ঠেকল না। পাঁঠার মাংসটা ছিল চামড়ার মতো শক্ত। আমার গলা দিয়ে সেটা নামাতেই পারলাম না। শরীর খারাপ হয়ে গেল। মাঝপথে খাওয়া থামিয়ে দিতে হল।

দ্বিতীয় গোলটেবিল বৈঠকে যোগ দেবার জন্য গান্ধীজি ১৯৩১ সালে ইয়োরোপ যান। সেই সময় তিনি ফ্রান্স ভ্রমণ করেন। লৌসান-এ নিরামিষ খাবার খাওয়ার গুণ সংক্রান্ত একটি সভায় একটি প্রশ্নর উত্তরে তিনি বলেন:

'এর মূল্য আমার কাছে অসীম, কিন্তু গোমাংসভোজী ইয়োরোপের কাছে নয়। তবে আমি মনে করি, আমাদের আধ্যাত্মিক উন্নতি কোনো-এক পর্যায়ে এমন দাবিটি জানায় এবং যে-দাবি এমনই অপ্রতিরোধ্য যে, আমাদের দৈহিক চাহিদা মেটানোর তাগিদে সহচর প্রাণীদের হত্যা বন্ধ করা উচিত। আপনাদের কাছে আমার এই শাকাহার-ভক্তির কথা বলতে বলতে মনে পড়ে যাচ্ছে গোল্ডস্মিথ-এর সেই অনবদ্য পঙ্ক্তিগুলি:

"যে-মেষেরা মুক্ত সদাই উপত্যকায় চরে
তাদের জবাই করা আমি ধিক্কারি ঘৃণাভরে,
করুণাময়ের নিত্য করুণা লভেছি মাথার 'পরে
আমারও মমতা তাই তো সদা ওদের ওপর ঝরে।"'

(দ্য কালেক্টেড ওয়ার্কস অব মহাত্মা গান্ধী [CWMG],
খণ্ড ৪৮, পৃষ্ঠা ৪০৮)

৩৩

বাস্তবিক, প্রাণী হিসেবে ছাগল
গান্ধীজির অত্যন্ত প্রিয়
হয়ে ওঠে। তিনি কিছুকাল
ছাগলের দুধ খাওয়া অভ্যাস
করেছিলেন। আমেদাবাদে
তাঁর আশ্রমে এর জন্য দুটো ছাগল
পোষা হয়েছিল। ওদের দ্বারা অনুপ্রাণিত হয়ে
১৯১৯ সালে তিনি তাঁর ছেলে দেবদাসকে
মজা করে একটি চিঠিতে লেখেন:

'রসিকলাল হরিলাল মোহনদাস গান্ধী
পুষত সে এক ছাগলি।
ছাগলি কিছুতে দেবে না দুধ,
কেঁদে অস্থির গান্ধী।'

(দ্য কালেক্টেড ওয়ার্কস অব মহাত্মা গান্ধী [CWMG],
খণ্ড ১৫, পৃষ্ঠা ১০০)

৩৩

গান্ধীজির এক সহকর্মী ইয়ুসুফ মেহেরালির লেখা থেকে একটি অংশ
তুলে দিই:

'বিদেশে গেলে একজন ভারতীয়কে প্রায় অবধারিতভাবেই প্রথম
যে-প্রশ্নটা করা হবে সেটা গান্ধী নিয়ে। ১৯৩৮ সালে একবার গাড়ি
করে নিউ ইয়র্ক থেকে মেক্সিকো যাচ্ছিলাম। পথে একটা পেট্রোল
পাম্পে তেল ও অন্যান্য জিনিস নেওয়ার জন্য গাড়িটা দাঁড়িয়েছিল।
পাম্পের কর্মচারীটি বেশ কিছুক্ষণ ধরে সাগ্রহে আমার ভারতীয়
পোশাক-আশাক দেখে নিয়ে জিজ্ঞাসা করল:

"আপনি কোন দেশ থেকে আসছেন?"
বললাম, "ভারত।"

"বটে, ভারত থেকে? তা, গান্ধীজি আছেন কেমন?"

"খুব ভালো।"

"এখনও কি অনশন চালিয়ে যাচ্ছেন?"

"যাচ্ছেন বই কী।"

"ছাগলটা কেমন আছে?"

"দিব্যি আছে।"

সে-রাত্তিরটা আমার খুব খারাপ কাটল। সাংঘাতিক এক দুঃস্বপ্ন তাড়া করে বেড়াল আমাকে। যতবারই ঘুম আসে, মনে হয় যেন একটা জ্যান্ত ছাগল আমার ভেতর ব্যা-ব্যা করে উঠছে। অনুতাপে কষ্ট পেয়ে আমি তড়াং তড়াং করে লাফিয়ে উঠছিলাম। এবং তখনই নিজেকে আবার মনে করিয়ে দিচ্ছিলাম যে, মাংস খাওয়াটা একটা কর্তব্য, তাই মন শক্ত করতে হবে।

কুসঙ্গের উত্তরকাণ্ড

আমার বন্ধুটি সহজে হাল ছেড়ে দেবার পাত্র ছিল না। ও এবার মাংসর নানারকম সুস্বাদু পদ রেঁধে সুন্দর করে সাজিয়ে-গুছিয়ে পরিবেশন করতে লাগল। সেগুলো খাওয়ার জন্য নদীর ধারের সেই নিরিবিলি জায়গাটি ছেড়ে এবার বেছে নেওয়া হল একটি সরকারি ভবনকে। সেই ভবনের খাওয়ার ঘরটি ছিল টেবিল-চেয়ারে সুসজ্জিত। ভবনের প্রধান রাঁধুনিকে হাত করে এ বন্দোবস্ত করে নিয়েছিল আমার বন্ধুটি।

সেই টোপে কাজ হল। পাঁউরুটি সম্পর্কে আমার বিরাগ কেটে গেল, ছাগলদের প্রতি আমার করুণা উবে গেল, মাংস না হোক, মাংসর পদগুলি আমি দিব্যি তারিয়ে তারিয়ে খেতে লাগলাম। বছরখানেক এইভাবে চলল। তবে সবমিলিয়ে গোটা ছয়েকের বেশি মাংস-ভোজের আসর জমানো সম্ভব হয়নি। কারণ সরকারি ভবনটি তো আর রোজ রোজ খালি পাওয়া সম্ভব নয়। তাছাড়া অত টাকা খরচ করে ঘন ঘন জিভে-জল-আনা মাংসর পদ রাঁধাও চারটিখানি কথা নয়। এই 'সংস্কার'-সাধনের খরচ জোগানোর মতো টাকা আমার ছিল না। কাজেই এর খরচ জোগানোর বন্দোবস্ত করতে হত আমার বন্ধুকেই। কোথেকে ও এই টাকা জোগাড় করত আমি জানি না, কিন্তু ঠিকই জোগাড় করে ফেলত। কারণ আমাকে মাংসভুক করে তুলতে ও ছিল বদ্ধপরিকর।

তবে ওর সংগতিরও তো একটা সীমা ছিল। কাজেই এইসব ভোজের আসর কালেভদ্রেই বসত।

এইসব গোপন ভোজের আসরে যখনই যোগ দিতাম, বাড়িতে খাওয়ার আর প্রশ্নই উঠত না। মা স্বভাবতই খেতে ডাকতেন আর জিজ্ঞাসা করতেন, আমার খাবার ইচ্ছে নেই কেন। আমি বলতাম, 'আজ আমার খিদে নেই; হজমের কিছু একটা গণ্ডগোল হয়েছে।' এইসব ছলছুতো বানাতে আমার বিবেকে যে বাধত না, তা নয়। আমি জানতাম আমি মিথ্যে কথা বলছি, তাও আবার আমার মাকে। আমি এও জানতাম যে, বাবা-মা যদি টের পান আমি মাংসভুকে পরিণত হয়েছি, তাহলে তাঁরা প্রচণ্ড আঘাত পাবেন মনে। এই ভাবনা আমার মনকে কুরে কুরে খেত। নিজেকে তাই বললাম, 'মাংস খাওয়াটা নিশ্চয়ই জরুরি, দেশের মধ্যে খাদ্য-"সংস্কার" চালু করাটাও জরুরি, কিন্তু বাবা-মাকে ঠকানোটা মাংস খাওয়ার চেয়েও খারাপ। তাই ওঁরা বেঁচে থাকতে মাংস খাওয়ার প্রশ্নটাই ওঠে না। যখন ওঁরা আর থাকবেন না, যখন আমি স্বাধীনতা ভোগ করব, তখন আমি প্রকাশ্যেই মাংস খেতে পারি, কিন্তু যতক্ষণ-না সেদিন আসছে, আমাকে এ থেকে বিরত থাকতেই হবে।'

বাবা-মার কাছে মিথ্যে কথা বলব না, আমার এই ইচ্ছেটা ছিল একদম খাঁটি। তারই জোরে আমি মাংস খাওয়া থেকে বিরত থাকলাম বটে, কিন্তু ওই বন্ধুর সঙ্গে মেশা থামালাম না। ওকে শোধরানোর প্রয়াস আমার পক্ষে সর্বনাশা হয়ে উঠছিল, কিন্তু আগাগোড়াই আমি সে-ব্যাপারে ছিলাম অচেতন।

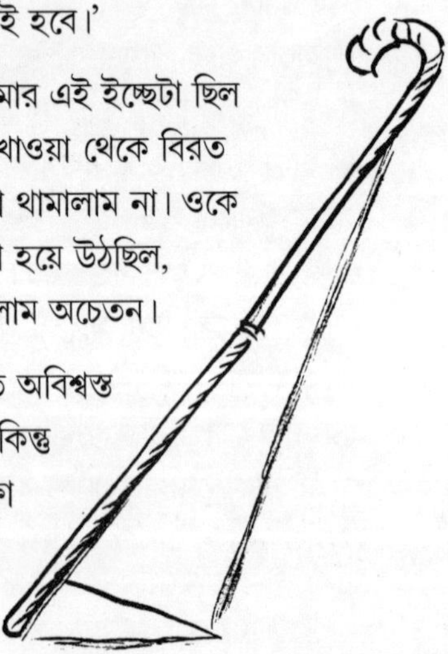

ওই একই সঙ্গ আমাকে আমার স্ত্রীর প্রতি অবিশ্বস্ত হওয়ার দিকে টেনে নিয়ে যেতে পারত। কিন্তু আমি একেবারে খাদের কিনার থেকে রক্ষা পেয়েছিলাম। পাপের একেবারে গহ্বরে ঢুকে গিয়েও ভগবানের অসীম করুণায়

আমি নিজেকে নিজের হাত থেকে বাঁচাতে পেরেছিলাম। এতসবের পরেও কিন্তু ওই বন্ধুর সঙ্গ যে অবাঞ্ছিত সে-বিষয়ে আমার চেতনা মোটেই জেগে ওঠেনি। ভবিষ্যতে তাই কপালে আরও অনেক দুঃখ লেখা ছিল। অবশেষে অনেক কাল পরে যখন বন্ধুটির কুস্বভাবের কয়েকটি নিদর্শন একেবারে অপ্রত্যাশিতভাবে স্বচক্ষে দেখলাম, তখন আমার বোধোদয় হল।

আরও একটি ব্যাপার আমার জানানো উচিত, কেননা ঘটনাটা ওই সময়েরই। স্ত্রীর সঙ্গে আমার মনোমালিন্য হয়েছিল। তার একটা কারণ অবশ্যই ওই বন্ধুটির সঙ্গ। স্ত্রীর প্রতি আমি খুবই অনুরক্ত ছিলাম, কিন্তু সেইসঙ্গে সন্দিগ্ধও ছিলাম। আমার বন্ধুটি খুঁচিয়ে খুঁচিয়ে স্ত্রী সম্পর্কে আমার মনে সন্দেহর আগুন জ্বালিয়ে তুলত। বন্ধুর কথার সত্যতা নিয়ে আমার মনে কোনো প্রশ্নই জাগত না। ওর কথার ওপর নির্ভর করে হিংস্র হয়ে উঠে মাঝে মাঝেই আমি আমার স্ত্রীকে যে-যন্ত্রণা দিয়েছি, সেই পাপের জন্য নিজেকে কোনোদিন আমি ক্ষমা করতে পারিনি। একমাত্র হিন্দু ঘরের স্ত্রীরাই সন্দেহপরায়ণ স্বামীদের এই অত্যাচার সহ্য করে নেয়। আর সেইজন্যই আমি নারীকে সহনশীলতার প্রতিমূর্তি জ্ঞান করে এসেছি। অন্যায় সন্দেহের স্বীকার হলে একটি চাকর চাকরি ছেড়ে দিতে পারে, ছেলে বাবার আশ্রয় ছেড়ে বেরিয়ে যেতে পারে, বন্ধু ঘুচিয়ে দিতে পারে বন্ধুত্ব। কিন্তু স্ত্রী যদি স্বামীকে সন্দেহ করে, সে মনের মধ্যে সেই দুঃখ পুষে রাখে; আর স্বামী যদি স্ত্রীকে সন্দেহ করে, তাহলে স্ত্রীর জীবন শেষ। কোথায় যাবে সে? বিয়ে ভেঙে দেওয়ার পথটা সচরাচর একজন হিন্দু স্ত্রীর কাছে সুলভ নয়। আইন তার কোনো নিরাময় নয়। অমূলক সন্দেহের বশে আমার স্ত্রীর ওপর যে-অত্যাচার করেছিলাম, তা কোনোদিন ভুলতে পারব না, নিজেকে ক্ষমাও করতে পারব না।

সন্দেহের ওই বিষবাষ্প আমার মন থেকে দূর হল তখনই, যখন আমি অহিংসার তাৎপর্য সব দিক থেকে উপলব্ধি করতে পারলাম। তখন আমি ব্রহ্মচর্যর মহত্ত্ব বুঝলাম; স্ত্রী যে স্বামীর কেনা বাঁদি নয়,

সে যে স্বামীর সঙ্গিনী, তার সহায়, সকল সুখে-দুঃখে সমব্যথী, সেটা বুঝতে পারলাম। স্বামীরই মতো নিজের পথ বেছে নেওয়ার স্বাধীনতা তার আছে।

'১৯১৫ সাল থেকে আমি তামাম ভারত ঘুরেছি আর সর্বত্র এই কথা বলেছি যে, যতক্ষণ-না একজন নারী নিজের স্থানটি পুরুষের পাশে প্রতিষ্ঠা করছে, নিজের অধিকার দাবি করছে, ততক্ষণ নারীর পূর্ণ বিকাশ হবে না। আর সেটা যতক্ষণ-না হচ্ছে, ততক্ষণ আমাদের কোনো প্রগতি ঘটবে না। গাড়ির দুখানা চাকার একখানা যদি চালু অবস্থায় থাকে, আর অন্যটা যদি বিগড়ে যায়, তাহলে গাড়ি ঠিকমতো চলতে পারে না।'

(দ্য কালেক্টেড ওয়ার্কস অব মহাত্মা গান্ধী [CWMG], খণ্ড ১৫, পৃষ্ঠা ৪৯)

'এ বিষয়ে এতটুকু সন্দেহ নেই যে, স্বামীরা যেসব অধিকার ভোগ করে, সেসব অধিকারই স্ত্রীদের আছে। তাদের কর্তব্যগুলি আলাদা, কিন্তু অধিকারগুলি এক। একজন মহিলা যদি শার্ট পরে বন্দুক হাতে বেরোয়, তাকে আটকানোর কোনো অধিকার কোনো পুরুষের নেই। এসব ব্যাপারে পুরুষ আর নারী সমান অধিকার ভোগ করে ... ।'

'... স্বামী যদি বলে "আমি তোমার প্রভু, তুমি আমার সম্পত্তি, আমি যা বলব তুমি তাই করবে", তাহলে আমার মতাদর্শে এর কোনো ঠাঁই নেই। স্বামীদের এরকম মনোভাবের বিরুদ্ধে চরম অস্ত্র হল সত্যাগ্রহ ... ।'

(দ্য কালেক্টেড ওয়ার্কস অব মহাত্মা গান্ধী [CWMG], খণ্ড ৬১, পৃষ্ঠা ১২৩)

'সত্যাগ্রহ যেভাবে অবিশ্বাস্য রকমের কম সময়ের মধ্যে আপনা থেকে
ভারতের মহিলাদের অন্ধকার থেকে বার করে এনেছে, আর কোনো
কিছুই তা করতে পারেনি। কিন্তু তা সত্ত্বেও কংগ্রেসের লোকেরা
স্বরাজ অর্জনের সংগ্রামে নারীদের সমান অংশীদার করে তোলার
তাগিদ অনুভব করেনি। তাই গঠনমূলক কর্মসূচিতে আমি মহিলাদের
সেবাকে অন্তর্ভুক্ত করেছি। কংগ্রেসের লোকেরা বোঝেনি যে, সেবাব্রতে
পুরুষদের প্রকৃত সহায় হয়ে উঠতে হবে নারীদের। লোকাচার আর
আইনের অধীনে নারীরা অবদমিত থেকেছে। সেসব লোকাচার আর
আইনের জন্য পুরুষরাই দায়ী, সেগুলি গড়ে ওঠার মূলে মেয়েদের
কোনো ভূমিকাই নেই। অহিংসা-ভিত্তিক জীবনের পরিকল্পনায় আপন
ভাগ্য গড়ে তোলার অধিকার একজন নারীর ঠিক ততখানিই থাকে,
যতখানি থাকে একজন পুরুষের।'

(দ্য কালেক্টেড ওয়ার্কস অব মহাত্মা গান্ধী [CWMG],
খণ্ড ৭৫, পৃষ্ঠা ১৫৫)

সন্দেহ আর সংশয়ে ভরা সেইসব অন্ধকার দিনগুলির কথা যতই
ভাবি, নিজের ভুল আর কামনাপীড়িত নিষ্ঠুরতার প্রতি ততই ঘৃণায়
পূর্ণ হয়ে ওঠে আমার মন, আর ততই বন্ধুর প্রতি আমার অন্ধ ভক্তিকে
ধিক্কার জানাই।

একটি স্বীকারোক্তির কাহিনি

আমার মাংস-ভোজন পর্বের আরও কিছু পতনের কথা বলা বাকি। কিছু কিছু ঘটনা তার আগের পর্বের, আমার বিয়েরও আগের, কিংবা বিয়ের ঠিক পরের। একসময় আমার এক আত্মীয়র ও আমার ধূমপানের সাধ জেগেছিল। তার মধ্যে যে মহৎ কিছু আছে, কিংবা বিড়ির গন্ধ যে খুব মনোহর, তা অবশ্য মনে হয়নি আমাদের। কেবল মুখ দিয়ে গলগল করে ধোঁয়া ছাড়ার মধ্যে কী যেন একটা মজা কল্পনা করে নিয়েছিলাম। আমার কাকার ওই অভ্যেস ছিল। কাকাকে ধূমপান করতে দেখে ওঁকে নকল করার ইচ্ছে জাগল। কিন্তু টাকা পাব কোথায়! অগত্যা কাকার ছুড়ে-ফেলা বিড়ির শেষপ্রান্তগুলো চুরি করতে লাগলাম আমরা। কিন্তু সবসময় তো আর সেগুলো পাওয়া যায় না। তাছাড়া ও থেকে কতটুকুই-বা ধোঁয়া হয়। তখন আমরা বিড়ি কেনবার জন্য চাকরদের পকেট মেরে পয়সা জোগাড় করতে লাগলাম। বিড়িগুলোকে রাখি কোথায়, সে এক সমস্যা। বড়োদের সামনে তো আর বিড়ি ফুঁকতে পারি না। চুরি-করা পয়সা দিয়ে কয়েক সপ্তাহ যাহোক করে চালিয়ে নিলাম। ইতিমধ্যে খবর পেলাম, একটা বিশেষ গাছের ডাঁটায় ছোটো ছোটো অনেক ফুটো থাকে আর সেগুলোকে দিয়ে চুটা বানিয়ে সিগারেটের মতো ফোঁকা যায়। সেই ডাঁটা জোগাড় করে ফুক-ফুক করে টানতে লাগলাম। কিন্তু এইসব করে মোটেই সুখ পেলাম না। আমাদের স্বাধীনতার অভাবটা পীড়া দিতে লাগল।

বড়োদের অনুমতি ছাড়া কোনো কিছুই যে করতে পারব না, এটা অসহ্য মনে হল। শেষ অবধি, বিরক্তির চরম সীমায় পৌঁছে আমরা ঠিক করলাম, আত্মহত্যা করব!

কিন্তু কী করে করব? কোথা থেকে জোগাড় করব বিষ? শুনেছিলাম ধুতরোর বিষ নাকি খুব কাজে দেয়। অতএব আমরা চললাম জঙ্গলে, ধুতরো বিচির সন্ধানে। পেয়েও গেলাম। সন্ধ্যেবেলাটাই আত্মহত্যার জন্য শুভ বলে মনে হল। আমরা কেদারজির মন্দিরে গেলাম, মন্দিরের প্রদীপে ঘি ঢাললাম, ঠাকুর দর্শন করলাম, তারপর একটা নিরিবিলি কোণ খুঁজতে লাগলাম। কিন্তু সাহসে কুলোল না। যদি তক্ষুনি তক্ষুনি না মরি? তাছাড়া নিজেদের মেরে কীই-বা লাভ? তার চেয়ে বরং স্বাধীনতার অভাবটাই মেনে নেওয়া যাক। তবু আমরা দু-তিনটে বিড়ি খেয়ে নিলাম। তার বেশি খেতে সাহস হল না। দেখলাম, মৃত্যুর মুখোমুখি দাঁড়াতে খুব ভয় করছে। তখন সিদ্ধান্ত নিলাম রামমন্দিরে গিয়ে নিজেদের শান্ত করে নেব, মন থেকে আত্মহত্যার ভাবনা দূর করে দেব।

আমি বুঝলাম, আত্মহত্যার কথা ভাবা যত সহজ, আত্মহত্যা করা তত সহজ নয়। সেইসময় থেকে আত্মহত্যার হুমকি আমাকে আর বিশেষ পীড়া দেয়নি। আত্মহত্যার ভাবনার পরিণাম হল এই যে, আমরা দুজনেই ফেলে-দেওয়া বিড়ির টুকরো ফোঁকা কিংবা চাকরদের পকেট মেরে বিড়ি ফোঁকার অভ্যেস থেকে মুক্ত হলাম।

জীবনে আর কখনো ধূমপানের ইচ্ছে জাগেনি। বরং আমি এই ধারণায় এসে পৌঁছেছি যে ধূমপান একটা বর্বরোচিত, নোংরা আর ক্ষতিকর অভ্যাস। রেলগাড়িতে করে যাওয়ার সময় কামরা-ভরতি লোককে ধূমপান করতে দেখলে আমার অসহ্য লাগে। মনে হয় দম বন্ধ হয়ে আসছে।

পরবর্তী কালে ধূমপানের ক্ষতিকর প্রভাব সম্পর্কে গান্ধীজি 'স্বাস্থ্য বিষয়ক সাধারণ জ্ঞান'-এ লিখেছিলেন:

'ধূমপান হজমশক্তি দুর্বল করে দেয়, খাবারকে বিস্বাদ করে তোলে, যার ফলে খাবারে আরও বেশি বেশি করে মশলা ঢালতে হয়। ধূমপায়ীর নিশ্বাসে দুর্গন্ধ হয়। তার মুখ থেকে ছাড়া ধোঁয়া পরিবেশকে দূষিত করে। কখনো কখনো তার মুখে ছোটো ছোটো ঘা হয়। মাড়ি আর দাঁত কালো, নাহয় হলুদ হয়ে যায়। কারও কারও এর ফলে গুরুতর অসুখও করে। আশ্চর্যের ব্যাপার এই যে, যারা মদ খাওয়া খারাপ মনে করে, তারাও কিন্তু ধূমপানে কোনো অন্যায় দেখে না। তবে যখন ভাবি, ধূমপানের বিষ অতি সূক্ষ্মভাবে ক্রিয়া করে, তখন বুঝতে অসুবিধে হয় না, যারা মদ্যপানকে ঘৃণা করে, তারাও কেন ধূমপানে মজা পায়। যারা সুস্থ জীবন যাপন করতে চায় তাদের অতি অবশ্যই সিগারেট খাওয়া ছাড়তে হবে।'

(দ্য কালেক্টেড ওয়ার্কস অব মহাত্মা গান্ধী [CWMG],

খণ্ড ১১, পৃষ্ঠা ৪৮১)

তবে এর কয়েক বছর পরে আমি যে-চক্করে জড়িয়েছিলাম, তার কাছে এই বিড়ি ফোঁকা আর ফোঁকার জন্য পকেটমারা তো কিছুই না। পকেটমারার সময় আমার বয়স ছিল বারো কি তেরো, হয়তো আরও কম। অন্য চুরিটা করবার সময় আমার বয়স পনেরো। এক্ষেত্রে আমি আমার মাংসাশী ভাইয়ের হাতের বাজুবন্ধ থেকে সোনা চুরি করেছিলাম। আমার

এই ভাইয়ের গোটা পঁচিশ টাকার ধার ছিল। তার হাতে খাঁটি সোনার যে-বাজুবন্ধটা ছিল তা থেকে একটা টুকরো টুক করে কেটে নেওয়াটা আমার কাছে কোনো ব্যাপারই ছিল না।

বেশ, তা তো হল, এইভাবে ধার তো মেটানো গেল। কিন্তু ব্যাপারটা আমার সহনক্ষমতার অতিরিক্ত হয়ে দাঁড়াল। সংকল্প করলাম, আর

কখনো চুরি করব না। শুধু তাই নয়, স্থির করলাম, বাবার কাছে সব খুলে বলব। কিন্তু সাহস পেলাম না। বাবা মারবেন, সে-ভয় আমার ছিল না। বাবা কখনো আমাদের কারও গায়ে হাত তুলেছেন বলে মনে পড়ে না। আসলে আমার স্বীকারোক্তি বাবার মনে যে-আঘাত দেবে, তা ভেবেই আমার যত ভয়। তবু মনে হল, এ ঝুঁকিটা আমাকে নিতেই হবে। পরিষ্কার করে সব কিছু খুলে না বললে আমার মনের ময়লা দূর হবে না। শেষপর্যন্ত ঠিক করলাম, স্বীকারোক্তিটা লিখে বাবার কাছে জমা দেব এবং তাঁর ক্ষমা ভিক্ষা করব। সেই চিঠিতে আমি আমার দোষ তো কবুল করলামই, উপরন্তু তারজন্য উপযুক্ত শাস্তি চাইলাম। সবশেষে অনুরোধ করলাম, বাবা যেন নিজেকে এই অন্যায়ের জন্য সাজা না দেন। এ পাপ আর কখনো করব না বলেও প্রতিজ্ঞা করলাম।

চিঠিটা বাবার হাতে তুলে দেওয়ার সময় আমি কাঁপছিলাম। বাবা তখন রোগশয্যায়। একটা সাদামাটা কাঠের তক্তাপোশে শুতেন তিনি। চিঠিখানা ওঁর হাতে তুলে আমি সর্বনাশের জন্য অপেক্ষা করতে লাগলাম।

পড়তে পড়তে বাবার গাল বেয়ে মুক্তোর দানার মতো অশ্রুবিন্দু ঝরঝর করে বেরিয়ে এসে কাগজখানা ভিজিয়ে দিল। একমুহূর্ত চোখ বুজে তিনি কী যেন ভাবলেন। তারপর চিঠিখানা ছিঁড়ে ফেলে দিলেন। চিঠিটা পড়বার জন্য বাবা উঠে বসেছিলেন। এবার শুয়ে পড়লেন। আমি বাবার যন্ত্রণা চোখে দেখতে পাচ্ছিলাম। ছবিটা আমার কাছে আজও এত স্পষ্ট যে, আমি যদি চিত্রকর হতাম তাহলে গোটা দৃশ্যটার একটা ছবি এঁকে ফেলতে পারতাম। প্রেমের সেই মুক্তা-ধারা আমার অন্তর ধুয়ে সাফ করে দিল। এ প্রেম যে কী, তা সে-ই বোঝে যার এ অভিজ্ঞতা হয়েছে। সেই যে ভজনে আছে:

প্রেমের বাণ খেয়েছে যে,
কত-যে প্রবল তা, জানে একমাত্র সে।

আজ এতদিন পর ফিরে তাকিয়ে মনে হয়, অহিংসার এ এক আদর্শ দৃষ্টান্ত। সেদিন কিন্তু এর মধ্যে পুত্রের প্রতি পিতার ভালোবাসা ছাড়া আর কিছুই দেখতে পাইনি। এহেন অহিংসা যখন সব কিছুকে ছাপিয়ে ওঠে, তখন তার ছোঁয়ায় সমস্ত কিছুর রূপান্তর ঘটে যায়। তার ক্ষমতা অসীম।

'আক্ষরিক অর্থে অহিংসা বলতে বোঝায় হত্যা না-করা। কিন্তু আমার কাছে অহিংসা বলতে আরও অনেক কিছু বোঝায়। তাই অহিংসা বলতে শুধু হত্যা না-করা বুঝলে আমি যে-জগতে পৌঁছাব, তার থেকে অতুলনীয় রকমের উচ্চ এক জগতে আমি পৌঁছে যাই; কেননা আমার কাছে অহিংসা মানে হল, তুমি কাউকে আঘাত করবে না, যে তোমাকে শত্রু মনে করে তার সম্পর্কেও কোনো খারাপ চিন্তাকে তুমি প্রশ্রয় দেবে না। ... অহিংসা তত্ত্ব যে মানে তার কাছে কেউই শত্রু নয়; শত্রুর অস্তিত্বকেই সে অস্বীকার করে। তবে কোনো কোনো লোক তো নিজেদের তার শত্রু মনে করবেই, সেটাকে ঠেকানোর কোনো উপায় নেই। সেক্ষেত্রে উপায় হল, এসব লোক সম্পর্কেও আমরা কোনো খারাপ চিন্তাকে প্রশ্রয় দেব না। মারের পালটা মার দিলে আমরা অহিংসার পথ থেকে সরে যাব। ... তুমি যদি তোমার প্রেম— অহিংসা— এমনভাবে প্রকাশ করো যে তোমার তথাকথিত শত্রুর মনে তা অত্যন্ত গভীর ছাপ ফেলে যাবে, তাহলে সেই শত্রু তোমার প্রেমে সাড়া দেবেই।'

(দ্য কালেক্টেড ওয়ার্কস অব মহাত্মা গান্ধী [CWMG], খণ্ড ১৩, পৃষ্ঠা ২২৮—৯)

বাবার পক্ষে এ-ধরনের উচ্চাঙ্গের ক্ষমাশীলতা খুব স্বাভাবিক ছিল না। আমি ধরে নিয়েছিলাম, তিনি রেগে যাবেন, কড়া কড়া কথা বলবেন, কপাল চাপড়াবেন। কিন্তু তিনি যে এমন আশ্চর্যভাবে প্রশান্ত রইলেন, আমার অকপট স্বীকারোক্তিই হয়তো তার কারণ। অকপট স্বীকারোক্তি

আর সেইসঙ্গে ওই পাপকাজ আর না-করার অঙ্গীকার যদি এমন মানুষের কাছে নিবেদন করা যায়, যিনি তা গ্রহণের যোগ্য, তাহলে তার চেয়ে শুদ্ধ অনুশোচনা আর কোনো কিছুই হতে পারে না। আমি জানি, আমার স্বীকারোক্তি শুনে বাবা আমার সম্পর্কে একেবারে নিশ্চিন্ত হয়ে গিয়েছিলেন। আমার প্রতি তাঁর স্নেহ অনন্ত গুণ বেড়ে গেল।

দ্বিগুণ লজ্জা

যে-সময়কার কথা এখন বলছি, তখন আমার বয়স বছর ষোলো। আগেই জানিয়েছি, বাবা তখন শয্যাশায়ী। আমার মা, বাড়ির এক পুরোনো পরিচারিকা আর আমি, মূলত এই তিনজনে মিলে তাঁর দেখাশোনা করতাম। আমি নার্সের দায়িত্ব পালন করতাম। ক্ষত পরিষ্কার কয়া, ওষুধ দেওয়া, নানারকম অনুপান মিশিয়ে বাড়িতে যেসব ওষুধ তৈরি হত সেগুলো বানানো—প্রধানত এইসব ছিল আমার কাজ। প্রত্যেক রাতে তাঁর পা টিপে দিতাম, যতক্ষণ-না তিনি ঘুমিয়ে পড়ছেন কিংবা আমাকে আর পা টিপতে বারণ করছেন। এই সেবার কাজ আমার খুব ভালো লাগত। কখনো এ-কাজে ফাঁকি দিয়েছি বলে মনে পড়ে না। দিনের কাজকর্ম সারার পর আমার হাতে যে-সময় থাকত তা দুভাগ করে নিতাম—একভাগে আমার ইস্কুল আর অন্যভাগে বাবার শুশ্রূষা। কেবল সন্ধ্যেবেলা একবার ঘুরতে বেরোতাম, তা-ও বাবার কাছ থেকে ছুটি পেলে, কিংবা বাবা ভালো থাকলে তবেই।

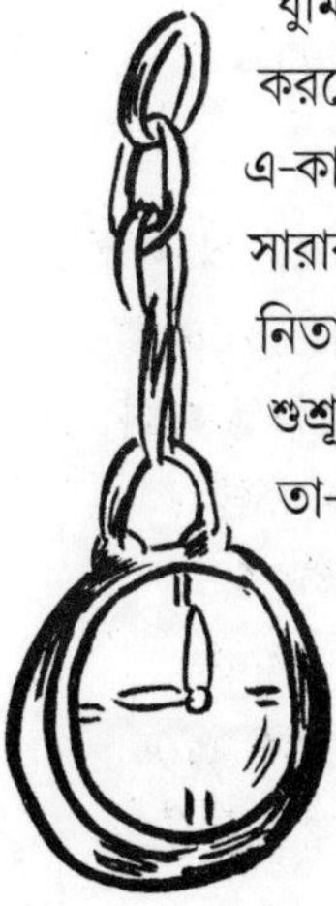

এদিকে ওই সময়েই আমার স্ত্রীর গর্ভে সন্তান এসেছিল। আজ ফিরে তাকিয়ে মনে হয়, এটা দু-দিক থেকে আমার কাছে লজ্জার বিষয়। প্রথমত, আমি তখনও ছাত্র,

সে-অবস্থায় যে-সংযম পালন করা উচিত ছিল, তা করিনি। দ্বিতীয়ত, শরীরের এই তাড়না আমাকে আমার কর্তব্যপালনের পথ থেকে বিচ্যুত করেছিল। আমার কর্তব্য তখন লেখাপড়া করা, আর তার চেয়েও বড়ো কর্তব্য পিতামাতাকে ভক্তি করা। শিশুকাল থেকেই শ্রবণ যে আমার আদর্শ। অথচ প্রত্যেক দিন রাত্তিরবেলা আমার হাত দুটি যখন বাবার পা টিপতে ব্যস্ত, আমার মন চলে যেত শোবার ঘরের দিকে—তাও এমন এক সময় যখন, ধর্ম, চিকিৎসাশাস্ত্র আর কাণ্ডজ্ঞান সব কিছুই যৌনসংগমের বিরুদ্ধে অঙ্গুলিনির্দেশ করছিল। কাজ থেকে ছুটি পেলেই আমি মহানন্দে বাবাকে প্রণাম করে সোজা ছুটে চলে যেতাম শোবার ঘরে।

এদিকে বাবার অবস্থা দিনকে দিন খারাপের দিকে যাচ্ছিল। একদিন এল সেই ভয়ংকর রাত্রি। কাকা তখন রাজকোটে। আমার আবছা আবছা মনে পড়ে যে বাবার অবস্থা খারাপ হয়ে-পড়ার খবর পেয়েই তিনি এখানে চলে এসেছিলেন। ওঁদের ভাইয়ে-ভাইয়ে খুব টান ছিল। কাকা সারাটা দিন বাবার বিছানার ধারেই বসে রইলেন। আমাদের সবাইকে শুতে পাঠিয়ে দিয়ে তিনিই জোর করে বাবার খাটের পাশে ঘুমোতে চাইলেন। তখন কেউ কল্পনাও করতে পারেনি সে-রাত্রিটাই হতে চলেছে কালরাত্রি। বিপদটা অবশ্য ছিলই।

তখন রাত সাড়ে দশটা-এগারোটা হবে। কাকা আমাকে পা-টেপার কাজ থেকে ছুটি দিতে চাইলেন। অমনি আমি খুশি হয়ে দৌড়ে সোজা চলে গেলাম শোবার ঘরে। আমার স্ত্রী বেচারি তখন ঘুমে কাদা। কিন্তু আমি কাছে থাকলে তার কি আর ঘুমোবার জো আছে? তাকে জাগালাম। কিন্তু মিনিট পাঁচ-ছয় পরেই দরজায় চাকরের টোকা শুনে চমকে উঠলাম। সে বলল, 'উঠে পড়ো। বাবার শরীর খুব খারাপ।' বাবার শরীর যে খুব খারাপ সে তো আমি জানতামই। তাই ঠিক ওই মুহূর্তে 'শরীর খুব খারাপ' কথাটার তাৎপর্য কী, বুঝে নিলাম। লাফ দিয়ে উঠে পড়লাম বিছানা থেকে।

'কী হয়েছে? সত্যি করে বলো?'

'বাবা আর নেই।'

সব তাহলে শেষ! আমার চুল ছিঁড়তে ইচ্ছে করল। লজ্জায়-অপমানে আমি এতটুকু হয়ে গেলাম। ছুটে গেলাম বাবার ঘরে। উপলব্ধি করলাম যে, জান্তব কামনা যদি আমাকে গ্রাস না করত, তাহলে বাবার জীবনের এই শেষ মুহূর্তটিতে তাঁর কাছ থেকে বিচ্ছিন্ন হয়ে থাকার যন্ত্রণা আমায় ভোগ করতে হত না। আমার তো উচিত ছিল ওঁর পা টিপেই চলা। তাহলে তো আমার হাতের ওপরেই উনি ঢলে পড়তেন। কিন্তু এখন সেই সম্মানটা পেয়ে গেলেন কাকা। দাদার প্রতি তাঁর যে এত ভক্তি, তারই জোরে তিনি এ-সম্মান জিতে নিলেন। বাবা বুঝতে পেরেছিলেন যে শেষ মুহূর্ত এগিয়ে এসেছে। তিনি কলম আর কালি এগিয়ে দেওয়ার ইঙ্গিত করেছিলেন। লিখেছিলেন, 'অন্তিম অনুষ্ঠানের আয়োজন করো।' তারপর হাত থেকে ছিঁড়ে ফেলেছিলেন তাঁর তাবিজ, গলা থেকে ছুড়ে ফেলে দিয়েছিলেন সোনা-বাঁধানো তুলসিবীজের হার। এক মুহূর্ত পরেই সব শেষ।

শরীরের কামনা মেটানোর জন্য মুমূর্ষু পিতার মৃত্যুশয্যার পাশ থেকে উঠে আসার লজ্জা আমি জীবনে কখনো ভুলতে বা মুছে দিতে পারিনি। আমার বরাবরই মনে হয়েছে, আমি বাবা-মাকে ভক্তি করতাম ঠিকই, তাঁদের জন্য সব কিছু বিসর্জন দিতে পারতাম তাও ঠিক, তবু পরীক্ষার সময় দেখা গেল, সেই ভক্তির মধ্যে অমার্জনীয় খাদ আছে। দৈহিক কামনার শৃঙ্খল থেকে নিজেকে মুক্ত করতে আমার অনেক সময় লেগেছিল। বহু কঠিন লড়াইয়ের পর তবে আমি এ-কাজে সিদ্ধ হই।

আমার দ্বিগুণ লজ্জার এই অধ্যায়টি শেষ করার আগে জানাব, আমার স্ত্রীর জঠর থেকে যে-অতিক্ষুদ্র সন্তানটি ভূমিষ্ঠ হয়েছিল, সে মাত্র তিন-চার দিনের বেশি বাঁচেনি। এছাড়া আর কীই-বা আশা করা যেত।

জীবনের চলার পথে আদর্শ

হিন্দুধর্মের সবকটি শাখার সঙ্গে এবং অন্যান্য ভগিনীসম ধর্মগুলির সঙ্গে মানিয়ে চলার প্রাথমিক শিক্ষা আমি রাজকোটে পাই। কারণ আমার বাবা-মা হাভেলিতে যেমন যেতেন, তেমনই শিবমন্দির আর রামমন্দিরেও যেতেন। শিশুদেরও, মানে আমাদের, সঙ্গে করে নিয়ে যেতেন কিংবা পাঠাতেন। জৈন সাধুরা প্রায়ই বাবার সঙ্গে দেখা করতে আসতেন, এমনকী নিজে থেকে আমাদের বাড়ির অন্নও গ্রহণ করতেন, যদিও আমরা জৈন ছিলাম না। ধর্মীয় আর পার্থিব নানা বিষয় নিয়ে বাবার সঙ্গে তাঁদের কথাবার্তা হত।

বাবার কয়েকজন মুসলমান ও পারসি বন্ধুও ছিলেন। তাঁরা নিজের নিজের ধর্ম নিয়ে কথা বলতেন আর বাবা সবসময়ই শ্রদ্ধার সঙ্গে, অনেক সময় আগ্রহ নিয়ে, সেসব শুনতেন। বাবার সেবাশুশ্রূষার কাজ করতে গিয়ে এইসব আলোচনায় হাজির থাকবার অনেক সুযোগ পেতাম আমি। এইসব নানা কিছু মিলে আমার মধ্যে সব ধর্মের প্রতি সহনশীল হবার মনোভাব গড়ে উঠেছিল।

তবে সব ধর্মর প্রতি সহনশীল হতে শিখেছিলাম বলে আমার মনে যে ঈশ্বর সম্বন্ধে

কোনো সজীব বিশ্বাস গড়ে উঠেছিল তা কিন্তু নয়। একটা প্রত্যয় অবশ্য আমার মনের একেবারে গভীরে গেঁথে গিয়েছিল— সেটা এই যে, নীতিবোধই হচ্ছে সমস্ত কিছুর বনেদ, আর সত্যই হল নীতিবোধের সারবস্তু। সত্যই আমার একমাত্র অন্বিষ্ট হয়ে উঠেছিল। প্রতিদিনই এ ধারণা আরও জোরদার হতে লাগল। আর এ সম্বন্ধে আমার ধারণাও নিয়ত কেবলই আরও প্রশস্ত হয়ে চলেছে।

ঠিক একইভাবে একটি গুজরাতি নীতিশিক্ষামূলক স্তবক আমার হৃদয়-মনকে আবিষ্ট করেছিল। অশুভের বিনিময়ে ফিরিয়ে দাও মঙ্গল—এই ছিল তার শিক্ষা। চলার পথে এটাই হয়ে দাঁড়াল আমার আদর্শ। আমার মনকে তা এমনভাবে অধিকার করেছিল যে আমি তাকে নিয়ে হরেকরকম পরীক্ষা করতে লাগলাম। (আমার কাছে) অনবদ্য বলে মনে-হওয়া সেই পঙ্‌ক্তিগুলি হল:

একবাটি জল যদি পাও, তবে দাও ভরপেট মহাভোজ;
একটি নম্র অভিবাদন—তাকে নত হয়ে নাও শিরে;
জোটে যদি মোটে একটি পয়সা, ফিরিয়ে দাও সোনা;
যদি তোমার প্রাণ ফিরে পাও, বেঁধো না তাকে কষে।
গুণীজনের কথায় রে ভাই, নিত্য ঠাহর করো;
একটু সেবার দশগুণ তাঁরা ফিরিয়ে দেন ইনাম।
মহৎ যাঁরা, জানেন তাঁরা সব মানুষই এক,
(তাই) সানন্দে ফিরিয়ে দেন 'কু'-র বদলে 'সু'।

তিন প্রতিজ্ঞা

১৮৮৭ সালে আমি ম্যাট্রিক পাশ করলাম। তখন পরীক্ষা নেওয়া হত দুইটি কেন্দ্রে: আমেদাবাদ আর বোম্বে। দেশের লোক সাধারণভাবে এত গরিব ছিল যে কাথিয়াওয়াড়ের ছাত্ররা স্বভাবতই বাড়ির কাছের এবং সস্তার কেন্দ্রটিকেই বেছে নিত। আমার পরিবারের দারিদ্র্যও আমাকে একই পথে ঠেলল। সেই প্রথম আমি একা একা কোথাও পাড়ি দিলাম।

গুরুজনেরা চাইলেন, ম্যাট্রিক পাশ করে আরও পড়াশুনার জন্য আমি কোনো কলেজে ভরতি হই। ভাবনগরে একটা কলেজ ছিল, আর ছিল বোম্বে-তে। প্রথমটাতে যেহেতু খরচ কম, আমি ঠিক করলাম ওখানকারই সামলদাস কলেজে ভরতি হব। তাই হলাম। কিন্তু গিয়ে পড়লাম একেবারে অথই জলে। সবই এত কঠিন। ক্লাসে অধ্যাপকরা যা পড়াচ্ছেন, তাতে আগ্রহ বোধ করা তো দূরের কথা, মানেই বুঝতে পারছিলাম না। দোষটা তাঁদের নয়। ওই কলেজের অধ্যাপকরা প্রথম শ্রেণির বলেই বিবেচিত হতেন। আসলে আমিই ছিলাম কাঁচা। কলেজের প্রথম পর্ব শেষ হলে বাড়ি ফিরে এলাম।

মাভজি দাভে ছিলেন আমাদের পুরোনো পারিবারিক বন্ধু আর পরামর্শদাতা। এই বিচক্ষণ পণ্ডিত ব্রাহ্মণ আমার বিধবা মাকে বিশেষ জোর দিয়ে বললেন, আমাকে তিন বছরের জন্য বিলেত পাঠাতে,

যাতে আমি ব্যারিস্টার হয়ে ফিরতে পারি। আমার দিকে ফিরে পণ্ডিতজি বললেন, 'কী, এখানে লেখাপড়া করার চেয়ে ইংল্যান্ড গেলে কেমন হয়?' আমার কাছে এর চেয়ে ভালো আর কী হতে পারে। কলেজের কঠিন পড়া নিয়ে আমি নাটাঝামটা খাচ্ছিলাম। তাই এ-প্রস্তাবে এককথায় রাজি হয়ে গেলাম। লাফিয়ে উঠে বললাম, শুভস্য শীঘ্রং।

দাদার মনে এ নিয়ে খুব আলোড়ন শুরু হল। আমাকে বিলেত পাঠানোর টাকা তিনি জোগাড় করবেন কোত্থেকে? তাছাড়া আমার মতো অল্পবয়সি যুবাকে একলা বিদেশে পাঠানো কি উচিত হবে?

আরও কঠিন যত দ্বিধা-দ্বন্দ্ব মাকে উতলা করে তুলল। আমাকে ছেড়ে থাকবার ব্যাপারটা তাঁর মনে ধরল না। তিনি তন্ন তন্ন করে খোঁজখবর নিতে লাগলেন। একজন তাঁকে বলল, অল্পবয়সিরা বিলেত গেলে উচ্ছন্নে যায়। কেউ আবার বলল, ওখানে তারা মাংস খেতে শুরু করে। অন্য একজন বলল, ওখানে কেউ মদ না খেয়ে থাকতেই পারে না। 'এবার কী হবে?'—মা আমাকে জিজ্ঞেস করলেন। আমি বললাম, 'আমার ওপর তোমার বিশ্বাস নেই? আমি তোমার কাছে মিথ্যে কথা বলব না। আমি শপথ করছি, আমি ওসব জিনিস ছুঁয়েও দেখব না। ওইসব বিপদ যদি সত্যিই থাকত, তাহলে যোশিজি কি আমায় যেতে দিতেন?'

মা বললেন, 'এখানে তোর চেনাজানা পরিবেশে আমি তোকে বিশ্বাস করতে পারি। কিন্তু ওই দূর বিদেশে কী করে বিশ্বাস করব? আমার মাথা গুলিয়ে যাচ্ছে। কী করব বুঝতে পারছি না। আমি বরং একবার বেচারজি স্বামীকে শুধিয়ে দেখি।'

বেচারজি স্বামী আদতে ছিলেন মোধ বানিয়া, কিন্তু তখন তিনি জৈন সন্ন্যাসী। যোশিজির মতো তিনিও আমাদের পরিবারের পরামর্শদাতা। তিনি আমার পাশে এসে দাঁড়ালেন, বললেন: 'আমি ছেলেটিকে দিয়ে

অন্তর থেকে তিনটি প্রতিজ্ঞা করিয়ে নেব, তারপর ওকে যেতে দিতে পারেন।' তিনি আমাকে দিয়ে শপথ করিয়ে নিলেন, মদ, মেয়েমানুষ আর মাংস আমি ছোঁব না। এই শপথ করার পর মা বিদেশ যাওয়ার অনুমতি দিলেন।

হাই স্কুলে আমার সম্মানে বিদায়-উৎসব পালন করা হল। সেসময় রাজকোটের একটি তরুণের পক্ষে বিলেত যাওয়া মোটেই সাধারণ ব্যাপার ছিল না। ধন্যবাদ দেবার জন্য আমি দু-চার কথা লিখে নিয়ে গিয়েছিলাম। কিন্তু বলতে গিয়ে আমার গলা ধরে এল।

বিলেত যাওয়ার প্রথম অভিজ্ঞতা

৪ সেপ্টেম্বর ১৮৮৮ আমি জাহাজে করে বোম্বে থেকে রওনা হলাম। একটুও সমুদ্রপীড়া হয়নি আমার। কিন্তু দিন যত এগোল, ততই ভয়-ভয় করতে লাগল। এমনকী জাহাজের পরিচারকের সঙ্গেও কথা বলতে বাধত। ইংরেজি বলার অভ্যেস আমার একেবারেই ছিল না। আর শ্রীযুত মজুমদারকে বাদ দিলে জাহাজের এই দ্বিতীয় শ্রেণির কামরাটিতে সব যাত্রীকেই যেন ইংরেজ বলে মনে হত। তাদের সঙ্গে কথা বলতে পারতাম না। কারণ তারা যখন এগিয়ে এসে আমার সঙ্গে কথা বলত, তখন তারা কী বলছে প্রায় কিছুই বুঝতে পারতাম না। যদি-বা বুঝতে পারতাম, উত্তরে কিছুই বলতে পারতাম না। মনের মধ্যে প্রত্যেকটা বাক্য আগে সাজিয়ে নিয়ে তারপর সেগুলো উচ্চারণ করতে হত। ছুরি-কাঁটা-চামচ দিয়ে কীভাবে খেতে হয় আমার কিছুই জানা ছিল না। খাদ্যতালিকার কোন কোন পদ মাংসর নয়, সেটা জিজ্ঞাসা করে জেনে নেওয়ার সাহসও ছিল না। কাজেই আমি কখনোই খাবার টেবিলে বসে খেতাম না। খেতাম নিজের কেবিনে বসে। সঙ্গে করে যেসব মিষ্টি আর ফল নিয়ে এসেছিলাম, মূলত সেগুলোই খেতাম। শ্রীযুত মজুমদারের কিন্তু কোনো অসুবিধে হত না,

তিনি সবার সঙ্গে মিশতেন, ডেকের ওপর অবাধে ঘুরতেন। আর আমি সারাদিন নিজের কেবিনে মুখ লুকিয়ে বসে থাকতাম। ডেকটা যখন কার্যত ফাঁকা হয়ে যেত, একমাত্র তখনই আমি ভরসা করে সেখানে উঠে আসতাম। শ্রীযুত মজুমদার কেবলই পীড়াপীড়ি করতেন, আমি যাতে যাত্রীদের সঙ্গে মেলামেশা করি, তাদের সঙ্গে যেন মন খুলে কথা বলি। তিনি বললেন, উকিলদের প্রচুর কথা বলতে হয়। তাঁর আইনি অভিজ্ঞতার অনেক কাহিনি শোনাতেন। তাঁর পরামর্শ, যতটা পারা যায় ইংরেজিতে কথা বলার সুযোগ নেওয়া উচিত, ভুলভাল নিয়ে মাথা না ঘামালেও চলবে। কারণ বিদেশি ভাষায় কথা বলতে গেলে ভুল তো হবেই। কিন্তু হলে কী হবে, আমার লাজুকপনা কিছুতেই কাটাতে পারলাম না।

আমার প্রতি সহৃদয়, বয়সে বড়ো একজন ইংরেজ যাত্রী আমার সঙ্গে কথাবার্তা বলতে এগিয়ে এলেন। জিজ্ঞেস করলেন, আমি কী খাই, কী আমার পরিচয়, কোথায় যাচ্ছি, কেন আমি এত লাজুক, ইত্যাদি প্রভৃতি। তিনি আরও বললেন, আমি যেন খাবার টেবিলে এসে খাই। আমার মাংস না-খাওয়ার পণ শুনে তিনি হেসে উঠলেন। যখন আমরা লোহিত সাগরের ওপর দিয়ে চলেছি, তিনি বন্ধুত্বপূর্ণভাবে আমাকে বললেন, 'এ-পর্যন্ত তো একরকম করে চালিয়ে দিলে, কিন্তু একবার বিস্কে উপসাগর আসুক, দেখবে, তোমার সিদ্ধান্ত বদলাতেই হবে। আর ইংল্যান্ডে তো এত ঠান্ডা যে সেখানে মাংস না খেয়ে বাঁচাই বোধহয় সম্ভব নয়।'

আমি বললাম, 'কিন্তু আমি যে শুনেছি সেখানে মাংস না খেয়েও বেঁচে থাকা যায়।'

'জেনে রাখো, কথাটা স্রেফ ধাপ্পা,' তিনি বললেন, 'আমি যতদূর জানি, মাংস খায় না এরকম একটা লোকও সেখানে থাকে না। তুমি বুঝতে পারছ না কেন, আমি তো আর তোমাকে মদ খেতে বলছি না, যদিও

আমি নিজে মদ খাই। আমার মতে তোমার অবশ্যই মাংস খাওয়া উচিত, কেননা মাংস ছাড়া তুমি বাঁচতে পারবে না।'

'আপনার এই সহৃদয় উপদেশের জন্য ধন্যবাদ। কিন্তু আমি যে মার কাছে প্রতিজ্ঞা করে এসেছি, মাংস ছোঁব না। কাজেই ওটা খাওয়ার কথা আমি ভাবতেও পারি না। যদি দেখি ওখানে মাংস না খেয়ে থাকা যায় না, তাহলে আমি বরং ভারতে ফিরেই আসব, তবু মাংস খেতে পারব না।'

আমরা বিস্কে উপসাগরে প্রবেশ করলাম। মাংস আর মদ কোনোটা খাওয়ারই তাগিদ অনুভব করলাম না।

যদ্দূর মনে পড়ে, যেদিন সাদাম্‌টন গিয়ে পৌঁছালাম, সেদিন ছিল শনিবার। জাহাজে আমি একটা কালো সুট পড়ে থাকতাম। বন্ধুরা আমাকে সাদা ফ্লানেলের যে-সুটটা দিয়েছিল, সেটা সরিয়ে রেখেছিলাম ডাঙায় নামার পরে পরবার জন্য। আমার মনে হয়েছিল, জাহাজ থেকে নামবার পর সাদা পোশাকটাই হবে শোভন। তাই সাদা ফ্লানেল পরেই নামলাম। তখন সেপ্টেম্বরের শেষ। খেয়াল করলাম, আমিই একমাত্র লোক যে ওইরকম পোশাক পরেছে। অন্য অনেকের দেখাদেখি আমিও চাবি সমেত আমার যাবতীয় জিনিসপত্র একজন এজেন্টের জিম্মায় রেখে দিয়েছিলাম। মনে হয়েছিল আমারও তাই করা উচিত।

ড. পি জে মেহতা, শ্রীযুত দলপতরাম শুক্ল, প্রিন্স রণজিৎ সিংজি, এবং 'পিতামহ ভীষ্ম' দাদাভাই নওরোজির উদ্দেশে লিখিত চার-চারটে পরিচয়পত্র আমার সঙ্গে ছিল। জাহাজে একজন আমাকে বলে দিয়েছিল, লন্ডনের ভিক্টোরিয়া হোটেলে উঠতে। তাই শ্রীযুত মজুমদার ও আমি সেখানে গিয়ে উঠলাম। সাদা পোশাক-পরা একমাত্র লোক হিসেবে আগে থেকেই আমি বড্ড অস্বস্তি ভোগ করছিলাম। তার ওপর হোটেলে যখন জানলাম রবিবার বলে পরের দিন এজেন্টের কাছ থেকে আমার জিনিসপত্র ফেরত পাব না, তখন মেজাজ গেল খিঁচড়ে।

ড. মেহতাকে সাদাম্‌টন থেকেই তার করে দিয়েছিলাম। তিনি ওইদিনই রাত আটটার সময় দেখা করতে এলেন এবং উচ্ছ্বসিত অভ্যর্থনা জানালেন। আমি ফ্লানেলের পোশাক পরে আছি দেখে উনি হাসলেন। কথাবার্তা চলতে চলতে আমি খনিকটা হালকা চালে তাঁর টপ হ্যাটটা তুলে নিলাম। ওটা কত মসৃণ তা পরীক্ষা করে দেখতে গিয়ে আমার হাতটা বুনোটের উলটো দিকে বুলোতে লাগলাম। ফলে পশমের আস্তরণটা গেল ঘেঁটে। ড. মেহতা বেশ রাগী-রাগী চোখে আমার কীর্তি পর্যবেক্ষণ করলেন এবং আমাকে থামালেন। কিন্তু ততক্ষণে ক্ষতি যা হবার হয়ে গেছে। এই ঘটনাটা ভবিষ্যতে একটা হুঁশিয়ারি হিসেবে কাজ করত আমার কাছে। ইয়োরোপীয় আদবকায়দা সম্বন্ধে ওটাই ছিল আমার প্রথম পাঠ। ড. মেহতা একটু একটু করে ওই আদবকায়দার খুঁটিনাটিগুলোর সঙ্গে আমার পরিচয় করিয়ে দিলেন। বললেন, 'অন্য লোকের জিনিসে কখনো হাত দেবে না। প্রথম আলাপেই ভারতে আমরা সচরাচর যেসব কথা জিজ্ঞেস করি, এখানে তা করবে না। চেঁচিয়ে কথা বলবে না। কারুর সঙ্গে কথা বলার সময় তাকে 'স্যর' বলে ডাকবে না; ভারতে যেটা আমরা করে থাকি। এখানে কেবল চাকরবাকর আর অধস্তনরাই মনিবদের ওই বলে সম্বোধন করে।' এইরকম আরও অনেক কিছু। উনি আরও বললেন, হোটেলে থাকার খরচ অনেক, তার চেয়ে বরং কোনো পরিবারের সঙ্গে তাদের নিজস্ব বাড়িতে থাকা যেতে পারে। ঠিক হল, এ-বিষয়ে সোমবার সিদ্ধান্ত নেওয়া হবে।

শ্রীযুত মজুমদার আর আমি আবিষ্কার করলাম, হোটেলে থাকার হ্যাপা অনেক। আর খরচও খুব। তবে জাহাজে মাল্টা থেকে ওঠা একজন সিন্ধি সহযাত্রীর সঙ্গে শ্রীযুত মজুমদারের বেশ ভাব হয়ে গিয়েছিল; তিনি বললেন, লন্ডনে ঘর দেখে দেওয়ার ব্যাপারে সাহায্য করবেন, কারণ লন্ডনে তিনি নতুন নন। আমরা রাজি হলাম। সোমবার আমাদের মালপত্র হাতে পাওয়া মাত্রই হোটেলের টাকা মিটিয়ে দিয়ে

ওই সিন্ধি বন্ধুর ভাড়া-করে-দেওয়া ঘরগুলিতে উঠে গেলাম। মনে
আছে, হোটেলের বিল হয়েছিল তিন পাউন্ড, যা দেখে আমি মর্মাহত
হয়েছিলাম। অথচ অত টাকা বিল হলে কী হবে, কার্যত আমি না
খেয়েই ছিলাম। কারণ কোনো কিছুই আমার মুখে রুচত না। একটা পদ
ভালো না লাগলে আমি অন্য একটা কিছু চাইতাম, কিন্তু টাকা দিতে
হত দুটোর জন্যই। ঘটনা হচ্ছে, এই পুরো সময়টা আমি বোম্বে থেকে
আনা খাবারদাবার খেয়েই কাটিয়ে দিয়েছিলাম।

নতুন ঘরগুলোতেও আমার খুবই অস্বস্তি হতে লাগল। কেবলই বাড়ি
আর দেশের কথা মনে পড়ত। মার ভালোবাসা আমার মনকে ছেয়ে
ছিল। রাতে আমার গাল বেয়ে গড়িয়ে পড়ত অশ্রু, বাড়ির কত যে
স্মৃতি উথলে উঠত। কিছুতেই ঘুম আসত না। কারও সঙ্গে আমার
দুর্দশা ভাগ করে নেওয়া অসম্ভব ছিল। আর সম্ভব হলেই-বা কী লাভ
হত? এমন কোনো কিছুরই সন্ধান আমার জানা ছিল না যা আমার
মনকে শান্ত করতে পারত। এখানে সব কিছুই যে অদ্ভুত—লোকজন,
তাদের চালচলন, এমনকী তাদের থাকার জায়গাগুলোও। ইংরেজি
আদবকায়দা সম্পর্কে তখন সবে শিক্ষানবিশি করছি, ফলে সবসময়
হুঁশিয়ার হয়ে চলতে হত। নিরামিষাশী হয়ে থাকবার জন্য একটা বাড়তি
অসুবিধার সৃষ্টি হয়েছিল। খাবারের যেসব পদ আমি খেতে পারতাম,
সেগুলোও তখন আমার মনে হত বিস্বাদ, পানসে। কাজেই সাংঘাতিক
এক উভয়সংকটে পড়ে গেলাম। ইংল্যান্ড আমার কাছে অসহ্য; অথচ
ভারতে ফিরে যাবার কথা তখন ভাবা চলবে না। অন্তর থেকে শুনতাম,
একবার এসে যখন পড়েছি, তিনটি বছর কাটাতেই হবে।

গান্ধীজি তাঁর এই 'অন্তরের কণ্ঠস্বর'কে এমন এক সূক্ষ্ম রূপ
দিয়েছিলেন যে যখনই কোনো বড়ো রাজনৈতিক সিদ্ধান্ত নিয়েছেন,
তখনই তিনি সত্যি সত্যিই ওই কণ্ঠস্বর শুনতে পেতেন। 'আমার মতে,
অন্তরের কণ্ঠস্বর হল সত্যের নিখুঁত জ্ঞান বা উপলব্ধি ...।'

'সত্য-উপলব্ধিতে আমাদের সাহায্যের জন্য রচিত হয়েছে সুনির্দিষ্ট কিছু নিয়ম। একমাত্র সেইগুলি অনুসরণ করলেই আমরা সত্যকে জানতে পারি। জ্যামিতি অধ্যয়ন না করলে যেমন জ্যামিতি শেখা যায় না, ঠিক তেমনই উপযুক্ত প্রয়াস আর প্রশিক্ষণ ছাড়া কারও পক্ষে অন্তরের এই কণ্ঠস্বর শোনা সম্ভব নয়। তাই, আমার সংজ্ঞার্থ অনুযায়ী, একটা খুনে তার কাজের সমর্থনে কখনো অন্তরের কণ্ঠস্বরকে সাক্ষী মানতে পারে না।'

(দ্য কালেক্টেড ওয়ার্কস অব মহাত্মা গান্ধী [CWMG],

খণ্ড ৫৬, পৃষ্ঠা ১৮২)

যে প্রতিজ্ঞা বাঁচিয়ে দিল

আমার দেখা মিলবে মনে করে ড. মেহতা সোমবার ভিক্টোরিয়া হোটেলে গিয়েছিলেন। গিয়ে শুনলেন আমরা হোটেল ছেড়ে দিয়েছি। নতুন ঠিকানা জেনে নিয়ে আমাদের বাসায় এসে দেখা করলেন। ঘর আর আসবাবপত্র দেখে মাথা নেড়ে বুঝিয়ে দিলেন তিনি অখুশি। 'এ জায়গা চলবে না,' তিনি বললেন। 'আমরা বিলেতে আসি যত-না বই পড়ে জ্ঞান অর্জন করতে, তার থেকে বেশি ইংরেজদের জীবনযাত্রা আর রীতিনীতি রপ্ত করতে। আর সেটা করতে গেলে তোমাকে কোনো একটি পরিবারের সঙ্গে থাকতে হবে। তবে যদ্দিন-না সেটা সম্ভব হচ্ছে, তদ্দিন তুমি শিক্ষানবিশি করো। আমি নিয়ে যাব সেখানে তোমাকে।'

আমি কৃতজ্ঞচিত্তে এই পরামর্শ গ্রহণ করে ওই বন্ধুটির বাসায় উঠে গেলাম। সে আমার প্রতি খুব সহৃদয় আর যত্নবান ছিল। আমার সঙ্গে আপন ভাইয়ের মতো আচরণ করল, ইংরেজি আদবকায়দা শিখিয়ে দিল আর ইংরেজিতে কথা বলায় অভ্যস্ত করে তুলল। আমার খাওয়ার সমস্যাটা কিন্তু গুরুতর আকার ধারণ করল। নুন-মশলা ছাড়া সেদ্ধ তরিতরকারি আমার মুখে রুচত না। ল্যান্ডলেডি ভেবেই পেলেন না, কী আমার জন্য রাঁধা যায়। জইয়ের পরিজ দিয়ে নাস্তা সারতাম। সেটা বেশ ভরপেট আহার। কিন্তু দুপুরে আর রাত্তিরে কিছু খেতাম না। আমার বন্ধুটি ক্রমাগত আমাকে মাংস খাওয়ার সপক্ষে যুক্তি দিতে লাগল। উত্তরে আমি শুধু আমার প্রতিজ্ঞার কথা মনে করিয়ে দিয়ে চুপ করে যেতাম।

দিনের পর দিন চলল বন্ধুটির এই সওয়াল। আমিও সর্বক্ষণ তার মোকাবিলা করে যেতাম একটা মস্ত 'না' দিয়ে। ও যত যুক্তি দেয়, ততই জেদ বাড়ে আমার। প্রতিদিন আমি ঈশ্বরের কাছে প্রার্থনা করতাম, 'রক্ষা করো', আর প্রতিদিনই তিনি সে-প্রার্থনায় সাড়া দিতেন। ঈশ্বর বলতে কী বোঝায়, আমার কোনোই ধারণা ছিল না; আসলে রক্ষা পেয়ে যেতাম বিশ্বাসের জোরে।

একদিন বন্ধুটি বেন্থাম-এর *Theory of Utility (উপযোগ তত্ত্ব)* বইটি পড়ে শোনাতে লাগল। সবই আমার মাথার ওপর দিয়ে বেরিয়ে গেল। ভাষাটা এতই কঠিন যে এক বর্ণও বুঝতে পারলাম না। ও আমাকে ব্যাখ্যা করে বোঝাতে বসল। বললাম, 'কিছু মনে কোরো না ভাই, এসব কঠিন কঠিন বিষয় আমি বুঝতে পারি না। মানছি, এখানে মাংস খাওয়াটা হয়তো জরুরি। কিন্তু আমার পক্ষে প্রতিজ্ঞাভঙ্গ করা সম্ভব নয়। এ নিয়ে তর্ক করব না। আমি নিশ্চিত যে, তোমার সঙ্গে যুক্তিতে আমি এঁটে উঠতে পারব না। আমাকে বরং বোকা কিংবা গোঁয়ার ভেবে হাল ছেড়ে দাও। তুমি যে আমাকে কত ভালোবাসো তার মূল্য আমি বুঝি, আমি জানি তুমি আমার ভালো চাও। এ-ও বুঝি যে, তুমি আমার

কথা ভাবো বলেই এই কথা এতবার করে বলছ। কিন্তু আমার কিছু করার নেই। প্রতিজ্ঞা মানে প্রতিজ্ঞা। সেটা ভাঙা যায় না।'

'আমার দৃঢ় প্রত্যয়, প্রতিজ্ঞাপালন ছাড়া নিজের চরিত্রগঠন সম্ভব নয়। জাহাজের যেমন নোঙর, মানুষের তেমনই প্রতিজ্ঞা। নোঙরহীন জাহাজ দিশাহীনভাবে দোল খেতে খেতে শেষপর্যন্ত পাথরের ঘা খেয়ে ভেঙেচুরে যায়; প্রতিজ্ঞাহীন মানুষের বেলাতেও তেমনটাই ঘটে। সমস্ত প্রতিজ্ঞাই সত্যরক্ষার প্রতিজ্ঞার অন্তর্গত।'

(দ্য কালেক্টেড ওয়ার্কস অব মহাত্মা গান্ধী [CWMG], খণ্ড ১৪, পৃষ্ঠা ৯৭)

'ভালো উদ্দেশ্যে প্রতিজ্ঞা সবসময়েই করা যায়। অশুভ কাজের জন্য কখনো অঙ্গীকার করা চলে না। অজ্ঞতাবশত কেউ যদি সেরকম কোনো অঙ্গীকার করে বসে, তাহলে সে-অঙ্গীকার ভঙ্গ করাই তার কর্তব্য। যেমন ধরা যাক, কেউ যদি কোনো কুকাজ করবে বলে প্রতিজ্ঞা করে, তাহলে সে-অঙ্গীকার ভঙ্গ করার মধ্য দিয়েই তার শুদ্ধিকরণ ও অন্তরের জাগরণ ঘটবে। সে-প্রতিজ্ঞা রক্ষা করা পাপ।'

(দ্য কালেক্টেড ওয়ার্কস অব মহাত্মা গান্ধী [CWMG], খণ্ড ৩০, পৃষ্ঠা ৩১৩)

বন্ধুটি অবাক হয়ে আমার দিকে তাকাল। বইখানা বন্ধ করে বলল, 'ঠিক আছে, এ নিয়ে আর কোনো তর্ক করব না।' আমি খুশি হলাম। ও আর কোনোদিন ওই বিষয়ে আলোচনা করেনি। কিন্তু আমাকে নিয়ে দুশ্চিন্তা ওর কোনোদিনই ঘোচেনি। নিজে তামাক খেত, মদ খেত, কিন্তু আমাকে কখনো খেতে বলত না। ওর কেবল এক দুশ্চিন্তা: মাংস না খেলে আমি খুব দুর্বল হয়ে পড়ব আর সে-অবস্থায় ইংল্যান্ডের জীবনে কিছুতেই স্বচ্ছন্দ হতে পারব না।

এইভাবে কাটল আমার একটি মাসের শিক্ষানবিশি-পর্ব।

পাক্কা সাহেব সাজার শখ

এবার আমার বন্ধুটি আমার মন ভোলাবার জন্য অন্য ফন্দি আঁটল। ও আমাকে এতই ভালোবাসত যে ভাবত, আমি যদি মাংস খাওয়া নিয়ে আমার আপত্তি থেকে একটুও না সরি, তাহলে আমার শরীর তো দুর্বল হয়ে পড়বেই, উপরন্তু আমি একটা মূর্খ লোক হিসেবেই দেশে ফিরে যাব, কারণ ইংল্যান্ডের জীবনযাপন সম্বন্ধে অনীহা থাকায় আমি সেখানে থাকার উপকারটুকু হাত পেতে নিতে পারব না।

কিন্তু আমি ঠিক করলাম ওর মন থেকে দুশ্চিন্তা দূর করব, ওকে বলব যে আমি আর এরকম ন্যালাখ্যাপা হয়ে থাকব না, কেতাদুরস্ত হবার চেষ্টা করব। নিরামিষাশী হওয়ার অসুবিধা আমি পুষিয়ে দেব অন্য বিষয়ে পরিশীলিত হয়ে উঠে, যা আমাকে সুভদ্র সমাজের উপযুক্ত করে তুলবে। আর এরই দরুন আমি এক অসম্ভব কাজে নামলাম, হতে চাইলাম এক পাক্কা ইংরেজ 'জেন্টলম্যান'। বোম্বে ছাঁটের যেসব জামাকাপড় পরে আমি ওখানে ঘুরতাম, মনে হল ইংরেজদের সমাজে সেগুলো অচল। কেতাদুরস্ত এক দর্জির দোকান থেকে নিয়ে এলাম নতুন পোশাক। একটা সিল্কের হ্যাটও জোগাড় করলাম। এতেও সন্তুষ্ট না হয়ে দশ পাউন্ড গচ্চা দিয়ে বন্ড স্ট্রিটে তৈরি এক প্রস্থ ইভনিং সুট বানালাম। তার দায় মেটানোর জন্য আমার মহৎ-হৃদয় বেচারি দাদাকে ঘড়ির একটা দু-নরি সোনার চেন পাঠাতে হল। দোকানে-বাঁধা তৈরি

টাই সরাসরি পরে নেওয়াটা সহবতে আটকায় বলে আমি টাই-বাঁধার সূক্ষ্ম কলাকৌশল রপ্ত করে নিলাম। দেশে থাকতে আয়না জিনিসটা ছিল একটা বিলাসিতা; একমাত্র যেদিন নাপিত বাড়িতে দাড়ি কামাতে আসত, সেদিন ওই বিলাসিতাটুকু বরাদ্দ ছিল। আর এখানে প্রত্যেক দিন আয়নার সামনে দশ মিনিট করে সময় নষ্ট করতাম টাই বেঁধে আর টেরি কেটে। আমার চুল মোটেই ফুরফুরে ছিল না, ফলে ঠিকমতো বাগিয়ে টেরি কাটার জন্য ব্রাশ নিয়ে রীতিমতো ধস্তাধস্তি করতে হত। যতবারই হ্যাট পরতাম আর খুলতাম, ততবারই আপনা থেকে হাত চলে যেত মাথার দিকে, চুল ঠিক করবার জন্য। তাছাড়া পরিশীলিত সমাজে বসে থাকবার সময় যখন-তখন হাতকে ওই একই পথে চালনা করবার সুসভ্য অভ্যাসটির কথা নাহয় বাদই দিলাম।

১৯১৭ সালে লর্ড আরউইন গান্ধীজির পোশাক-আশাকের ধরন নিয়ে সমালোচনা করেছিলেন। ভাইসরয়ের সেই মন্তব্যর উত্তরে গান্ধীজি 'দ্য পাইওনিয়ার' পত্রিকায় চিঠি লিখে বলেন:

'ঘটনা হচ্ছে, আমি জাতীয় পোশাকটি পরি এইজন্য যে একজন ভারতীয়র পক্ষে ওটাই সবচেয়ে স্বাভাবিক আর মানানসই। আমার মতে, ইয়োরোপীয় বেশভূষার অনুকরণ আমাদের অধঃপতন, অবমাননা আর দুর্বলতার লক্ষণ। ভারতের আবহাওয়ায় যে-পোশাক সবচেয়ে উপযোগী; সরলতা, শোভনতা আর সস্তা দামের বিচারে যার কোনো তুলনা পৃথিবীর কোথাও নেই; যা স্বাস্থ্যসম্মত; সেই পোশাককে বর্জন করে আমরা একটা জাতীয় পাপকর্মে লিপ্ত হচ্ছি ...

'আমি দুঃখের সঙ্গে লর্ড আরউইনকে এবং আপনার কাগজের পাঠকদের জানাচ্ছি যে, আমার বন্ধু, প্রাক্তন অবৈতনিক পরিষদ-সদস্য মান্যবর বাবু ব্রিজকিশোর প্রসাদ এখনও নিতান্ত অনুতাপহীন, এখনও তিনি তাঁর প্রদেশে চালু কাপড়ের টুপিটি মাথায় দেন, কখনো খালি-পায়ে হাঁটেন না, এবং যে-বাড়িতে আমরা থাকি সেখানে খড়ম খটখটিয়ে বেধড়ক "শোর মচিয়ে" চলেন। আমার সঙ্গে তাঁর খুব

চমৎকার যোগাযোগ থাকা সত্ত্বেও এখনও তিনি আধা-সাহেবি পোশাক বর্জন করার সাহস সঞ্চয় করে উঠতে পারেননি; সরকারি কর্মকর্তাদের সঙ্গে দেখা করতে গেলেই তিনি তাঁর পা দু-খানা দ্বিধাবিভক্ত একটি পোশাকের মধ্যে গলিয়ে নেন এবং পায়ের পাতা দুটিকে সংকুচিত করে ঢুকিয়ে নেন এমন একজোড়া জুতোর মধ্যে যা একেবারে আঁটোসাঁটো। কিছুতেই তাঁকে বুঝিয়ে উঠতে পারি না যে, আরও মানানসই আর কম দামি "ধুতি" পরলে তাঁর মক্কেলরা কেউ তাঁকে পরিত্যাগ করবে না, কোনো আদালত তাঁকে শাস্তি দেবে না।'

(দ্য কালেক্টেড ওয়ার্কস অব মহাত্মা গান্ধী [CWMG], খণ্ড ১৩, পৃষ্ঠা ৪৫০–১)

খাঁটি ইংরেজ 'জেন্টলম্যান' সাজার প্রয়াসে এতেও শান্তি হল না আমার। এবার অন্যান্য খুঁটিনাটির দিকে নজর দিলাম, যেগুলো করলে লোকে আমায় পাক্কা সাহেব বলবে। শুনেছিলাম, নাচ, ফরাসি আর বাক্‌শৈলী শেখার ক্লাসে যোগ দেওয়াটাই নাকি দস্তুর। ফরাসি তো শুধু পাশের দেশ ফ্রান্সেরই ভাষা নয়, তামাম ইয়োরোপের মান্য ভাষা (lingua franca)। ইয়োরোপ ভ্রমণের ইচ্ছে ছিল আমার। ঠিক করলাম নাচের ক্লাসে ভরতি হব। একটা শিক্ষাপর্বর জন্য তিন পাউন্ড দক্ষিণা দিলাম। মনে হয় তিন সপ্তাহে গোটা ছয়েক তালিম নিয়েছিলাম। কিন্তু ছন্দ বজায় রেখে শরীর দোলানো আমার পক্ষে একেবারেই অসম্ভব। পিয়ানোর সুর আমার কানে বসত না, ফলে কেবলই কেটে যেত তাল। কী করা যায়? সেই যে গল্পে আছে না, ইঁদুর তাড়াবার জন্য নিঃসঙ্গ লোকটি বেড়াল পুষল, তারপর বেড়ালকে দুধ খাওয়ানোর জন্য পুষল এক গোরু, তারপর গোরুর দেখভাল করবার জন্য একজন লোক রাখল, ইত্যাদি ইত্যাদি। আমার উচ্চাশাও যেন ওই নিঃসঙ্গ লোকটির পরিবারের মতোই বাড়তে লাগল। এবার মনে হল পাশ্চাত্য সংগীতের কান তৈরি করবার জন্য বেহালা বাজানো শিখব। তিন পাউন্ড দিয়ে একখানা বেহালা কিনলাম। আরও কিছু টাকা দক্ষিণার পিছনে ঢাললাম।

অতঃপর অন্য একজন শিক্ষকের কাছে শিখতে লাগলাম বাক্‌শৈলী। তাঁকে প্রাথমিক দক্ষিণা দিতে হল এক গিনি। তিনি পাঠ্যবই হিসেবে বেল-এর *Standard Elocutionist*-এর সুপারিশ করলেন। পিট-এর একটি ভাষণ ছিল আমার প্রথম পাঠ।

কিন্তু মিস্টার বেল যেন আমার কানে ঢংঢং করে বিপদঘণ্টি বাজিয়ে দিলেন। ঘোর ভাঙল আমার। নিজেকে বললাম, আমি তো আর সারাজীবন ইংল্যান্ডে কাটাতে আসিনি, তাহলে এই বাক্‌শৈলী শিখে আমি কী করব? নাচ-ই বা আমাকে ভদ্রলোক করার ব্যাপারে কতটুকু সাহায্য করবে? আর বেহালা তো ভারতেও শিখে নেওয়া যাবে। আমি তো একজন ছাত্র, আমার উচিত লেখাপড়া করা। আমাকে তো ব্যারিস্টারি পাশ করতে হবে। আমার স্বভাবচরিত্র যাতে ভদ্রলোকের মতো হয়, সেটাই তো ভালো কথা। অন্যথায় আমাকে আমার উচ্চাশা ত্যাগ করতে হবে।

এই ধরনের সব ভাবনা পেয়ে বসল আমাকে। এসব কথা আমার বাক্‌শৈলী-শিক্ষককে লিখে পাঠালাম। অনুরোধ করলাম, তিনি যেন বাকি ক্লাসগুলো থেকে আমায় অব্যাহতি দেন। ততদিনে আমি কেবল দু-তিনটে পাঠ নিয়েছিলাম। একই কথা লিখলাম আমার নৃত্য-শিক্ষককে। আর বেহালা-শিক্ষিকার কাছে গিয়ে অনুরোধ করলাম, আমার বেহালাখানা যাহোক দামে বেচে দিতে। সেই মহিলা আমার প্রতি সহৃদয় ছিলেন। তাই আমি তাঁকে খুলে বললাম, কীভাবে আমি বুঝতে পেরেছি

যে আমি একটা মিথ্যে আদর্শর পিছনে ছুটছি। পথ একেবারে বদলে
ফেলার ব্যাপারে স্থিরসংকল্প হতে তিনি আমাকে উৎসাহ দিলেন।

এই খ্যাপামি খুব সম্ভব মাস তিনেক টিকেছিল। পোশাক-আশাক নিয়ে
খুঁতখুঁতুনি অবশ্য টিকেছিল বহু বছর। তবে ওই সময় থেকে আমি
লেখাপড়ায় মন দিলাম।

দিনে এক শিলিং তিন পেনি

কেউ যেন মনে না করে নাচ-টাচ নিয়ে এইসব পরীক্ষানিরীক্ষা আমার জীবনের একটা উচ্ছৃঙ্খলতার পর্ব। পাঠক হয়তো খেয়াল করে থাকবেন, এই দৌড়ের পিছনে একটা উদ্দেশ্য ছিল। উত্তরণটা তাই সহজ হয়েছিল।

নিজের জীবনযাপনের ধরনের ওপর আমার যেহেতু কড়া নজর ছিল, তাই আমি বুঝতে পেরেছিলাম, খরচ কমানো দরকার। ঠিক করলাম খরচ অর্ধেকে নামিয়ে আনব। হিসেবপত্র থেকে দেখা গেল, ভাড়ার পিছনে নানাভাবে খরচ হচ্ছে। তার ওপর, একটি পরিবারের সঙ্গে থাকতে হয় বলে, প্রতি সপ্তাহে নিয়ম করে টাকা মিটিয়ে দিতে হয়।

কাজেই ঠিক করলাম, কোনো পরিবারের সঙ্গে না থেকে এবার নিজে আলাদা ঘর ভাড়া নিয়ে থাকব। তাছাড়া কাজের প্রয়োজন অনুযায়ী এক জায়গা থেকে আরেক জায়গায় ঘুরে ঘুরে থাকব। এতে করে অভিজ্ঞতাও সঞ্চয় করা যাবে। ঘরগুলো এমনভাবে বাছতাম যাতে আধ ঘণ্টা হেঁটে কাজের জায়গায় পৌঁছে যেতে পারি। ফলে ভাড়ার টাকাটা বেঁচে যেত। এর আগে কোথাও যেতে হলে বরাবরই আমি কিছু-একটা পরিবহণ ব্যবহার করতাম। হাঁটবার জন্য আমায় আলাদা সময় বার করে নিতে হত। কিন্তু নতুন এই পদ্ধতিতে হাঁটাও হল, টাকাও বাঁচল। কেননা যাতায়াতের ভাড়া তো বাঁচলই, উপরন্তু দিনে আট থেকে দশ

মাইল হাঁটারও ফুরসত মিলল। এতটা পথ হাঁটতাম বলেই বিলেতে আমার দীর্ঘ প্রবাসকালে কার্যত আমার কোনো অসুখ করেনি, আর শরীরটাও মোটামুটি মজবুত হয়ে গড়ে উঠেছিল।

আমি একটা দুই কামরার বাসা নিলাম; একখানা বসবার ঘর; অন্যটা শোওয়ার। এই ছিল দ্বিতীয় পর্ব। তৃতীয় পর্ব আসবে পরে।

এইসব পরিবর্তনের ফলে আমার খরচ অর্ধেক হয়ে গেল। কিন্তু সময়টাকে কাজে লাগাব কীভাবে? ব্যারিস্টারি পরীক্ষার জন্য যে বিশেষ লেখাপড়া করতে হয় না, সে আমি জানতাম, তাই সময়ের অভাব নিয়ে মাথা ঘামাইনি। আমি যে ইংরেজিতে কাঁচা, এই কথাটা কেবলই আমাকে কুরে কুরে খেত। আমার মনে হল, ব্যারিস্টার তো হবই, কিন্তু একটা কোনো সাহিত্যমূলক ডিগ্রিও নেওয়া চাই। অক্সফোর্ড আর কেম্ব্রিজ বিশ্ববিদ্যালয়ের পাঠ্যক্রম নিয়ে খোঁজখবর নিলাম, দু-একজন বন্ধুর সঙ্গে পরামর্শ করলাম। বুঝলাম, এ দুটো জায়গার যেখানেই যাই-না-কেন, খরচ বাড়বে, আর ইংল্যান্ডে আমাকে থাকতেও হবে যা ভেবে এসেছিলাম তার থেকে বেশি দিন। এক বন্ধু পরামর্শ দিল, সত্যিই যদি একটা কঠিন পরীক্ষায় বসার তৃপ্তি লাভ করতে চাই, তাহলে লন্ডনের ম্যাট্রিকুলেশন পরীক্ষা পাশ

করতে হবে। সেটার খাটনি অনেক, আর আমার তখনকার সাধারণ
জ্ঞানের যে-বহর তাকে অনেক বাড়াতে হবে। তবে তারজন্য বাড়তি
খরচ হবে না। পরামর্শটা আমার মনে ধরল। কিন্তু সিলেবাস দেখে
ঘাবড়ে গেলাম। লাতিন আর একটা আধুনিক ভাষা যে আবশ্যিক!
লাতিন ভাষাকে বাগ মানাব কী করে? বন্ধুটি কিন্তু লাতিনের হয়ে জোর
সওয়াল করল: 'আইনজ্ঞদের কাছে লাতিনের অনেক মূল্য। আইনের
বই পড়ে বুঝতে হলে লাতিন ভাষার জ্ঞান খুব কাজে লাগে। তাছাড়া
পরীক্ষায় রোমান আইনের একটা পত্র তো পুরোপুরি লাতিনেরই
ওপর। শুধু তাই নয়, লাতিন জানা থাকলে ইংরেজি ভাষার ওপর দখল
বাড়ে।' যুক্তিটা মনে ধরল। ঠিক করলাম, লাতিন শিখব, তা সে যত
শক্তই হোক। ফরাসি তো আমি আগেই শুরু করে দিয়েছিলাম। কাজেই
ভাবলাম, ওটাই হবে আমার আধুনিক ভাষা। আমি প্রাইভেটে একটা
ম্যাট্রিকুলেশন ক্লাসে ভরতি হয়ে গেলাম। পরীক্ষা হত ছ-মাস পর-পর।
আমার হাতে তাই মাত্র পাঁচ মাস সময়। কিন্তু নিজেকে সাহেব বানানো
যার এতদিনের ধ্যানজ্ঞান ছিল, সে এবার নিজেকে একনিষ্ঠ এক ছাত্রে
রূপান্তরিত করল। আমি মিনিট ধরে ধরে পড়ার রুটিন বানিয়ে নিলাম।
কিন্তু যত যাই করি, আমার বুদ্ধি আর স্মরণশক্তি কোনোটাই এত বেশি
নয় যে তার জোরে লাতিন আর ফরাসির, তার ওপর অন্যান্য বিষয়ের
ভার সামলে আমার পক্ষে ওইটুকু সময়ের মধ্যে পরীক্ষা-বৈতরণী
উতরে যাওয়ার ভরসা করা চলে। ফলে লাতিনে ফেল করলাম।
দুঃখ হল ঠিকই, কিন্তু ভেঙে পড়লাম না। লাতিনের একটা আন্দাজ
তো পাওয়া গেল। তাছাড়া আমি ভাবলাম, ফরাসি নিয়ে আরেকবার
পরীক্ষায় বসলে তো বরং ভালোই হবে। ঠিক করলাম, এবার আমি
বিজ্ঞান বিভাগ থেকে একটা নতুন বিষয় বেছে নেব। আগের বার
বেছে নিয়েছিলাম রসায়ন। কোনো পরীক্ষানিরীক্ষা দেখানো হত না
বলে বিষয়টাতে আমার এতটুকু আগ্রহ ছিল না। বিষয় হিসেবে রসায়ন
ভারতে আবশ্যিক ছিল বলেই আমি লন্ডনের ম্যাট্রিকুলেশন পরীক্ষার

জন্য ওই বিষয়টাকে বেছে নিয়েছিলাম। এবার কিন্তু আমি রসায়নের বদলে বাছলাম তাপ আর আলোক। শুনেছিলাম, বিষয়গুলো সহজ; দেখলাম সত্যিই তাই।

ফের একটা পরীক্ষার মুখোমুখি হয়ে আমি জীবনযাত্রাকে আরও সাদাসিধে করে তোলবার প্রয়াস পেলাম। আমার মনে হল আমার জীবনযাপন এখনও আমাদের মতো সাধারণ ঘরের একটি ছেলের উপযোগী হচ্ছে না। আমার মহৎহৃদয় দাদার কথা কেবলই মনে পড়ত। তিনি অনেক কষ্ট করে যখনই যে-টাকা চাইতাম, পাঠিয়ে দিতেন। আমি দেখলাম যারা জীবনযাপনের জন্য মাসে আট থেকে পনেরো পাউন্ড খরচ করে, তাদের বেশিরভাগই জলপানির সুবিধা ভোগ করে। আবার ঢের সাদাসিধেভাবে বাঁচবার দৃষ্টান্তও আমার চোখের সামনেই ছিল। দেখলাম বেশ কয়েকজন গরিব ছাত্র আমার চেয়েও কষ্ট করে জীবন চালায়। একজন তো বস্তিতে সপ্তাহে দু-শিলিং ঘরভাড়া দিয়ে থাকত আর সস্তার 'কোকো রুম' থেকে দু-পেনি খরচ করে কোকো-পাঁউরুটি খেয়ে জীবন ধারণ করত। সে-জীবন যাপন করার কথা আমি ভাবতেও পারি না। কিন্তু মনে হল, আমি তো দুখানা ঘরের বদলে একখানা ঘর নিয়ে থাকতে পারি, আর কিছু রান্নাবান্না নিজেই করে নিতে পারি। তাহলে তো মাসে চার-পাঁচ পাউন্ড করে বাঁচে। তাছাড়া সরল জীবনযাপন কী করে করতে হয়, সে-বিষয়ে কিছু বই-টইও পেলাম। আমার দুই-ঘরের বাসা ছেড়ে দিয়ে এক ঘরওয়ালা বাসা ভাড়া করলাম। একটা স্টোভ কিনে ঘরেই নাস্তা বানাতে লাগলাম। তারজন্য খুব বেশি হলে মিনিট কুড়ি সময় লাগত, কেননা রাঁধতাম কেবল জইয়ের পরিজ আর কোকোর জন্য ফুটিয়ে নিতাম জল। দুপুরের খাওয়া বাইরে সারতাম। রাতে বাড়িতে খেতাম কোকো-পাঁউরুটি। কাজেই দিনে এক শিলিং তিন পেন্স খরচে জীবন নির্বাহ করতে পারলাম। আর ওই সময়টাতেই খুব মন দিয়ে লেখাপড়া করতাম। সরল জীবনযাত্রা আমার প্রচুর সময় বাঁচিয়ে দিল; আমি পরীক্ষায় পাশ করে গেলাম।

পুত্র হরিলালকে গান্ধীজি ১৯১৮ সালের এক চিঠিতে, তেমন পরিস্থিতি হলে নিজের রান্না নিজে করে নিতে উৎসাহ দিয়েছিলেন:

'রাঁধতে খানিকটা সময় লাগে এ-কথা ঠিক। কিন্তু আমার ধারণা সে-সময়টা বৃথা যায় না। ... আমার নিজের কথাই ধরো। ইংল্যান্ডে থাকতে লেখাপড়া নিয়ে যখন খুব ব্যস্ত, তখন সকাল-সন্ধ্যে রান্না করতে আমার আধ ঘণ্টার বেশি সময় লাগত না। সকালে পরিজ বানাতাম, তারজন্য ঠিক বিশ মিনিট সময় লাগত; আর রাত্তিরে রাঁধতে হলে বানিয়ে নিতাম সুপ। সুপ তো আর নাড়তে-চাড়তে হয় না, কেবল মশলাটুকু জোগাড় করতেই যেটুকু-যা সময় লাগে। জিনিসটা স্টোভে চড়িয়ে দিয়ে আমি বই নিয়ে বসে পড়তাম। ... এ থেকে প্রমাণ হয়, নিজের রান্না নিমেষে তৈরি করে নেওয়া যায়।'

(দ্য কালেক্টেড ওয়ার্কস অব মহাত্মা গান্ধী [CWMG],

খণ্ড ১৫, পৃষ্ঠা ৪৬)

৩৩

বাস্তবিক, স্বপাক ব্যাপারটা অনেক খরচ বাঁচায়। তাছাড়া একটা মৌলিক কৌশলও শিখে নেওয়া যায়। এই পর্বেই গান্ধীজি ব্যয়সংকোচের প্রথম শিক্ষা পান।

আপ্পাসাহেব পটবর্ধন, যিনি ১৯১৯ সাল থেকে গান্ধীজির সহকর্মী ছিলেন, তিনি গান্ধীজির পঁচাত্তরতম জন্মদিন স্মরণে একটি প্রবন্ধে বিষয়টিকে এইভাবে বর্ণনা করেন:

'যুদ্ধ যখন শুরু হয়নি, যখন কাগজ দুর্লভও ছিল না, দুর্মূল্যও ছিল না, তখনও বাপু কিছুতেই একপিঠে লেখা কাগজ বাজে কাগজের ঝুড়িতে ফেলে দিতেন না। যে-বিপুল পরিমাণ চিঠি আসত তা থেকে সযত্নে ঝাড়াই বাছাই করে নেওয়া হত সেসব কাগজ। লেখার খসড়া কিংবা অন্য অনেক উদ্দেশ্যে তার খালি পিঠগুলো তিনি কাজে লাগাতেন। প্রমাণ সাইজের একটা কাগজের টুকরোকে কেটে ছ-খানা ছোটো ছোটো

টুকরোয় ভাগ করে নিয়ে আশ্রমের ছ-জন অধিবাসীকে ব্যক্তিগত চিঠি লিখতেন তিনি, সবগুলোকে একখানা খামে ভরে পাঠাতেন।

বস্তুত বাপু শুধু আশ্রমবাসীদেরই নন, ভারতের কোটি কোটি নিরন্ন মানুষের, দরিদ্রনারায়ণের সেবায়েত। এক কণা খাদ্য, এক ফোঁটা জলও নষ্ট করতে দিতেন না তিনি।'

পাঠক যেন মনে না করেন যে এহেন জীবনযাত্রা আমার জীবনকে দুঃসহ করে তুলল। বরং উলটো। এই পরিবর্তনের দৌলতে আমার অন্তরের জীবন আর বাহিরের জীবনের মধ্যে এক ভারসাম্য স্থাপিত হল। আমার জীবন হয়ে উঠল আরও সত্যনিষ্ঠ, আমার আত্মা ভরে উঠল আনন্দে।

প্রলোভনের ফাঁদ থেকে রক্ষা

জীবনযাপনে পরিবর্তন আসায় আমার খাওয়াদাওয়ার অভ্যাসও বদলাল। পড়াশোনা করতে লাগলাম নিরামিষ আহার নিয়ে। ইংল্যান্ডের 'ভেজিটেরিয়ান সোসাইটি'র পত্রিকার গ্রাহক হলাম এবং অচিরেই তার পরিচালকমণ্ডলীতে স্থান পেলাম। মণ্ডামিঠাই আর চা-কফি খাওয়া ছেড়ে দিলাম। পাঁউরুটি, কোকো আর সেদ্ধ তরিতরকারি—এই হয়ে দাঁড়াল আমার প্রধান আহার। আমার পরীক্ষানিরীক্ষা আমাকে শেখাল, স্বাদের আসল পীঠস্থান জিভ নয়, মন।

বিভিন্ন ধর্মর সঙ্গে কিছুটা পরিচিত হলাম। এইসময় দুই থিওসফিস্ট বন্ধুর সঙ্গে আলাপের সুবাদে আমি জীবনে প্রথম ভগবদ্গীতা পাঠ করতে প্রবৃত্ত হলাম। তাঁরা আমাকে তাঁদের সঙ্গে বসে স্যর এডউইন আর্নল্ড-এর করা গীতার অনুবাদ *সং সিলেশ্চিয়াল* পড়ার আমন্ত্রণ জানালেন। লজ্জার সঙ্গে কবুল করলাম, কি মূল রচনা কি অনুবাদ আমি কখনো গীতা পড়িনি, যদিও গীতা আমাদের সবচেয়ে পবিত্র গ্রন্থ বলে গণ্য। ওদের জানালাম, আমি সানন্দে ওদের সঙ্গে গীতার ইংরেজি অনুবাদ পড়ব, আর আমার সামান্য ক্ষমতায় যতটুকু কুলোয় ততটুকু সাহায্য করব। এইভাবে ওদের সঙ্গে আমার গীতাপাঠ শুরু হল। গীতার দ্বিতীয় অধ্যায়ের এই শ্লোকগুলি আমার মনে গভীর দাগ কেটে গেল, আজও সেগুলি আমার কানে বাজে:

বিষয়সমূহ চিন্তা করতে করতে সেসবের প্রতি মানুষের আসক্তি জন্মে, আসক্তি হতে কামনা হয়, কামনা প্রতিহত হয়ে ক্রোধে পরিণত হয়, ক্রোধ হতে কর্তব্য-অকর্তব্যরূপ বিবেকনাশ এবং বিবেকনাশ হতে শাস্ত্রাচার্যদের উপদেশজনিত সংস্কারের স্মৃতিবিলোপ, স্মৃতিবিভ্রম হতে পুরুষের সৎ-অসৎ বিচারবুদ্ধি বিনষ্ট হয় এবং বিচারবুদ্ধি বিনষ্ট হলে মানুষ পুরুষার্থের অযোগ্য হয়।

আমার মনে হল, এ বইটি এক অমূল্য নিধি। দুঃখের মুহূর্তে ও থেকে যা সাহায্য পেয়েছি তার কোনো পরিমাপ হয় না।

ম্যাঞ্চেস্টারের এক খ্রিস্টান বন্ধুর কথায় প্রায় ওইসময়েই পড়লাম বাইবেল। ওল্ড টেস্টামেন্টের কিছু কিছু অংশ বহু কষ্টে পড়লাম, পড়ে ধাক্কা খেলাম। কিন্তু নিউ টেস্টামেন্ট, বিশেষ করে 'পর্বতের উপরে অনুশাসন' আমার মন হরণ করল। গীতার সঙ্গে ওই অংশটি তুলনীয় মনে হল। 'আর আমি তোমাদের বলছি, দুষ্টদের প্রতিরোধ কোরো না, বরং যদি কেউ তোমাকে ডান গালে আঘাত করে, তার দিকে তোমার অন্য গালটিও ঘুরিয়ে দাও।' এই শ্লোকগুলি আমাকে অসীম আনন্দ দিল। মনে পড়ে গেল গুজরাতি কবি শম্বলভট-এর সেই পঙ্ক্তিগুলি, যা থেকে আমি আগের একটি অধ্যায়ে উদ্ধৃতি দিয়েছি : 'একবাটি জল যদি পাও, দাও ভরপেট মহাভোজ।'

হিন্দু এবং অন্যান্য ধর্ম সম্বন্ধে ওপর-ওপর কিছু ধারণা আমার হয়েছিল বটে, কিন্তু বিপদ থেকে বাঁচবার জন্য সেটুকু যে যথেষ্ট নয়, সেটা আমার বোঝা উচিত ছিল।

ইংল্যান্ড প্রবাসের শেষ বছরে আমার এক বন্ধু

আর আমি পোর্টসমাউথে 'নিরামিষাশী সম্মেলনে' নিমন্ত্রিত হয়েছিলাম। যে-বাড়িতে আমাদের তোলা হয়েছিল, সে-বাড়ি সম্বন্ধে অভ্যর্থনা কমিটি কিছুই জানত না। কিন্তু সে-বাড়িটার বদনাম ছিল। রাত্তিরে খাওয়ার পর আমরা বসে তাস খেলছিলাম, এমন সময় বাড়ির মালকিন এসে যোগ দিলেন। তাস খেলার সময় সকলেই নির্দোষ কিছু রসিকতায় মাতে। কিন্তু এখানে আমার সঙ্গী আর মালকিন দু-জনেই বেশ কুরুচিকর ঠাট্টা-ইয়ার্কি শুরু করলেন। আমিও সেই প্রলোভনের ফাঁদে পা দিলাম। কিন্তু ঠিক যে-মুহূর্তে তাস খেলা আর তাস ছেড়ে আমি মাত্রা ছাড়িয়ে যাওয়ার দশায় এসে পৌঁছোলাম, তখনই ঈশ্বর আমার সু-সঙ্গীটির মুখ দিয়ে আশীর্বাদের মতো হুঁশিয়ারি দিলেন: 'ভাই! কোথা থেকে এমন শয়তানের উদয় হল তোমার মনে? উঠে পড়ো, এক্ষুনি।' আমি লজ্জা পেলাম। সাবধান হলাম, বন্ধুটির কাছে গভীরভাবে কৃতজ্ঞ হলাম। মায়ের কাছে যে-প্রতিজ্ঞা করে এসেছিলাম, তা মনে পড়ে গেল। আমি ওই জায়গা ছেড়ে পালিয়ে এলাম।

সেসময় আমি ঈশ্বরের বা ধর্মর মূল কথা কী, কীভাবে তিনি আমাদের মধ্য দিয়ে কাজ করেন, কিছুই জানতাম না। কেবল আবছা-আবছাভাবে এটুকু বুঝলাম, ওই ঘটনায় ঈশ্বরই আমায় বাঁচিয়ে দিয়েছেন। বাস্তবিক, আমার বলতে ভালো লাগছে যে অনেক অগ্নিপরীক্ষার সামনেই তিনি আমাকে আমার নিজের হাত থেকে রক্ষা করেছেন। সব আশা যখন নিঃশেষ, যখন 'সহায়করা ব্যর্থ আর সান্ত্বনা পলাতক', তখন দেখেছি কোথা থেকে যেন সাহায্য এসে উদয় হয়! প্রার্থনা, পূজা, উপাসনা— এগুলি কুসংস্কার নয়। খাওয়া, পান করা, চলা, বসা এসবের চেয়েও বেশি বাস্তব এগুলি। যদি বলি, এগুলিই একমাত্র বাস্তব, বাকি সবই অবাস্তব, তাহলে একটুও বাড়িয়ে বলা হবে না।

ব্যারিস্টার হয়ে ঘরে ফেরা

এই পর্বে আমার পড়ায় কিন্তু ফাঁকি দিইনি এবং অবশেষে, ন-মাসের একাগ্র পড়াশোনার পর ১০ জুন ১৮৯১ আমি ব্যারিস্টারি পাশ করলাম। ১২ তারিখ জাহাজে করে রওনা দিলাম দেশের দিকে। ভারতীয় আইন সম্বন্ধে অজ্ঞ ছিলাম বলে বেশ চিন্তা হচ্ছিল, কাজ পাবার ভরসা বিশেষ ছিল না। ফেরার পথে এডেন-এর পর থেকে ঝোড়ো হাওয়া উঠল আর ছোটো ছোটো ঢেউ দেখা দিল। প্রায় প্রত্যেক যাত্রীই কাবু হয়ে পড়ল। কেবল আমারই কিছু হল না; আমি ডেকে দাঁড়িয়ে দাঁড়িয়ে ঝড়ের মাতামাতি দেখলাম, আছড়ে-পড়া ঢেউয়ের মজা উপভোগ করলাম। নাস্তার সময়, আমার পাশে মাত্র দু-একজনকেই পেতাম। কোলের ওপর পরিজের বাটিটা সাবধানে পাকড়ে ধরে খেত তারা, নইলে পরিজটাই যে কোলের ওপর আশ্রয় নেবে!

বাইরের ওই ঝড় যেন আমার অন্তরের ঝড়েরই প্রতীক। বাইরের ঝড় আমাকে কাবু করতে পারেনি, কিন্তু অন্তরের ঝড় সম্বন্ধে সে-কথা বলতে পারব না।

বন্দরে দাদা এসেছিলেন আমাকে নিতে। দুঃসংবাদটা এইবার পেলাম: মা আর নেই। দাদা আমাকে আগে এ-বিষয়ে কিছু জানাননি। বিদেশবিভুঁয়ে এই আঘাত থেকে আমাকে রক্ষা করতে চেয়েছিলেন তিনি। তা সত্ত্বেও সংবাদটা আমাকে প্রচণ্ডভাবে ধাক্কা দিল। বাবার মৃত্যুর চেয়েও বেশি

কষ্ট পেলাম আমি। মনের মধ্যে লালন-করা আশা সবই যেন ভেঙে চুরমার হয়ে গেল। কিন্তু আমি আমার চেহারার মধ্যে শোকবিহ্বলতার হতচকিত ভাবটা ফুটে উঠতে দিইনি, এটুকু মনে পড়ে। এমনকী চোখের জল সামলে স্বাভাবিক জীবনযাত্রা শুরু করে দিতে পারলাম, শোক সেখানে বাধা হয়নি।

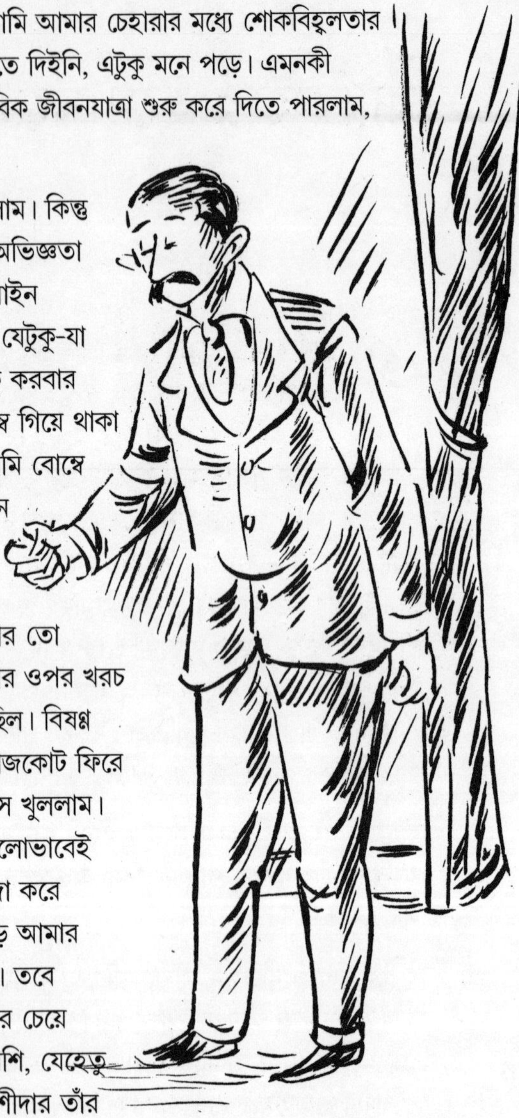

কিছুকাল রাজকোটেই রইলাম। কিন্তু বন্ধুরা বলল, হাইকোর্টের অভিজ্ঞতা অর্জনের জন্য, ভারতীয় আইন অধ্যয়ন করতে হলে এবং যেটুকু-যা প্র্যাকটিস করা যায়, সেটুকু করবার জন্য আমার কিছুদিন বোম্বে গিয়ে থাকা দরকার। সেই অনুযায়ী আমি বোম্বে চলে গেলাম। কিন্তু সেখানে চার-পাঁচ মাসের বেশি কাটানো আমার পক্ষে সম্ভব হল না। কারণ আমার তো কোনো রোজগার নেই, তার ওপর খরচ প্রতিদিনই হু-হু করে বাড়ছিল। বিষণ্ণ মনে আমি বোম্বে ছেড়ে রাজকোট ফিরে এসে আমার নিজের অফিস খুললাম। সেখানে মোটের ওপর ভালোভাবেই চলল। আবেদনের মুসাবিদা করে আর স্মারকপত্র লিখে গড়ে আমার শ-তিনেক টাকা আয় হত। তবে এর পিছনে আমার দক্ষতার চেয়ে প্রভাবই কাজ করেছিল বেশি, যেহেতু আমার ভাইয়ের যিনি অংশীদার তাঁর

একটা বাঁধা প্র্যাকটিস ছিল। যে-সমস্ত আবেদন ইত্যাদির গুরুত্ব বেশি, অন্তত তিনি তাই মনে করতেন, সেগুলো পাঠিয়ে দিতেন বড়ো বড়ো ব্যারিস্টারদের কাছে। আর আমার ভাগে পড়ত সেইসব আবেদনপত্র যেগুলো তাঁর গরিব মক্কেলদের হয়ে মুসাবিদা করতে হবে।

চললাম দক্ষিণ আফ্রিকা

কিন্তু কাথিয়াওয়াড়ের বিদঘুটে পরিবেশে দু-দিনে আমার দম আটকে এল। তাই পোরবন্দরের একটি মেমন সংস্থা যখন আমাকে দক্ষিণ আফ্রিকায় কাজের প্রস্তাব দিল, এককথায় রাজি হয়ে গেলাম। ৪০০০০ হাজার পাউন্ডের দাবি নিয়ে একটা বড়ো মামলা চলছিল। *দাদা আবদুল্লা অ্যান্ড কোম্পানি* তাদের প্রতিদ্বন্দ্বী *তায়েব হাজি খানমামাদ*-এর কাছে ওই দাবি করেছিল। দাদা আবদুল্লা অ্যান্ড কোম্পানির এক অংশীদার আমাকে প্রস্তাব দিলেন, তাঁরা প্রথম শ্রেণির যাতায়াত খরচ দেবেন, যাবতীয় খরচখরচা বহন করবেন এবং ১০৫ পাউন্ড দক্ষিণা দেবেন, যদি আমি ওঁদের হয়ে দক্ষিণ আফ্রিকায় এক বছর থেকে কাজ করতে রাজি থাকি। অতএব আমি ১৮৯৩-এর এপ্রিল মাসে ভারত থেকে দক্ষিণ আফ্রিকা রওনা হয়ে গেলাম।

নাটাল-এর বন্দরটির নাম ডারবান। আবদুল্লা শেঠ সেখানে আমার জন্য অপেক্ষা করছিলেন। জাহাজটা যখন জেটিতে ভিড়ল, আমি দেখতে লাগলাম কত লোক তাদের বন্ধুদের সঙ্গে দেখা করতে এসেছে। লক্ষ করলাম, ইয়োরোপীয়রা ভারতীয়দের বেশ অবজ্ঞার চোখেই দেখে। স্পষ্টই দেখতে পেলাম, আবদুল্লা শেঠের পরিচিতরা কীরকম একটা নাক-উঁচু, তুচ্ছতাচ্ছিল্যর ভঙ্গিতে তাঁর সঙ্গে আচরণ করছে। আমার মনে একটা ধাক্কা লাগল। আবদুল্লা শেঠ এতে

অভ্যস্ত হয়ে গেছেন। আমার দিকে যারা তাকাল, তাদের দৃষ্টির মধ্যে একটা কৌতূহলের ছাপ ছিল। আমার বেশভূষা আমাকে অন্যান্য ভারতীয়দের থেকে আলাদা করে দিয়েছিল। আমার পরনে ছিল ফ্রককোট আর বাঙালি পাগড়ি।

আমাকে ওঁদের সংস্থার কোয়ার্টারে, আমার জন্য নির্দিষ্ট ঘরে নিয়ে যাওয়া হল। আবদুল্লা শেঠের পাশের ঘরেই আমার থাকবার ব্যবস্থা করা হয়েছে। উনি তখন আমাকে বুঝতে পারেননি, আমিও ওঁকে বুঝতে পারিনি। ওঁর ভাই আমার হাত দিয়ে যেসব কাগজপত্র পাঠিয়ে দিয়েছিলেন, সেগুলো পড়ে উনি আরও ঘাবড়ে গেলেন। তাঁর মনে হল, তাঁর ভাই একটি আস্ত শ্বেতহস্তী পাঠিয়েছেন। আমার বেশভূষার আর জীবনযাপনের ধরন তাঁর কাছে ইয়োরোপীয়দের মতোই ব্যয়বহুল মনে হল। তখন আমাকে দেওয়ার মতো নির্দিষ্ট কোনো কাজ ছিল না। ওঁদের মামলাটা চলছে ট্রান্সভাল-এ; সেখানে আমাকে তখন-তখনই পাঠানোর কোনো মানে হয় না। তাছাড়া আমার এলেম আর সাধুতার ওপর কতদূর নির্ভর করা যায়, সেটাই-বা তিনি জানবেন কী করে? তিনি তো আর প্রিটোরিয়া-য় নিজে হাজির থেকে আমার ওপর নজর রাখতে পারবেন না। ফরিয়াদিরা থাকে প্রিটোরিয়া-তে। আর উনি যতদূর জানেন, তারা আমাকে নিজেদের দলে টেনে নিতে

সক্ষম হবে। আর যদি উল্লিখিত ওই মামলা সংক্রান্ত কোনো কাজ আমাকে না-ই দেওয়া যায়, তাহলে আমার করবার মতো আর কীই-বা কাজ আছে? কেননা সেসব কাজ তো তাঁর কেরানিরাই অনেক ভালো করে করতে পারে। কেরানিরা কাজে ভুল করলে তাদের সাজা দেওয়া যেতে পারে, কিন্তু আমি যদি ভুল করে বসি, আমাকে তো আর বকাঝকা করা যাবে না। সুতরাং মামলা সংক্রান্ত কোনো কাজ যদি আমাকে না দেওয়া যায়, তাহলে আমাকে শুধু শুধুই রাখতে হবে।

আবদুল্লা শেঠ কার্যত নিরক্ষর, কিন্তু তাঁর অভিজ্ঞতার ভাণ্ডারটি ছিল সমৃদ্ধ। অসাধারণ বুদ্ধি ছিল তাঁর আর নিজে সেটা জানতেন। কাজ করতে করতে তিনি নিছক কথাবার্তা চালানোর মতো কিছু ইংরেজি শিখে নিয়েছিলেন। কিন্তু ব্যাবসার যাবতীয় কাজ চালানোর জন্য ওটকুই ছিল যথেষ্ট, তা সে ব্যাঙ্ক ম্যানেজার কিংবা ইয়োরোপীয় বণিকদের সঙ্গে কারবারই হোক, কিংবা উকিলকে নিজের মামলাটা বুঝিয়ে বলাই হোক। ভারতীয়দের মধ্যে তাঁর খুব খাতির ছিল। সেসময় তাঁর সংস্থাটাই ছিল সবচেয়ে না হোক, অন্যতম বৃহৎ ভারতীয় কারবার।

আমি গিয়ে পৌঁছোনোর তিন-চারদিন পর তিনি আমাকে ডারবান আদালত দেখাতে নিয়ে গেলেন। সেখানে বেশ কয়েকজনের সঙ্গে আলাপ করিয়ে দিলেন এবং আমাকে তাঁর অ্যাটর্নির পাশে নিয়ে বসালেন। ম্যাজিস্ট্রেট সাহেব বারবার আমার দিকে তাকাচ্ছিলেন। অবশেষে তিনি আমাকে পাগড়িটা খুলে ফেলতে বললেন। আমি রাজি হলাম না। আদালত ছেড়ে বেরিয়ে গেলাম।

বুঝলাম এখানেও আমার জন্য অনেক লড়াই অপেক্ষা করে আছে।

কেন কিছু কিছু ভারতীয়কে পাগড়ি খুলে রাখতে হয়, আবদুল্লা শেঠ সেটা আমাকে বুঝিয়ে বললেন। যারা মুসলমানি পোশাক পরে, তারা ইচ্ছে করলে পাগড়ি মাথায় রাখতে পারে, কিন্তু অন্য যেসব ভারতীয় আদালতে ঢুকবে, তাদের পাগড়ি খুলে রাখতে হবে, এটাই নিয়ম। পাগড়ি খুলে ফেলা মানে অপমান হজম করা। তাই আমার মনে হল, ভারতীয় পাগড়ি না পরে বরং একটা ইংলিশ হ্যাট পরা শুরু করি। তাহলে অপমান এড়ানো যাবে, অপ্রীতিকর বিতর্ক থেকেও রেহাই পাওয়া যাবে। আবদুল্লা শেঠের কিন্তু পছন্দ হল

না ব্যাপারটা। তিনি বললেন, 'এরকম কিছু করলে তার খুব খারাপ প্রতিক্রিয়া হবে। যারা ভারতীয় পাগড়ি পরে থাকার দাবি জানাচ্ছে, তাদের উদ্দেশ্যটা মার খাবে। তাছাড়া ভারতীয় পাগড়িতে আপনাকে বেশ মানায়। ইংলিশ হ্যাট পরলে আপনাকে হোটেলের বেয়ারার মতো লাগবে।'

তাঁর এই পরামর্শের মধ্যে কেজো কাণ্ডজ্ঞান, দেশপ্রেম আর ঈষৎ সংকীর্ণতা মিশে ছিল। সবমিলিয়ে আবদুল্লা শেঠের পরামর্শই মেনে নিলাম আমি। খবরের কাগজে বিষয়টা নিয়ে লিখলাম এবং পাগড়ি পরে আদালতে ঢোকার সপক্ষে সওয়াল করলাম। কাগজে কাগজে এ নিয়ে জোর আলোচনা চলল। তারা আমাকে এক 'অবাঞ্ছিত আগন্তুক' বলে বর্ণনা করল। ফলে দক্ষিণ আফ্রিকায় পৌঁছানোর মাত্র কয়েক দিনের মধ্যে আমি এক অপ্রত্যাশিত প্রচার পেয়ে গেলাম। কেউ আমাকে সমর্থন করল, কেউ-বা আমার ভীরুতার কড়া নিন্দা করল।

আমার জন্য কাজ খুঁজে পেতে আবদুল্লা শেঠের বেশি দেরি হল না। প্রিটোরিয়া-য় তাঁর মামলা চালানোর জন্য আমার হাজির থাকা দরকার হয়ে পড়ল। দক্ষিণ আফ্রিকায় পৌঁছোনোর সাত-আট দিনের মাথায় আমি ডারবান ছাড়লাম। আমার জন্য প্রথম শ্রেণির কামরায় একটা আসন সংরক্ষণ করা হয়েছিল। ওখানে বিছানা-বালিশ চাইলে সচরাচর পাঁচ শিলিং বাড়তি দিতে হত। আবদুল্লা শেঠ বিশেষ জোর দিয়ে বললেন আমি যেন টিকিটের সঙ্গে বিছানা-বালিশ চেয়ে নিই। কিন্তু জেদ, অহংকার আর পাঁচ শিলিং বাঁচানোর তাগিদে আমি রাজি হলাম না। আবদুল্লা শেঠ আমাকে সাবধান করে দিয়ে বললেন, 'জেনে রাখুন, এটা কিন্তু ভারত নয়, এটা অন্য দেশ। আল্লার কৃপায় আমাদের কোনো কিছুরই অভাব নেই। তাই আপনার যা কিছু দরকার তা অনুগ্রহ করে মুক্তমনে চেয়ে নেবেন।' আমি ওঁকে ধন্যবাদ দিয়ে বললাম, অত ভাবার কিছু নেই।

ট্রেনটা নাটাল-এর রাজধানী ম্যারিজবার্গ-এ গিয়ে পৌঁছোল রাত ন-টা নাগাদ। বালিশ-বিছানার বন্দোবস্ত এই স্টেশনেই করা হয়। রেলের এক কর্মচারী এসে জিজ্ঞাসা করল আমার বালিশ-বিছানা লাগবে কি না। আমি জানালাম, 'না। আমার সঙ্গে একপ্রস্থ বালিশ-বিছানা আছে।' সে চলে গেল। তারপর একজন যাত্রী উঠল। আমাকে আগাপাশতলা নিরীক্ষণ করে বুঝল আমি 'অ-শ্বেতাঙ্গ'। এতে সে পীড়িত হল। কামরা থেকে নেমে গিয়ে জনা দুয়েক কর্মকর্তাকে নিয়ে আবার কামরায় উঠল। তারা কেউ কোনো কথা বলছিল না। তারপর একজন কর্মকর্তা আমার কাছে এসে বলল, 'উঠে পড়ুন, আপনাকে মাল-কামরায় যেতে হবে।'

'কিন্তু আমার কাছে তো প্রথম শ্রেণির টিকিট রয়েছে', আমি বললাম।

'সে থাকুক', অন্যজন বলল। 'আমি বলছি আপনাকে মাল-কামরায় যেতেই হবে।'

'শুনুন, ডারবানে আমাকে এই কামরায় করে যাবার অনুমতি দেওয়া হয়েছে এবং জেনে রাখুন, আমি এই কামরাতেই যাব।'

'না, যেতে পারবেন না', কর্মকর্তাটি বলল। 'এই কামরা আপনাকে ছাড়তেই হবে, নতুবা আমি পুলিশ কনস্টেবল ডেকে আপনাকে ঘাড়ধাক্কা দিয়ে নামিয়ে দেব।'

'ডাকুন পুলিশ। আমি স্বেচ্ছায় এ-কামরা ছাড়ছি না।'

এল কনস্টেবল। আমার হাত ধরে ধাক্কা দিয়ে নামিয়ে দিল। আমার মালপত্রও বার করে দিল। আমি অন্য কামরায় উঠলাম না। ট্রেন হুশহুশ করে চলে গেল। হাতব্যাগটা সঙ্গে নিয়ে আমি প্রতীক্ষালয়ে গিয়ে বসলাম। অন্য মালপত্র যেখানে ছিল সেখানেই পড়ে রইল। রেল কর্তৃপক্ষ তার ভার নিল।

তখন শীতকাল। দক্ষিণ আফ্রিকার উত্তরাঞ্চলে খুব ঠান্ডা পড়ে। ম্যারিজবার্গ বেশ উঁচুতে অবস্থিত, সেখানে তখন কনকনে শীত। আমার

ওভারকোটটা ব্যাগের মধ্যেই রয়ে গেছে। কিন্তু সেটা চাইতে ভরসা হল না, পাছে আবার অপমানিত হতে হয়। অগত্যা শীতে হিহি করে কাঁপতে লাগলাম। ঘরে আলো ছিল না। মাঝরাত নাগাদ একজন যাত্রী এলেন। তিনি বোধহয় আমার সঙ্গে কথা বলতে চাইছিলেন। কিন্তু আমার কথা বলতে ইচ্ছে করছিল না।

ভাবতে লাগলাম কী আমার কর্তব্য। আমার অধিকারের জন্য লড়াই করব, নাকি ভারতে ফিরে যাব, নাকি অপমান গ্রাহ্য না করে প্রিটোরিয়া গিয়ে মামলাটা শেষ করে তারপর ভারত ফিরব? কাজটা পুরোপুরি না সেরে দেশে ফিরে যাওয়াটা হবে কাপুরুষতা। যে-দুর্দশার শিকার আমি হয়েছি, তা তো কেবল বাহ্যিক—বর্ণবিদ্বেষের মতো কঠিন ব্যামোর এ তো এক বাহ্য উপসর্গ মাত্র। যদি পারি, এই অসুখটাকে নির্মূল করার চেষ্টা করব, আর সেটা করতে গিয়ে যা-যা লাঞ্ছনা সহ্য করতে হয়, করব। ব্যক্তিগত লাঞ্ছনার প্রতিকার কেবল সেইটুকুই চাইব, যেটুকু বর্ণবিদ্বেষ নির্মূল করার জন্য জরুরি।

সুতরাং ঠিক করলাম, যে-করেই-হোক, পরের গাড়ি ধরে প্রিটোরিয়া পৌঁছাব।

পরদিন সকালে রেলের জেনারেল ম্যানেজারকে লম্বা এক তার করলাম। আবদুল্লা শেঠকেও খবর দিলাম। তিনি তৎক্ষণাৎ জেনারেল ম্যানেজারের সঙ্গে দেখা করলেন। ম্যানেজারটি জানালেন, রেলের কর্তাদের এই আচরণ ন্যায্য। তবে এটাও জানালেন যে, তিনি স্টেশন মাস্টারকে নির্দেশ পাঠিয়েছেন, আমি যাতে নিরাপদে গাড়িতে উঠতে পারি, সেটা তিনি খেয়াল রাখেন। আবদুল্লা শেঠও ম্যারিজবার্গ-এর ভারতীয় বণিকদের এবং অন্যান্য জায়গায় তাঁর বন্ধুদের তার করে দিয়েছিলেন, তাঁরা যেন আমার সঙ্গে দেখা করেন এবং আমার দেখভাল করেন। বণিকরা আমার সঙ্গে স্টেশনে দেখা করতে এলেন। তাঁরাও যে কত লাঞ্ছনার শিকার হয়েছেন তার বিবরণ শুনিয়ে আমাকে সান্ত্বনা

দিতে চাইলেন। বুঝিয়ে বললেন, এ যা হয়েছে নতুন কিছু নয়। আরও বললেন, যেসব ভারতীয় প্রথম কিংবা দ্বিতীয় শ্রেণিতে চড়ে যাতায়াত করেন, রেলের কর্মকর্তা আর সাদা চামড়ার যাত্রীদের হুজ্জতের জন্য তাঁদের তৈরিই থাকতে হয়। এইসব দুঃখের কাহিনি শুনে শুনে দিনের বেলাটা কাটল। সন্ধ্যেয় ট্রেন এল। তাতে আমার জন্য একটা বার্থ সংরক্ষিত ছিল। ডারবানে বিছানাপত্রর যে-টিকিট আমি কাটতে রাজি হইনি, এবার ম্যারিজবার্গ-এ সেটা কাটলাম।

ট্রেনটা আমাকে চার্লসটাউন অব্দি পৌঁছে দিল। সেখান থেকে আমি বেশ কষ্ট করে সড়ক পরিবহণ ধরে জোহানেসবার্গ গিয়ে পৌঁছলাম। সেখান থেকে আবার ট্রেন ধরে প্রিটোরিয়া।

জনসমাজের সেবক

এইভাবে, ১৮৯৩ সালে দক্ষিণ আফ্রিকায় ভারতীয়দের অবস্থা সম্বন্ধে পূর্ণাঙ্গ তথ্য আমার আয়ত্তে এসে গেল। কিন্তু প্রিটোরিয়ায় মাঝেসাঝে দু-একজন ভারতীয়র সঙ্গে আলোচনা করা ছাড়া এ-বিষয়ে বলবার মতো কিছুই আমি করিনি। আমার মনে হল, একদিকে সংস্থাটির হয়ে মামলা চালানো, অন্যদিকে দক্ষিণ আফ্রিকায় ভারতীয়দের দুর্দশার প্রশ্নটি নিয়ে কিছু করা— একইসঙ্গে সম্ভব নয়। বুঝতে পারলাম, একসঙ্গে দুটো কাজ করার চেষ্টা করলে দুটোরই ক্ষতি হবে। এদিকে দেখতে দেখতে ১৮৯৪ সাল এসে পড়ল। যে-মামলার সুবাদে আমার দক্ষিণ আফ্রিকা আসা, সেটির সুষ্ঠু নিষ্পত্তি হয়ে গেল। কাজেই আমি ডারবান ফিরে গিয়ে ভারতে চলে আসবার তোড়জোড় শুরু করে দিলাম। দাদা আবদুল্লা আয়োজিত বিদায়ী আনন্দোৎসবে কেউ একজন আমার হাতে *নাটাল মারকিউরি* কাগজের একটা কপি ধরিয়ে দিল। পড়ে দেখি, সেখানে নাটাল বিধানসভার বিস্তারিত কার্যবিবরণ ছাপা হয়েছে এবং তারই অধীনে 'ভারতীয়দের ভোটাধিকার' উপ-শিরোনামে কয়েকটি লাইনে লেখা আছে যে, নাটাল সরকার ভারতীয়দের ভোটাধিকার হরণ করবার জন্য একটি বিল আনতে চলেছে। তার মানে যে-সামান্য অধিকারটুকু ভারতীয়রা ভোগ করত, সেটুকুও এবার আর থাকবে না। আমি আমার ভারতে ফেরা স্থগিত করে দিয়ে ওই রাত্রিরেই বিধানসভায় পেশ করবার জন্য একটা আবেদনপত্র লিখে ফেললাম।

কয়েক দিন সময় চেয়ে সরকারকে একটি তার পাঠিয়ে দেওয়া হল। তৎক্ষণাৎ একটা কমিটি তৈরি হল। শেঠ আবদুল্লা তার সভাপতি। তারটা তাঁরই নামে পাঠানো হল। বিল নিয়ে আলোচনা দু-দিনের জন্য মুলতুবি রইল।

দক্ষিণ আফ্রিকার বিধানসভায় ভারতীয়রা এর আগে কখনো কোনো আবেদনপত্র পাঠায়নি। বিলটাকে আটকানো গেল না বটে, কিন্তু আবেদনপত্রটা ভালোরকম সাড়া জাগাল। এ-ধরনের আন্দোলনের অভিজ্ঞতা দক্ষিণ আফ্রিকার ভারতীয়দের এই প্রথম। ভারতীয় জনসমাজের মধ্যে নতুন উত্তেজনা আর উদ্দীপনার এক হিল্লোল বয়ে গেল। রোজ সভা হতে লাগল, প্রতিদিনই সভায় ভিড় বাড়তে লাগল। প্রয়োজনের তুলনায় বেশি টাকার চাঁদা জমা পড়ল তহবিলে। বিনা পারিশ্রমিকে কপি তৈরি করা, সই সংগ্রহ করা এবং অনুরূপ অনেক কাজে সাহায্য করতে লাগল বহু স্বেচ্ছাসেবী। আরও অনেকে এফ-ইসঙ্গে কাজ করতে ও চাঁদা দিতে এগিয়ে এল। চুক্তিশ্রমিক হিসেবে যেসব ভারতীয়দের দক্ষিণ আফ্রিকায় পাঠানো হয়েছিল, তাঁদের বংশধররা তৎপরতার সঙ্গে আন্দোলনে যোগ দিল। এঁরা ইংরেজি জানতেন এবং হাতের লেখা ছিল অতি সুন্দর। দিনরাত হাসিমুখে কপি করা ও অন্যান্য কাজ করতে লাগলেন তাঁরা। এক মাসের মধ্যে দশ হাজার স্বাক্ষর সংবলিত একটি স্মারকপত্র পৌঁছে দেওয়া হল লর্ড রিপনের হাতে, যিনি তখন ঔপনিবেশিক সচিব। তখনকার মতো যে-কাজ করব বলে স্থির করেছিলাম, তা সমাধা হল।

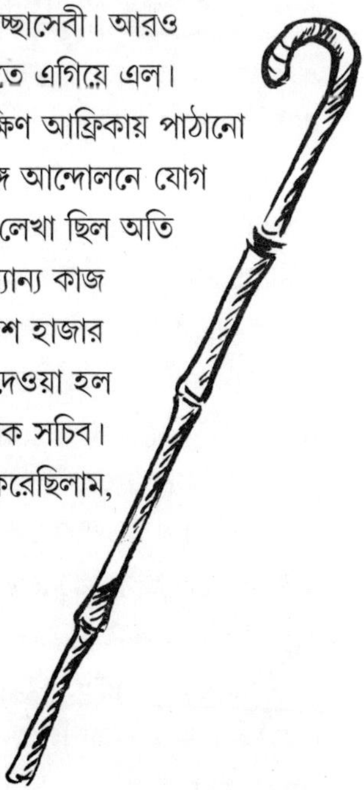

এবার আমি তাই দেশে ফিরবার জন্য ছুটি চাইলাম। কিন্তু ততদিনে ভারতীয়দের মধ্যে আন্দোলনের প্রতি আগ্রহ এমন তীব্র হয়ে উঠেছিল যে তাঁরা আমায় ঘরে ফিরতে

দিলেন না। বললেন, 'আপনি নিজেই তো আমাদের বুঝিয়ে বলেছেন
যে আমাদের চূড়ান্ত সর্বনাশের এই সবে শুরু। ঔপনিবেশিক সচিব
আমাদের এই স্মারকটি পেয়ে অনুকূল উত্তর দেবেন কি না, তা কে
বলতে পারে? আপনি তো দেখলেন আমাদের উৎসাহ কতখানি।
আমরা খাটতে আর খরচ করতে রাজি আছি। কিন্তু কেউ যদি দিশা না
দেখায়, যেটুকু-যা অর্জন করেছি, সব নষ্ট হয়ে যাবে। অতএব আমরা
মনে করি এখানে থেকে যাওয়াটা আপনার কর্তব্য।' ওঁদের যুক্তির জোর
আমি উপলব্ধি করলাম। বুঝলাম, ভারতীয়দের স্বার্থরক্ষার জন্য একটা
স্থায়ী সংগঠন গড়তে পারলে ভালোই হবে। কাজেই আবার আমি রয়ে
গেলাম। নাটাল ইন্ডিয়ান কংগ্রেস যথাযথভাবে স্থাপিত হল। ঈশ্বর
এইভাবে দক্ষিণ আফ্রিকায় আমার জীবনের ভিত গড়ে দিলেন, জাতীয়
আত্মমর্যাদা রক্ষার লড়াইয়ের বীজ বপন করলেন। ১৮৯৪ সালের মে
মাস নাগাদ কংগ্রেসের পত্তন হল।

কীভাবে কংগ্রেস এরপর নানা সমস্যার সম্মুখীন হল, কীভাবে সরকারি
কর্মকর্তারা তাকে আক্রমণ করল এবং কীভাবে সেসব আক্রমণ থেকে
কংগ্রেস অক্ষতদেহে বেরিয়ে এল, পরবর্তীকালের সেই চমকপ্রদ
ইতিহাস আমি বাধ্য হয়েই বাদ দিচ্ছি। কিন্তু একটা কথা সকলকে
জানাতে চাই। ভারতীয় জনসমাজকে তার অতিরঞ্জনের অভ্যাস
থেকে মুক্ত করার জন্য ব্যবস্থা নেওয়া হয়েছিল। সর্বদাই তাদের
নিজেদের ত্রুটিবিচ্যুতির দিকে দৃষ্টি আকর্ষণ করার চেষ্টা করা হত।
ইয়োরোপীয়দের দেওয়া যুক্তিগুলোর মধ্যে যেগুলোর সারবত্তা আছে
সেগুলো মেনে নেওয়া হত। সমতা আর আত্মমর্যাদাবোধের সঙ্গে
সামঞ্জস্য রেখে যতদূর সম্ভব ইয়োরোপীয়দের সঙ্গে সহযোগিতা করা
হত। খবরের কাগজগুলো ভারতীয়দের আন্দোলন সম্বন্ধে যত তথ্য
ছাপতে পারত সবই পাঠানো হত তাদের কাছে। সংবাদ মাধ্যমে যখনই
ভারতীয়দের অন্যায়ভাবে আক্রমণ করা হত, তখনই সেইসব খবরের
কাগজে তার প্রতিবাদ লিখে পাঠানো হত।

ঝড়ের পূর্বাভাস

দেখতে দেখতে দক্ষিণ আফ্রিকায় আমার তিন বছর হয়ে গেল। লোকজনের সঙ্গে চেনাশোনা হল এবং তারাও আমাকে চিনল। মোটামুটি ভালোই প্র্যাকটিস জমল। লোকের কাছে আমার উপস্থিতির একটা চাহিদা যে আছে, তা বুঝতে পারলাম। সুতরাং ঠিক করলাম, এবার দেশে গিয়ে স্ত্রী আর ছেলেদের নিয়ে এসে এখানেই আস্তানা গাড়ব। সেই অনুযায়ী এখানকার লোকদের কাছ থেকে ছুটি নিয়ে ১৮৯৬ সালে ছ-মাসের জন্য দেশে ফিরলাম। কিন্তু ছ-মাস ফুরোতে-না-ফুরোতে নাটাল থেকে তার এল— আমাকে এখনই ফিরতে হবে। তাই করলাম। দাদা আবদুল্লা তখন সদ্য 'ক্যুরল্যান্ড' নামে একটি জাহাজ কিনেছেন। তিনি বিশেষ করে বললেন, বিনা পয়সায় ওই জাহাজে করেই সপরিবার আমাকে দক্ষিণ আফ্রিকা নিয়ে যাবেন। কৃতজ্ঞচিত্তে সে-প্রস্তাব গ্রহণ করলাম। ডিসেম্বরের শুরুতে আমি দ্বিতীয়বার বোম্বে থেকে নাটালের উদ্দেশে রওনা দিলাম। এবার সঙ্গে আমার স্ত্রী ও দুই পুত্র। 'নাদেরি' নামক আর-একটা জাহাজও একইসঙ্গে ডারবানের উদ্দেশে রওনা দিল। দুটো জাহাজ মিলিয়ে যাত্রীদের সংখ্যা নিশ্চয়ই শ-আষ্টেক হবে, তার অর্ধেকেরও বেশির গন্তব্য ট্রান্সভাল।

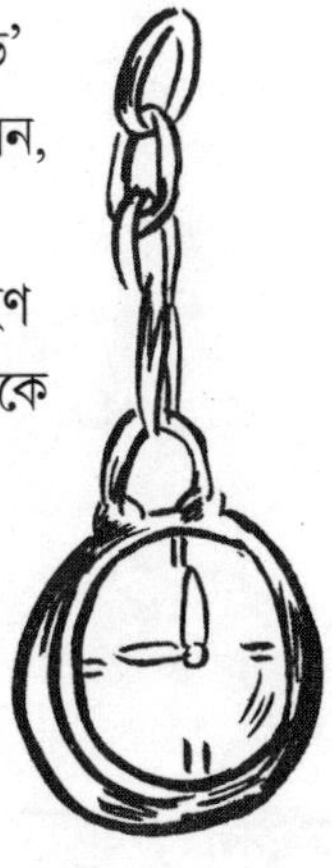

জাহাজটা মাঝপথে কোথাও না থেমে একেবারে সোজা নাটাল গিয়ে থামল, ফলে পৌঁছোতে সময় লাগল মাত্র আঠেরো দিন। কিন্তু ডাঙায় নেমে যে-আসল-ঝড়ের মুখোমুখি হতে হবে, যেন তারই পূর্বাভাসস্বরূপ নাটাল পৌঁছাবার ঠিক চারদিন আগে উঠল প্রচণ্ড এক ঝঞ্ঝা। দক্ষিণ গোলার্ধে ডিসেম্বর হল গ্রীষ্মকালীন বর্ষার মাস। কাজেই ওই ঋতুতে দক্ষিণাঞ্চলের সমুদ্রে ছোটো-বড়ো ঝড় লেগেই থাকে। আমরা যে-ঝড়ের প্রকোপে পড়লাম সেটা এতই ভয়ানক আর এত দীর্ঘস্থায়ী ছিল যে যাত্রীরা অনেকেই ভয় পেয়ে গেলেন। সে এক ভাবগম্ভীর দৃশ্য। একই বিপদের মুখে পড়ে সবাই এক হয়ে গেলেন। ভুলে গেলেন ভেদাভেদ, ডাকতে লাগলেন সেই এক ও অদ্বিতীয় ঈশ্বরকে—মুসলমান, হিন্দু, খ্রিস্টান সবাই। কেউ কেউ ভারী ভারী অঙ্গীকার করলেন। জাহাজের কাপ্তেনও যাত্রীদের সঙ্গে প্রার্থনায় যোগ দিলেন। তিনি আশ্বস্ত করে বললেন, ঝড় থেকে বিপদের সম্ভাবনা যে নেই তা নয়, তবে এর থেকে ঢের বেশি মারাত্মক অনেক ঝড়ের মধ্য দিয়ে আসার অভিজ্ঞতা তাঁর আছে। তিনি যাত্রীদের বুঝিয়ে বললেন, সযত্নে বানানো একটি জাহাজ প্রায় যেকোনো আবহাওয়াতেই নিজেকে সামলে নিতে পারে। তবু যাত্রীদের মন প্রবোধ মানছিল না। মিনিটে মিনিটে শোনা যাচ্ছিল মড়মড় আর দড়াম দড়াম শব্দ, যা থেকে জাহাজে ফাটল ধরা আর ছ্যাঁদা হওয়ার আভাস মিলছিল। জাহাজটা এত বেশি দুলছিল আর টাল খাচ্ছিল যে মনে হচ্ছিল এই বুঝে ডুবে গেল। ডেক-এ থাকা একেবারেই অসম্ভব হয়ে পড়ল। 'প্রভু রক্ষা করো!' এই একটা ক্রন্দনই সকলের মুখে মুখে। যতদূর মনে পড়ে, ওই দুর্বিষহ দশায় প্রায় চব্বিশ ঘণ্টা কাটাতে হয়েছিল। অবশেষে পরিষ্কার হল আকাশ, সূর্যর মুখ দেখা গেল। কাপ্তেন জানালেন, ঝড় থেমে গেছে। সকলের মুখে খুশির হাসি ফুটে উঠল আর বিপদ সরে যাওয়ামাত্র তাদের মুখ থেকে ঈশ্বরের নামও উবে গেল। যথারীতি ফিরে এল পানাহার, গান গাওয়া আর ফুর্তি।

মৃত্যুভয় কেটে গেল আর আন্তরিক প্রার্থনার ক্ষণিকের প্রণোদনার জায়গা এবার নিল *মায়া*।

[*মায়া*] *হিন্দু দর্শনের একটি প্রসিদ্ধ শব্দ, কার্যত যার অনুবাদ হয় না। অনেক সময় শব্দটিকে ইংরেজিতে 'ডিলিউশন' (বিভ্রান্তি) বা 'ইলিউশন' (বিভ্রম) বলে অনুবাদ করা হয়েছে। গান্ধীজি একটি চিঠিতে লিখেছিলেন, 'মায়াবাদের তত্ত্ব আমি আমার নিজের মতো করে বিশ্বাস করি। কালচক্রের নিরিখে এই বিশ্বব্রহ্মাণ্ড মায়া, কিন্তু যে-মুহূর্তটিতে তার অস্তিত্ব থাকে সেই মুহূর্তটিতে তা বাস্তব।'*

(দ্য কালেক্টেড ওয়ার্কস অব মহাত্মা গান্ধী [CWMG], খণ্ড ৫১, পৃষ্ঠা ৪০)

ॐ

মায়া বিষয়ে আর-একটি চিঠিতে গান্ধীজি লিখেছিলেন: 'বাস্তবিক, রজ্জুতে সর্পভ্রমের মতোই এটাও আমাদের কল্পনার সৃষ্টি। সত্যিকারের রজ্জুটির মতো সত্যিকারের বিশ্বব্রহ্মাণ্ডও অবশ্যই আছে। আমরা বুঝতে পারি তা ... যখন যবনিকা উঠে যায়, যখন অন্ধকার সরে যায় ...'

(দ্য কালেক্টেড ওয়ার্কস অব মহাত্মা গান্ধী [CWMG], খণ্ড ৪৫, পৃষ্ঠা ৫২)

নমাজ ও অন্যান্য প্রার্থনা যথারীতি চলল বটে, কিন্তু সেই ভয়ংকর সময়কার ভাবগম্ভীরতার লেশটুকুও তার মধ্যে রইল না।

ঝড় আমাকে যাত্রীদের সঙ্গে একাত্ম করে দিয়েছিল। আমি ঝড়ে বিশেষ ভয় পাইনি, কারণ এরকম অভিজ্ঞতা আমার আগে হয়েছে। আমি একজন পটু সাগরযাত্রী, সমুদ্রপীড়া আমার হয় না। কাজেই যাত্রীদের মধ্যে নির্ভয়ে ঘোরাফেরা করছিলাম, তাদের সান্ত্বনা দিচ্ছিলাম, মনের

ফুর্তি ফিরিয়ে আনছিলাম। কাপ্তেন ঘণ্টায় ঘণ্টায় যে-প্রতিবেদন দিচ্ছিলেন, সেগুলো যাত্রীদের জানিয়ে দিচ্ছিলাম। এই যে বন্ধুত্ব গড়ে উঠল, সেটা পরে খুব কাজ দিয়েছিল। একটু পরেই তার পারিচয় পাব।

আমাদের জাহাজ ডারবান বন্দরে নোঙর ফেলল ১৮ কিংবা ১৯ ডিসেম্বর। ওই দিনই 'নাদেরি'ও এসে পৌঁছোল। এবার শুরু হল আসল ঝড়।

গণপিটুনি

জাহাজঘাটা থেকে অল্প দূরের উপসাগরে তেইশ দিন রাজনৈতিক আটক-দশা কাটিয়ে জাহাজগুলো মূল বন্দরে ভিড়ল। যাত্রীরা সব নামতে লাগল। কিন্তু সরকারি সদস্য মিস্টার এসকম্বে জাহাজের কাপ্তেনকে বার্তা পাঠিয়েছিলেন যে, শ্বেতাঙ্গরা যেহেতু আমার ওপর প্রচণ্ড খাপ্পা হয়ে রয়েছে এবং আমার জীবনহানির আশঙ্কা রয়েছে, তাই সপরিবার আমি যেন সন্ধ্যের সময় জাহাজ থেকে নামি। ওইসময় বন্দর সুপারিনটেনডেন্ট মিস্টার ট্যাটাম আমাদের আগলে নিয়ে বাড়ি পৌঁছে দেবেন। কাপ্তেন আমার কাছে এই বার্তা পৌঁছে দিলেন। আমি ওই প্রস্তাবে রাজি হলাম। কিন্তু আধ ঘণ্টা কাটতে-না-কাটতে মিস্টার লটন নামক এক সুপরিচিত আইনব্যবসায়ী জাহাজে এসে কাপ্তেনকে বললেন, 'মিস্টার গান্ধীর যদি আপত্তি না থাকে আমি তাঁকে সঙ্গে করে নিয়ে যেতে পারি। এজেন্ট কোম্পানির আইনি উপদেষ্টা হিসেবে আমি আপনাকে জানাচ্ছি যে আপনি মিস্টার এসকম্বে-র কাছ থেকে পাওয়া বার্তা মানতে বাধ্য নন।' এরপর আমার কাছে এসে তিনি যা বললেন তার মর্মার্থ: 'আপনি যদি ভয় না পান, তাহলে আমি বলব, মিসেস গান্ধী আর বাচ্চারা গাড়ি করে মিস্টার রুস্তমজির বাড়ি চলে যাক, এবং আপনি আর আমি হেঁটে পথটুকু পার হয়ে যাই। রাত্তিরে চোরের মতো আপনি শহরে ঢুকবেন, এটা আমার কাছে মোটেই সমীচীন মনে হয় না। আপনাকে কেউ আঘাত করবে, সে-আশঙ্কা আছে বলে আমার মনে

হচ্ছে না। এখন সব ঠান্ডা হয়ে গেছে। শ্বেতাঙ্গরা সব চলে গেছে। সে যাই হোক, আমি নিশ্চিত যে আপনার পক্ষে চুপিসারে শহরে ঢোকা একেবারেই অনুচিত।' আমি এককথায় রাজি হয়ে গেলাম। আমার স্ত্রী-পুত্ররা গাড়ি করে নিরাপদে মিস্টার রুস্তমজির বাড়ি চলে গেল। কাপ্তেনের অনুমতি নিয়ে আমি মিস্টার লটন-এর সঙ্গে জাহাজ থেকে নামলাম। মিস্টার রুস্তমজির বাড়ি বন্দর থেকে মাইল দুয়েকের পথ।

জাহাজ থেকে যেই-না নেমেছি, অমনি কতকগুলো ইয়োরোপীয় ছোকরা আমাকে চিনে ফেলে 'গান্ধী, গান্ধী!' বলে চিৎকার করতে লাগল। জনা ছয়েক লোক ছুটে চলে এল সেখানে, তারাও চ্যাঁচাতে লাগল।

ভিড় বাড়তে পারে আশঙ্কা করে মিস্টার লটন একটা রিকশা ডাকলেন। রিকশায় চড়াটা কোনোদিনই আমার পছন্দ নয়। সেই প্রথম আমার ওই অভিজ্ঞতা হতে চলেছে। কিন্তু ওই ছোকরাগুলো আমাকে রিকশায় উঠতে দিল না। অল্পবয়সি রিকশাওয়ালাটিকে ভয় দেখিয়ে এমন আধমরা করে তুলল যে, সে-বেচারা ছুটে পালিয়ে বাঁচল। আমরা হেঁটে হেঁটে এগোতে লাগলাম, ভিড়ও বাড়তে লাগল। শেষপর্যন্ত আর এগোনো সম্ভব হল না। ওরা প্রথমে মিস্টার লটনকে পাকড়ে আমার থেকে আলাদা করে দিল। তারপর আমাকে পাটকেল, আধলা ইট, পচা ডিম ছুড়ে ছুড়ে মারতে লাগল। একজন আমার পাগড়িটা ছিনিয়ে নিল, অন্যরা ঘুসি, কিল, চড় মারতে লাগল। প্রায় জ্ঞান হারিয়ে আমি কোনোরকমে সামনের একটা বাড়ির রেলিং ধরে দম নেবার জন্য দাঁড়ালাম। কিন্তু সেটা অসম্ভব হয়ে দাঁড়াল। ওদের ঘুসি, কিল, চড় চলতেই লাগল। ঘটনাচক্রে ঠিক সেইসময় সেখান দিয়ে যাচ্ছিলেন পুলিশ সুপারিনটেনডেন্টের স্ত্রী, যিনি আমাকে চিনতেন। সেই সাহসী মহিলা এগিয়ে এসে তাঁর হাতের ছাতাটা খুলে মেলে ধরলেন, যদিও তখন এতটুকু রোদ ছিল না। সেই মহিলা আমার আর ওই ভিড়ের মধ্যে একটা আড়াল তৈরি করলেন। এতেই জনতার উত্তেজনা প্রশমিত হল, কেননা মিসেস আলেকজান্ডার-কে আঘাত না করে আমাকে মারধর করা কঠিন হয়ে পড়ল।

এরই মধ্যে একটি ভারতীয় যুবক, যে ঘটনাটা দেখেছিল, ছুটে গিয়ে থানায় খবর দিয়ে এসেছিল। পুলিশ সুপারিনটেনডেন্ট আমাকে নিরাপদে বাড়ি পৌঁছিয়ে দেবার জন্য এক পুলিশ বাহিনী পাঠিয়ে দিলেন। সময়মতো তারা এসে হাজির হল। থানাটা আমাদের যাবার পথেই পড়ে। সেখানে পৌঁছোবার পর সুপারিনটেনডেন্ট আমাকে থানার মধ্যে আশ্রয় নিতে বললেন। আমি সবিনয়ে সে-প্রস্তাব প্রত্যাখ্যান করলাম। 'যখন ওরা ওদের ভুল বুঝবে, তখন ঠিকই শান্ত হয়ে যাবে,' আমি বললাম, 'ওদের উচিত-অনুচিতের বোধের ওপর আমার ভরসা আছে।'

পুলিশের পাহারায় আমি আর কোনো ক্ষতি ব্যতিরেকেই মিস্টার রুস্তমজির বাড়ি গিয়ে পৌঁছোলাম। আমার সারা গায়ে কালশিটে পড়ে গেলেও, কেবল এক জায়গা ছাড়া আর কোথাও কেটেকুটে যায়নি। জাহাজের ডাক্তার দাদিবার্জোর সেখানেই হাজির ছিলেন, তিনি অতি সুন্দরভাবে শুশ্রূষা করে দিলেন।

বাড়ির ভেতর সব শান্ত হলেও শ্বেতাঙ্গরা বাড়িটা ঘিরে রেখেছিল। রাত হয়ে আসছিল, আর বাইরে থেকে ভিড়ের প্রবল চিৎকার শোনা যাচ্ছিল: 'গান্ধীকে আমাদের হাতে তুলে দিতে হবে!' প্রত্যুৎপন্নমতি পুলিশ সুপারিনটেনডেন্টটি আগে থেকেই তাদের শান্ত করার চেষ্টা চালাচ্ছিলেন; হুমকি দিয়ে নয়, ভালো কথায় বুঝিয়েসুঝিয়ে। তবে তিনি পুরোপুরি দুশ্চিন্তামুক্ত হতে পারছিলেন না। তিনি আমাকে এই মর্মে এক বার্তা পাঠালেন: 'আপনি যদি আপনার বন্ধুর বাড়ি আর সম্পত্তি আর আপনার পরিবারকে রক্ষা করতে চান, তাহলে আমি বলব, ছদ্মবেশে গৃহত্যাগ করুন।'

সুপারিনটেনডেন্টের পরামর্শ মাফিক আমি এক ভারতীয় কনস্টেবলের উর্দি পরে নিলাম। মাথায় পরলাম এক মাদ্রাজি পাগড়ি, যার নীচে রইল ধাতুর তৈরি মস্ত এক হেলমেট। দুজন গোয়েন্দা আমার সঙ্গ নিলেন। তাঁদের একজন ভারতীয় বণিকের ছদ্মবেশ ধরলেন। রং মেখে মুখটাকে অনেকটা ভারতীয় ধাঁচের করে নিলেন। অন্যজন কী ছদ্মবেশ ধারণ করেছিলেন আমার মনে নেই। আমরা একটা গলির গলি, তস্য গলি দিয়ে বেরিয়ে পাশের দোকানে গিয়ে পৌঁছোলাম। তারপর গুদামঘরে থরে থরে সাজানো বস্তার পাহাড়ের মধ্য দিয়ে দোকানের ফটক দিয়ে বেরিয়ে এলাম। সেখানে ভিড়ের মধ্য দিয়ে ঠেলাঠেলি করে গিয়ে পৌঁছালাম রাস্তার অন্য মাথায়। সেখানে একখানা গাড়ি আগে থেকে মজুত ছিল। সেই গাড়ি করে আমরা গিয়ে পৌঁছালাম থানায়, খানিক আগেই যেখানে আশ্রয় নেবার জন্য মিস্টার আলেকজান্ডার আমাকে অনুরোধ করেছিলেন। তাঁকে এবং দুই গোয়েন্দা অফিসারকে ধন্যবাদ জানালাম।

আমি যেসময় এই পলায়নকাণ্ড নিয়ে ব্যস্ত, মিস্টার আলেকজান্ডার তখন গান গেয়ে জনতার মনোরঞ্জন করছিলেন। গানটি হল:

ধর গান্ধী ব্যাটাকে,
দে ঝুলিয়ে ওই টোকো আপেল গাছে।

থানায় আমার নিরাপদে পৌঁছে যাবার খবর পাবার পর তিনি খবরটা জনতার কাছে ফাঁস করলেন: 'শুনুন, আপনাদের শিকার কিন্তু পাশের দোকান দিয়ে পগারপার হয়ে গেছে। এবার ভালোয় ভালোয় বাড়ি ফিরে যান।' শুনে অনেকে রেগে গেল, অনেকে হাসল, অনেকে গল্পটা বিশ্বাস করল না।

'বেশ, ভালো কথা, আমাকে বিশ্বাস না হয়, আপনাদের মধ্যে থেকে একজন বা দু-জন প্রতিনিধি নির্বাচন করে পাঠিয়ে দিন, আমি তাঁদের বাড়ির ভেতর নিয়ে যাব। যদি তাঁরা গান্ধীকে খুঁজে পান, আমি খুশি মনে তাঁকে আপনাদের হাতে তুলে দেব। আমি নিশ্চিত জানি যে, মিস্টার রুস্তমজীর বাড়ির কিংবা মিস্টার গান্ধীর স্ত্রী-পুত্রর কোনো ক্ষতি করবার ইচ্ছা আপনাদের নেই।'

বাড়ি তল্লাসি করতে এল জনতার পাঠানো দুই প্রতিনিধি। অচিরে তারা বেরিয়ে এসে বিষণ্ণ মুখে খবরটা জানাল। অবশেষে জনতা হাল ছেড়ে দিয়ে চলে গেল। সুপারিনটেনডেন্ট যেরকম সুকৌশলে পরিস্থিতির মোকাবিলা করলেন, অধিকাংশই তার প্রশংসা করল। দু-চার জন অবশ্য গজগজ করে মেজাজ দেখাতে লাগল।

প্রয়াত মিস্টার চেম্বারলেন তখন উপনিবেশসমূহের মন্ত্রী। তিনি নাটাল সরকারকে তার করে জানালেন, আমার ওপর হামলাকারীদের বিরুদ্ধে যেন আইনি ব্যবস্থা নেওয়া হয়। মিস্টার এসকম্বে আমাকে ডেকে পাঠালেন, শরীরে যেসব চোট পেয়েছি তার জন্য দুঃখপ্রকাশ করলেন এবং বললেন, 'বিশ্বাস করুন, এই যে যৎসামান্য চোট আপনি

পেলেন, তাতে আমি মোটে খুশি হতে পারছি না। মিস্টার লটন-এর
পরামর্শ গ্রহণ করবার অধিকার অবশ্যই আপনার ছিল, কিন্তু আমি
নিশ্চিত যে আপনি যদি তখন আমার পরামর্শে কান দিতেন তাহলে
এইসব বিশ্রী ঘটনা ঘটত না। আপনি যদি হামলাকারীদের চিহ্নিত
করতে পারেন, আমি তাদের গ্রেপ্তার করে তাদের বিরুদ্ধে আইনি
ব্যবস্থা নিতে প্রস্তুত। মিস্টার চেম্বারলেনও আমাকে সেই কথাই
বলেছেন।'

শুনে আমি যা উত্তর দিয়েছিলাম তা হল:

'আমি কারও বিরুদ্ধে মামলা করতে চাই না। ওদের মধ্যে দু-এক জনকে হয়তো আমি চিহ্নিত করতে পারব, কিন্তু তাদের শাস্তি দিয়ে কী লাভ? তাছাড়া এইসব হামলাকারীদের আমি তো দোষ দিই না। ওদের বোঝানো হয়েছিল, আমি নাকি ভারতে নাটাল-এর শ্বেতাঙ্গদের সম্বন্ধে বাড়িয়ে বাড়িয়ে বিবৃতি দিয়েছি, তাদের নামে কুৎসা রটিয়েছি। ওইসব প্রতিবেদনকে সত্যি বলে মনে করলে ওরা তো ক্ষিপ্ত হবেই। এর জন্য দোষী হচ্ছেন নেতারা, এবং কিছু মনে করবেন না, আপনারা তো মানুষকে ঠিকভাবে পরিচালিত করতে পারতেন। তা না করে আপনারা বিশ্বাস করলেন রয়টারকে, ধরে নিলেন আমি আমি সত্যি সত্যিই ওইসব অতিরঞ্জনের আশ্রয় নিয়েছি। আমি কাউকে শাস্তি দিতে চাই না। আমি সুনিশ্চিত যে, সত্যটা যখন ওরা জানতে পারবে, তখন ওদের আচরণের জন্য দুঃখ পাবে।'

'এই কথাটা লিখে দিতে কি আপনার অসুবিধে হবে?' মিস্টার এসকম্বে আমাকে বললেন। 'কারণ আমাকে মি. চেম্বারলেন-কে তার করে এই কথাটা জানাতে হবে। আপনাকে তাড়াহুড়ো করে কোনো বিবৃতি দিতে বলছি না। চাইলে, চূড়ান্ত সিদ্ধান্ত নেওয়ার আগে আপনি মিস্টার লটন এবং আপানর অন্যান্য বন্ধুবান্ধবের সঙ্গে পরামর্শ করে নিতে পারেন। তবে একটা কথা কবুল করব, হামলাকারীদের সাজা দেওয়ার যে-অধিকার আপনার আছে, সে-অধিকার যদি আপনি প্রয়োগ না করেন, তাহলে শান্তিশৃঙ্খলা বজায় রাখবার কাজে আপনি আমাকে প্রভূত সাহায্য করবেন, আর আপনার সম্মানও অনেক বাড়বে।'

বললাম, 'ধন্যবাদ। কারও সঙ্গে পরামর্শর কোনো প্রয়োজন আমার নেই। আপনার কাছে আসবার আগেই আমি এ-ব্যাপারে সিদ্ধান্ত নিয়ে রেখেছিলাম। হামলাকারীদের বিরুদ্ধে মামলা আমি আনব না, এ-বিষয়ে আমি দ্বিধাহীন। আমি এখনই আমার এই সিদ্ধান্ত লিখিত আকারে আপনাকে জানিয়ে দিতে প্রস্তুত।'

এই কথা বলে আমি প্রয়োজনীয় বিবৃতিটা লিখে দিলাম।

এর দু-দিন পর, তখনও আমি থানা থেকে বেরোইনি, আমাকে মিস্টার এসক্ম্বে-র সঙ্গে দেখা করবার জন্য নিয়ে যাওয়া হল। আমার নিরাপত্তার জন্য দু-জন কনস্টেবল সঙ্গে দেওয়া হল, যদিও এরকম সাবধানতার তখন কোনো প্রয়োজন ছিল না।

জাহাজ থেকে যেদিন ডাঙায় পা রেখেছিলাম, সেদিন হলুদ পতাকাটি নামানো মাত্রই *নাটাল অ্যাডভার্টাইজার* কাগজের প্রতিনিধি আমার সাক্ষাৎকার নেবার জন্য এসেছিলেন। তিনি বেশ কয়েকটা প্রশ্ন করেছিলেন। প্রত্যুত্তরে আমার বিরুদ্ধে আনা প্রত্যেকটা অভিযোগ আমি খণ্ডন করতে পেরেছিলাম। স্যর ফিরোজশা মেহতার কথা শুনে ভারতে আমি প্রত্যেকটা ভাষণই দিয়েছিলাম লিখিত বিবৃতি অনুসারে এবং তার প্রত্যেকটারই নকল আমার কাছে ছিল। তাছাড়া আমার অন্যান্য লেখারও কপি আমার কাছে ছিল। সাক্ষাৎকার-গ্রহণকারীকে এইসমস্ত কাগজপত্রই আমি দিয়েছিলাম, দেখিয়েছিলাম যে ভারতে এমন কিছুই বলিনি যা আমি দক্ষিণ আফ্রিকায় আগেই আরও কড়া ভাষায় না বলেছি। আমি তাঁকে আরও দেখিয়েছিলাম যে, 'ক্যুরল্যান্ড' আর 'নাদেরি' জাহাজের যাত্রীদের দক্ষিণ আফ্রিকায় নিয়ে আসার ব্যাপারে আমার কোনো হাত ছিল না। এদের অনেকেই পুরোনো বাসিন্দা, আর বেশিরভাগেরই গন্তব্য ছিল ট্রান্সভাল, নাটাল-এ থাকার ইচ্ছা তাদের আদৌ ছিল না। সেসময় যারা ধনসম্পদ অর্জনের জন্য আসত,

তাদের কাছে ট্রান্সভাল-এর আকর্ষণ ছিল অনেক বেশি। তাই বেশিরভাগ ভারতীয়ই ট্রান্সভাল যেতে চাইত।

একদিকে এই সাক্ষাৎকার, অন্যদিকে হামলাকারীদের বিরুদ্ধে মামলা আনতে না-চাওয়া, দুয়ে মিলে সুগভীর এক প্রভাব বিস্তার করল। ফলে ডারবান-এর ইয়োরোপীয়রা নিজেদের আচরণের জন্য লজ্জা পেল। সংবাদ-জগৎ ঘোষণা করল, আমি নির্দোষ, ধিক্কার জানাল উন্মত্ত জনতাকে। তাই এই গণপিটুনি শেষপর্যন্ত আমার কাছে, অর্থাৎ আমার উদ্দেশ্যসাধনের পক্ষে, শাপে বর হয়ে উঠল। এর দৌলতে দক্ষিণ আফ্রিকায় ভারতীয় জনগোষ্ঠীর ইজ্জত বেড়ে গেল, আমার কাজ অপেক্ষাকৃত সহজ হয়ে উঠল, আর এই অভিজ্ঞতা আমাকে তৈরি করে দিল সত্যাগ্রহ অনুশীলনের জন্য।

দিন তিন-চার পর আমি বাড়ি ফিরলাম। আর অচিরেই আবার থিতু হয়ে বসলাম।

আমার নিজস্ব ধোপা

আমি আরামে-স্বাচ্ছন্দ্যে জীবন কাটাতে শুরু করেছিলাম। কিন্তু সে-পরীক্ষা বেশিদিন টিকল না। বাড়িটাকে আমি যত্ন নিয়েই সাজিয়েছিলাম, কিন্তু তা আমার ওপর কোনো প্রভাব বিস্তার করতে পারল না। কাজেই ওই জীবনযাপন শুরু করতে-না-করতেই আমি খরচ কমাতে আরম্ভ করে দিলাম। ধোপাখানা থেকে মোটা অঙ্কের বিল আসত, আর ধোপার সময়জ্ঞানও মোটেই বলবার মতো ছিল না। কাজেই দেখা গেল দু-তিন ডজন শার্ট আর কলারেও আমার কুলোচ্ছে না। কলার প্রতিদিনই বদলাতে হত, আর শার্টও প্রতিদিন না-হোক, অন্তত একদিন অন্তর অন্তর পালটাতে হত। তার মানে, খরচটা দ্বিগুণ হয়ে যেত। আমার মনে হল এটা অপ্রয়োজনীয়। তাই খরচ বাঁচানোর জন্য বাড়িতেই কাচাকুচির বন্দোবস্ত করলাম। রজকবৃত্তি বিষয়ক একটা বই কিনলাম, রজকের কাজ কী করে করতে হয় তা অধ্যয়ন করলাম এবং আমার স্ত্রীকেও সেটা শিখিয়ে দিলাম। এতে করে আমার কাজ বাড়ল বটে, কিন্তু এ-কাজের অভিনবত্ব আমাকে আনন্দ দিল।

প্রথম যে-কলারটায় মাড় দিয়েছিলাম সেটার কথা কখনো ভুলব না। দরকারের চেয়ে বেশি মাড় দিয়ে ফেলেছিলাম, আর ইস্তিরিটাও যথেষ্ট গরম ছিল না। পাছে কলার পুড়ে যায়, এই ভয়ে ইস্তিরিটা বেশি জোরে চাপিনি। ফল হল এই, কলারটা মোটামুটি শক্ত হলেও বাড়তি

মাড়টুকু ঝুরঝুর করে ক্রমাগত আমার জ্যাকেটের ওপর ঝরতে লাগল। ওই কলার পরেই আমি আদালতে গেলাম আর স্বভাবতই অন্য ব্যারিস্টারদের বিদ্রূপের পাত্র হলাম। তবে বিদ্রূপকে কী করে পাত্তা না দিতে হয়, তা আমি সে-যুগেও জানতাম।

আমি বললাম, 'নিজের কলার নিজে পরিষ্কার করার ব্যাপারে আমার তো সবে হাতেখড়ি হল। সেইজন্যই শুকনো মাড় ঝরে ঝরে পড়ছে। তাতে অবশ্য আমার কোনো অসুবিধে হচ্ছে না, উপরন্তু সুবিধা এই যে, আপনাদের এত মজার খোরাক জোগাতে পারছি।'

এক বন্ধু বললেন, 'দেশে কি ধোপাখানা কম পড়েছে?'

আমি বললাম, 'ধোপাখানার খরচ বড্ড বেশি। একটা কলার কিনতে যা খরচ পড়ে, কাচতেও প্রায় তাই পড়ে। তার ওপর, অনন্তকাল ধরে ধোপার ওপর নির্ভরশীল হয়ে থাকতে হয়। তার চেয়ে আমি নিজের কাপড়চোপড় নিজে কেচে নেওয়াই পছন্দ করি।'

কিন্তু আত্ম-সহায়তার যে কত সুখ, তা আমি বন্ধুদের বোঝাতে পারলাম না। কালে কালে আমি একজন নিপুণ ধোপা হয়ে উঠলাম। আমার কাচাকুচি ধোপাখানার চেয়ে কোনো দিক থেকেই নিকৃষ্ট হত না। আমার কলারগুলো মোটেই অন্যদের চেয়ে কম দৃঢ় বা কম উজ্জ্বল হত না।

একটি স্মৃতি, একটি প্রায়শ্চিত্ত

ডা রবান-এই হোক কিংবা জোহানেসবার্গ-এ, সবসময়েই কিছু কিছু বন্ধু আমার সঙ্গে থাকতেন, আর তাঁরা সকলেই আমার পরিবারের সদস্য হয়ে যেতেন। তাঁদের মধ্যে কেউ কেউ আমার অফিসের কেরানি। বাস্তবিক, এ-কথা আমি জোর গলায় বলতে পারি যে, আত্মীয় আর আগন্তুকদের মধ্যে, দেশের মানুষ আর বিদেশের মানুষের মধ্যে, শ্বেতাঙ্গ আর অ-শ্বেতাঙ্গদের মধ্যে আমি কোনো ভেদাভেদ করতাম না। এটা আমার বিশেষ কোনো সদ্গুণ নয়, এটাই আমার স্বভাব। যেমন, ডারবান-এ যখন ওকালতি করতাম, অফিসের একাধিক কেরানি আমার সংসারের অন্তর্ভুক্ত ছিলেন। তাঁদের মধ্যে একজন ছিলেন খ্রিস্টান, তাঁর বাবা-মা ছিলেন তথাকথিত 'অস্পৃশ্য'। সংসারের অনেক কাজ, এমনকী রাতের শৌচভাণ্ড সাফাইও সেই বৃহৎ সংসারের সদস্যদেরই করতে হত। কিন্তু এই খ্রিস্টান কেরানিটি ছিল নবাগত, তাই তার শোবার ঘর পরিষ্কার করে গুছিয়ে রাখাটা ছিল আমাদেরই কর্তব্য। অন্যদের বেলায় আমার স্ত্রীকে যখন এ-কাজের ভার নিতে হত, তিনি বিনা দ্বিধায় সে-ভার নিতেন। কিন্তু 'অস্পৃশ্য'দের বিরুদ্ধে তাঁর সংস্কার তিনি তখনও কাটাতে পারেননি। তাই নবাগতটির ঘরের কাজ তিনি বেশ অনিচ্ছা সহকারেই করতেন। একদিন দেখি, ওর ঘর থেকে রাত্তিরের শৌচভাণ্ড হাতে মুখ বিকৃত করে তিনি সিঁড়ি দিয়ে নামছেন। স্বামী হিসেবে আমি ছিলাম 'নিঠুর-দরদি'; কাজেই এতখানি

অনিচ্ছা সহকারে তাঁর এই কর্তব্য পালন করাটা আমার মনঃপূত হল না। মনে হল আমার ইচ্ছেটা ওঁর ওপর চাপাতেই হবে, যাতে উনি হাসিমুখে কাজটা করেন! রাগে অন্ধ আমি ভুলেই গেলাম যে জোর করে কোনো কাজ করালে কখনো কারও হাসিমুখ থাকতে পারে না। আমি চিৎকার করে বললাম, '*আমার* বাড়িতে এ-অসভ্যতা আমি বরদাস্ত করব না।'

'তাহলে থাকো তুমি তোমার নিজের বাড়ি নিয়ে, আমাকে রেহাই দাও', তিনিও ঝাঁজিয়ে উঠে উত্তর দিলেন। রাগে আমি কাণ্ডজ্ঞানশূন্য হয়ে গেলাম। ওঁর হাত ধরে হিড়হিড় করে টানতে টানতে সদর দরজার দিকে নিয়ে চললাম, দরজা খুলে বাড়ি থেকে বার করে দেব বলে। ওঁর গাল বেয়ে অঝোরে অশ্রু ঝরছিল। কাঁদতে কাঁদতে তিনি বলে উঠলেন, 'তোমার কি লজ্জাশরম বলে আর কিছু অবশিষ্ট নেই? তুমি এতটা নীচে নামাবে নিজেকে? কোথায় যাব আমি? এখানে এমন কেউ নেই যার কাছে আমি যেতে পারি। তোমার নিশ্চয়ই ধারণা, তোমার স্ত্রী বলে আমাকে তোমার লাথিঝ্যাঁটা সব সহ্য করে যেতে হবে। দোহাই তোমার, নিজেকে সামলাও, দরজাটা বন্ধ করো। এ দৃশ্য দেখে লোকে কী ভাববে বলো তো। এভাবে লোক হাসিও না।'

যেন কিছুই হয়নি, মুখে এমন ভাব দেখালেও আমি মরমে একেবারে মরে গেলাম। আমার স্ত্রী আমাকে ছেড়ে যেমন থাকতে পারবে না, তেমনই আমিও তো তাকে ছেড়ে থাকতে পারব না। এরকম রাগারাগি আমাদের বহুবার হয়েছে, কিন্তু প্রতিবারই শেষপর্যন্ত শান্তি আর গভীরতর বোঝাপড়ার উদয় হত।

অতুলনীয় সহ্যশক্তি নিয়ে আমার স্ত্রী বরাবরই আমাকে বশে আনতেন। আমি আর সেই অন্ধ মোহগ্রস্ত স্বামীটি নই। স্ত্রীকে সবসময় জ্ঞান দিতে হবে, এ ধারণা আমার কেটেছে। আমাদের বন্ধুত্ব অনেক পরীক্ষার মধ্য দিয়ে উত্তীর্ণ হয়েছে। একজন অন্যজনকে আর লালসাপূরণের যন্ত্র বলে মনে করে না। আমার অসুখবিসুখের সময় আমার স্ত্রী একমনে আমার সেবাশুশ্রূষা করেছেন, কখনো একটা ধন্যবাদেরও প্রত্যাশা করেননি। নিজের অহংকে সম্পূর্ণ বিলুপ্ত করে তিনি আমার প্রতিটি গুরুত্বপূর্ণ পদক্ষেপে আমায় অনুসরণ করেছেন।

কস্তুরবা মারা যান ১৯৪৪ সালে। তাঁর প্রতি শ্রদ্ধা নিবেদন করে গান্ধীজি তাঁর এক আত্মীয়কে বলেন:

'বা (কস্তুরবা) কোনো অর্থেই আমার চেয়ে দুর্বল ছিলেন না; বরং তিনি আমার চেয়ে বেশি শক্তির অধিকারী ছিলেন। তাঁর সহযোগিতা না পেলে আমি ডুবে যেতাম। ওই নিরক্ষর মহিলাটিই একেবারে কড়া হাতে আমাকে আমার সমস্ত ব্রত পালনে সাহায্য করেছিলেন এবং আমায় সদাজাগ্রত রেখেছিলেন। একইভাবে, রাজনীতিতেও তিনি প্রভূত সাহসের পরিচয় দিয়ে সবকটি আন্দোলনে যোগ দিয়েছিলেন। ঐহিক বিচারে তিনি হয়তো নিরক্ষর ছিলেন, কিন্তু তিনিই ছিলেন সেই আদর্শ নারী যিনি আমার মতে প্রকৃত শিক্ষা লাভ করেছিলেন। তিনি ছিলেন ধর্মপ্রাণ বৈষ্ণব, নিয়মিত তুলসি পুজো করতেন, নিয়ম মেনে পালন করতেন পবিত্র দিনগুলি এবং একবারে মৃত্যুকাল অবধি গলায় কণ্ঠী ধারণ করেছিলেন। এই বালিকাটিকে সেই কণ্ঠী আমিই দিয়েছিলাম। কিন্তু মনুকে, কিংবা দেবদাসের তারাকে তিনি যতখানি ভালোবাসতেন, ঠিক ততখানিই ভালোবাসতেন একটি হরিজন মেয়েকে। বৈষ্ণবদের যেসব গুণাবলির বর্ণনা নরসিংহ মেহতা তাঁর ভজনে তুলে ধরেছিলেন, তিনি ছিলেন তার সজীব রূপ। আমি আজ যা হয়েছি সেসব তাঁরই দৌলতে। নিজে শত অসুস্থ হলেও আমার সেবায় কখনো কোনো গাফিলতি দেখাতেন না তিনি। আর আমার জীবন তো অনেক সময়েই বেশ

বিপন্ন হয়ে পড়ত। ১৯৪৩-এর অনশনের সময় তো প্রায় মৃত্যুর মুখে চলে গিয়েছিলাম বলা যেতে পারে। কিন্তু তিনি কখনো চোখের জল ফেলেননি, মনোবল হারাননি। বরং অন্যদের মনে সাহস জুগিয়ে ঈশ্বরের কাছে প্রার্থনা করেছেন। আজও তাঁর মুখখানি আমি স্পষ্ট দেখতে পাই।'

(দ্য কালেক্টেড ওয়ার্কস অব মহাত্মা গান্ধী [CWMG],

খণ্ড ৮৮, পৃষ্ঠা ১০৫—৬)

বুয়র যুদ্ধের অভিজ্ঞতা

১৮৯৭ থেকে ১৮৯৯-এর মধ্যবর্তী অন্য অনেক অভিজ্ঞতার কথা বাদ দিয়ে আমাকে এবার সরাসরি বুয়র যুদ্ধের কথায় চলে আসতে হচ্ছে।

যুদ্ধ যখন ঘোষিত হল, ব্যক্তিগতভাবে আমার সমস্ত সহানুভূতি ছিল বুয়র-দের দিকে। কিন্তু আমি তখনও বিশ্বাস করতাম, এসব ব্যাপারে আমার নিজস্ব প্রত্যয়গুলোকে চাপিয়ে দেওয়ার অধিকার আমার নেই। এ বিষয়ে আমার ভেতরে যে-লড়াই চলেছিল তার খুঁটিনাটি বিবরণ আমি দিয়েছি আমার *হিস্টরি অব সত্যাগ্রহ ইন সাউথ আফ্রিকা* বইটিতে। এ বিষয়ে যাঁরা কৌতূহলী, তাঁদের আমি অনুরোধ করব ওই বইটি পড়ে নিতে। এখানে এটুকু বললেই যথেষ্ট হবে যে, ব্রিটিশ শাসনের প্রতি আমার আনুগত্য আমাকে ওই যুদ্ধে ব্রিটিশদের দলে যোগ দিতে প্রণোদিত করেছিল। আমার মনে হয়েছিল, আমি যদি ব্রিটিশ নাগরিক

হিসেবে অধিকার দাবি করি, তাহলে স্বভাবতই ব্রিটিশ সাম্রাজ্যকে রক্ষা করার দায়ও আমার ওপর বর্তায়। তখন আমি মনে করতাম, ভারতকে তার পূর্ণ মুক্তি অর্জন করতে হবে ব্রিটিশ সাম্রাজ্যরই চৌহদ্দির মধ্যে, ব্রিটিশ সাম্রাজ্যরই মারফত। কাজেই আমি যত বেশি সম্ভব সহযোদ্ধা জুটিয়ে নিলাম এবং বহু কষ্টে অ্যাম্বুলেন্স বাহিনীর অঙ্গ হিসেবে তাদের সেবাকর্মর মান্যতা আদায় করে নিলাম।

গড়পড়তা ইংরেজের ধারণা, ভারতীয় মাত্রেই কাপুরুষ; তারা ঝুঁকি নিতে পারে না, নিজের তাৎক্ষণিক স্বার্থর বাইরে কোনো কিছু নিয়েই

মাথা ঘামায় না। সুতরাং আমার অনেক ইংরেজ বন্ধু আমার ওই পরিকল্পনায় জল ঢেলে দিল। কিন্তু ইন্ডিয়ান চার্চ মিশনের ড. বুথ এটিকে সর্বান্তঃকরণে সমর্থন করলেন। তিনি আমাদের অ্যাম্বুলেন্সের কাজে তালিম দিলেন। আমরা যুদ্ধক্ষেত্রে কাজ করবার উপযুক্ত বলে শংসাপত্র পেলাম এবং শেষপর্যন্ত যুদ্ধ-ময়দানে কাজ করতে চেয়ে আবেদন করলাম।

আমাদের বাহিনীতে লোক ছিল ১১০০ জন, নেতা ছিল ৪০ জন। প্রায় ৩০০ জন ছিল মুক্ত ভারতীয়, বাকিরা চুক্তিবদ্ধ শ্রমিক। ড. বুথ-ও আমাদের সঙ্গে ছিলেন। বাহিনীটি বেশ সুনাম অর্জন করেছিল। যেখানে গোলাগুলি চলছে সেখানে অবশ্য আমাদের কাজ করতে হত না, এবং আমরা রেড ক্রস দ্বারাও সুরক্ষিত ছিলাম; তবু এক সংকট মুহূর্তে আমাদের গোলাগুলির মাঝখানে গিয়ে কাজ করবার ডাক পড়েছিল। আমরা যেচে ও-জায়গায় কাজ করতে যাইনি। কর্তৃপক্ষও চাননি আমরা একেবারে গোলাগুলির মুখোমুখি গিয়ে পড়ি। কিন্তু স্পিওন কপ-এর যুদ্ধে বিপর্যয় ঘটার পর পরিস্থিতি বদলে গেল। জেনারেল বুলার বার্তা পাঠালেন, যদিও আমরা ওই বিপদের ঝুঁকি নিতে বাধ্য নই, তবু আমরা যদি সরাসরি যুদ্ধক্ষেত্র থেকে আহতদের সরিয়ে নিয়ে আসার কাজটা করে দিই, তাহলে সরকার বাধিত হবেন। আমাদের কোনো দ্বিধা ছিল না। তাই স্পিয়ন কপ-এর যুদ্ধ আমাদের সরাসরি গোলাগুলির মাঝখানে নিয়ে ফেলল। সেসময় স্ট্রেচারে আহতদের নিয়ে আমাদের দিনে কুড়ি থেকে পঁচিশ মাইল হাঁটতে হত। জেনারেল উডগেট-এর মতো আহত সৈন্যকে বহন করতে পেরে আমরা সম্মানিত বোধ করেছিলাম।

যুদ্ধক্ষেত্রে ছ-সপ্তাহ কাজ করবার পর আমাদের বাহিনী ভেঙে দেওয়া হল। আমাদের এই সামান্য সেবা সেসময় খুব প্রশংসিত হয়েছিল, যার ফলে ভারতীয়দের মর্যাদা বৃদ্ধি পেয়েছিল। খবরের কাগজগুলোতে

স্তুতিমূলক ছড়া বেরোতে লাগল, যার ধুয়ো ছিল: 'মোরা সবাই যে এই সাম্রাজ্যেরই সন্তান।'

বিপদের মুহূর্তে মানুষের চরিত্রের শ্রেষ্ঠ দিকগুলি কীভাবে বেরিয়ে আসে, তার এক মধুর স্মৃতিচারণ এখানে না করে পারছি না। আমরা মার্চ করে এগিয়ে চলেছিলাম কোলেনসো-র কাছে চিভলি ঘাঁটির দিকে, যেখনে লর্ড রবার্ট্স-এর পুত্র লেফটেনান্ট রবার্ট্স সাংঘাতিক চোট পেয়ে মারা যান। তাঁর দেহ বহন করে নিয়ে আসার সম্মান অর্জন করেছিলাম আমরা। যেদিন আমরা মার্চ করে যাচ্ছিলাম, সেদিনটা ছিল খুব গরম। তেষ্টায় সবার ছাতি ফেটে যাচ্ছিল। পথে একটা ছোট্ট নদী পড়ল, সেখানে আমরা তেষ্টা মেটাতে পারব। কিন্তু কে আগে জল খাবে? আমরা প্রস্তাব দিলাম, আগে সৈন্যরা জল খেয়ে নিক, তারপর আমরা খাব। কিন্তু ওরা কিছুতেই আগে জল খেল না, আমাদেরই আগে খেতে বলল। ফলে কিছুক্ষণ ধরে চলল এক মধুর প্রতিযোগিতা, কে আগে অন্যদের জল খেতে দেবে তা নিয়ে।

এই অধ্যায় শেষ করার আগে একটা উল্লেখযোগ্য ঘটনার কথা জানানো উচিত। বুয়র-রা যখন লেডিস্মিথ আক্রমণ করে তখন সেখানে ইংরেজদের পাশাপাশি দু-চারজন ভারতীয় বাসিন্দাও ছিল। তাদের মধ্যে কেউ কেউ বণিক, অন্যরা চুক্তিবদ্ধ শ্রমিক, যারা রেলে কিংবা ইয়োরোপীয়দের চাকর হিসেবে কাজ করত। এদেরই একজন ছিল প্রভুসিং। লেডিস্মিথ-এর সৈন্যাধ্যক্ষ ওখানকার প্রতিটি বাসিন্দাকে কিছু কিছু কাজের ভার দিতেন। তার মধ্যে সবচেয়ে বিপজ্জনক আর দায়িত্বপূর্ণ কাজের ভারটা বোধহয় পড়েছিল প্রভুসিংয়ের ওপর, যে ছিল একজন 'কুলি'। লেডিস্মিথ-এর কাছে একটা পাহাড়ে বুয়র-রা তাদের পম-পম কামান বসিয়ে রেখেছিল, যার গোলাবর্ষণে অনেক বাড়িঘর ধ্বংস হয়েছিল, কিছু লোকের প্রাণও গিয়েছিল। ওই কামান থেকে বেরিয়ে দূরের লক্ষ্যবস্তুতে আঘাত করতে একটা গোলার দু-এক মিনিট

সময় লাগত। আগে থেকে জানতে পারলে সেখানে আটকে-পরা কোনো লোক গোলাটা এসে পড়ার আগেই কোনো একটা নিরাপদ আশ্রয়ে ঢুকে যেতে পারত। কামান চালানোর কাজ যখন চলছে, প্রভুসিং তখন একটা গাছের টঙে বসে থাকত, তার নজর নিবদ্ধ থাকত পাহাড়ের ওপর। বারুদের ঝলকানি দেখবামাত্র সে একটা ঘণ্টা বাজিয়ে দিত। অমনি লেডিস্মিথ-এর বাসিন্দারা লুকিয়ে পড়ত। এইভাবে তারা ওই সাংঘাতিক কামানের গোলার আগমন-বার্তা শুনে নিজেদের প্রাণ বাঁচাত।

প্রভুসিংয়ের এই বীরত্বর কাহিনি ভারতের বড়োলাট লর্ড কার্জন-এর কানে গিয়ে পৌঁছোয়। তিনি ওকে উপহারস্বরূপ একখানা কাশ্মীরি শাল পাঠিয়েছিলেন।

ভারতে প্রত্যাবর্তন ও
দক্ষিণ আফ্রিকায় পুনর্গমন

যুদ্ধক্ষেত্রের কাজ সেরে ফিরে এসে আমার মনে হল, এবার আমার বেশি করে কাজ করা উচিত ভারতে, দক্ষিণ আফ্রিকায় নয়। সহকর্মীদের অনুরোধ করলাম আমায় ছুটি দিতে। তাঁরা আমার অনুরোধ মেনে নিলেন এই শর্তে যে, যদি এক বছরের মধ্যে এখানকার ভারতীয় জনসমাজ আমার প্রয়োজন বোধ করে, তাহলে দক্ষিণ আফ্রিকায় ফেরত আসবার জন্য আমায় তৈরি থাকতে হবে। বিদায় অনুষ্ঠানের আন্তরিকতা আমায় অভিভূত করেছিল। যেসব উপহার পেয়েছিলাম তার মধ্যে ছিল সোনা-রুপোর জিনিস, এমনকী হিরেও। সেগুলো পেয়ে কৃতজ্ঞতায় আমার মন যেমন ভরে উঠল, তেমনই তা থেকে অছি হিসেবে রক্ষিত সম্পদ বিষয়ে একটা মস্ত শিক্ষাও পেলাম। এগুলো নিয়ে ভাবতে গিয়ে একটা রাত আমার ঘুম হল না। তারপর সিদ্ধান্ত নিলাম, ওগুলোকে জনসমাজের হাতেই ফিরিয়ে দেব—তারই সেবার জন্য রক্ষিত গচ্ছিত সম্পদ হিসেবে। সেসময় এই সিদ্ধান্ত কার্যে পরিণত করতে গিয়ে আমার স্ত্রীর বুক ফেটে গিয়েছিল ঠিকই, কিন্তু বহু বছর পেরিয়ে আসবার পর তিনিও নিশ্চিত হয়েছিলেন যে, আমাদের পদক্ষেপটা বিচক্ষণই ছিল। যত দিন গেছে, ততই এই প্রত্যয়

আমার উত্তরোত্তর দৃঢ় হয়েছে যে, কোনো জনসেবকের কখনোই কোনো
উপহার নেওয়া উচিত না।

দেশে প্রত্যাবর্তনের পর, কংগ্রেস আমাকে সেবা করবার অনেক
সুযোগ করে দিল। সে-বছর কংগ্রেসের অধিবেশন বসেছিল
কলকাতায়। আমি স্বেচ্ছাসেবীদের ঝাড়ু দেওয়া আর মেথরের কাজ
করার ব্যাপারে অনেক কিছু শেখালাম। শ্রীযুত ঘোষাল, যিনি ছিলেন
মহাসচিবদের একজন, তাঁর কেরানি ও বেয়ারা হিসেবে কাজ করার
সম্মানও অর্জন করেছিলাম। তাছাড়া দক্ষিণ আফ্রিকার পরিস্থিতির
ওপর একটা প্রস্তাব উত্থাপন করবার সুযোগও পেলাম গোখলে-র
সৌজন্যে। দেশে ফেরার পর থেকেই তিনি আমাকে আপন ছোটো
ভাইয়ের মতো স্নেহ করতেন। আমার সমস্ত কাজে গভীর আগ্রহ
প্রদর্শন করতেন এবং যেসব গুরুত্বপূর্ণ লোকের সঙ্গে আমার আলাপ
থাকা উচিত বলে মনে করতেন, তাঁদের সঙ্গে আলাপ করিয়ে
দিতেন। তাঁকে কাজ করতে দেখাটা ছিল যেমন আনন্দের, তেমনই
শিক্ষাপ্রদ। যা-কিছু তিনি করতেন সবই দেশের মঙ্গলের জন্য। বিশেষ
করে চাইতেন, আমি বোম্বেতে থিতু হয়ে সেখানকার আদালতে
ওকালতি করি এবং তাঁকে জনহিতকর কাজে—অর্থাৎ কংগ্রেসের
কাজে—সাহায্য করি। তাঁর পরামর্শ আমার ভালো লেগেছিল, কিন্তু
ব্যারিস্টার হিসেবে কত দূর সাফল্য অর্জন করতে পারব
তা নিয়ে আমার মনে সংশয় ছিল।

আমি কাজ শুরু করলাম রাজকোটে। বেশ ভালোই চালাচ্ছিলাম।
এইসময় আমার বন্ধু ও শুভার্থী শ্রীযুত কেবলরাম দাভে,
আমাকে বিলেত পাঠানোর পিছনে যাঁর ভূমিকা ছিল
প্রধান, তিনি বিশেষ জোর দিয়ে আমাকে বোম্বেতে কাজ করতে
বললেন। সেখানেও আমি আশাতীত সাফল্য পেলাম। আমার
দক্ষিণ আফ্রিকি বন্ধুরা প্রায়ই আমাকে যেসব কাজ দিতেন তা
আমার খরচ চালানোর পক্ষে যথেষ্ট ছিল। কিন্তু ঠিক যখন মনে

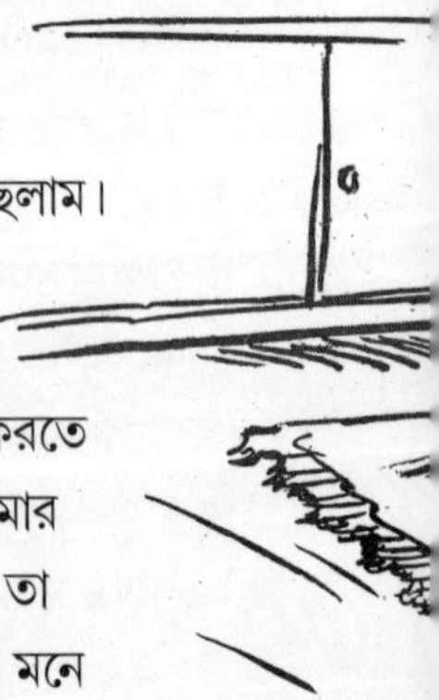

হল, এবার আমি গুছিয়ে বসতে পারব, তখনই ডাক পড়ল দক্ষিণ আফ্রিকায়। এল জরুরি তার। অঙ্গীকার অনুযায়ী আমি তখনই রওনা হয়ে গেলাম।

দক্ষিণ আফ্রিকা পৌঁছে সেখানে যে-করুণ রাজনৈতিক অবস্থা দেখলাম, তার দুঃখজনক খুঁটিনাটি বিবরণ দিয়ে পাঠককে ভারাক্রান্ত করব না। যুদ্ধর কথা তখন বিস্মৃত; সেইসঙ্গে যুদ্ধে ভারতীয়দের সেবার কথাও। ভারতীয় বাসিন্দাদের অবস্থা আগের তুলনায় আরও খারাপ তো হয়েছেই, উপরন্তু তাদের ওপর নতুন নতুন অসুবিধার বোঝা

চাপানো হচ্ছে। বুঝলাম, ওখানে আমার দেশবাসীর সেবা করতে হলে এবার আমাকে দীর্ঘমেয়াদে বসবাসের কথা ভাবতে হবে। আমি জোহানেসবার্গ-এ অফিস খোলার সিদ্ধান্ত নিলাম এবং অনেক কষ্ট করে সেখানকার আদালত মহল্লায় বাসা জোগাড় করলাম।

জনসমাজের সেবায় নিজেকে কায়মনোবাক্যে সঁপে দেওয়ার পাশাপাশি আমার মনে উত্তরোত্তর আত্মবীক্ষণের স্পৃহা জাগল, যার প্রণোদনা জেগে উঠল নতুন করে গীতাপাঠের মধ্যে দিয়ে। এবারেও কয়েকজন থিওজফিস্টের সঙ্গে মিলে আমাকে গীতা পাঠ করতে হল। কিন্তু এবার আমি আগের থেকে আরও গভীরে গিয়ে গীতা পাঠ করলাম। এমনকী শ্লোকগুলিকে মুখস্থ করে ফেলবার চেষ্টা চালালাম। মনে আছে, পাক্কা তেরোটি অধ্যায় আমার কণ্ঠস্থ হয়ে গিয়েছিল। গীতা তখন আমার কাছে হয়ে উঠেছিল আচরণের অভ্রান্ত নির্দেশিকা, আমার নিত্য-অনুসন্ধানের কোষগ্রন্থ। 'অ-পরিগ্রহ' কিংবা 'সমভাব' প্রভৃতি শব্দ আমাকে অভিভূত করে ফেলেছিল। কী করে সমস্ত অধিকারবোধ থেকে নিজেকে মুক্ত করে নিতে হবে, কী করে সমভাবের সাধনা করতে ও তাকে বজায় রাখতে হবে, সেই প্রশ্ন আমাকে আচ্ছন্ন করে রাখত। সর্বস্ব ত্যাগ করে কি ঈশ্বরের পথে নিজেকে সঁপে দেব? অন্তর থেকে স্পষ্ট উত্তর উঠে এল: আমার সব কিছু তাঁর পায়ে নিবেদন করতে না পারলে তাঁর পথ ধরে চলা আমার পক্ষে অসম্ভব। দিনের আলোর মতো স্পষ্ট হয়ে উঠল যে, অ-পরিগ্রহ আর সমভাব অনুশীলন করতে হলে আগে হৃদয়ের পরিবর্তন ঘটাতে হবে, বদলাতে হবে দৃষ্টিভঙ্গি। বোম্বেতে আমার বন্ধুদের লিখে দিলাম, আমার বিমা পলিসিগুলোর কিস্তি যেন আর জমা না পড়ে। ভাইকে লিখলাম, এতদিন পর্যন্ত যা-কিছু জমিয়েছি, সবই তার হাতে তুলে দিয়েছি, কিন্তু এখন থেকে সে যেন আমার কাছ থেকে আর কিছু আশা না করে, কেননা ভবিষ্যতে যা-কিছু সঞ্চয় করব সবই আমার জনসমাজের কাজে লাগবে।

ওই সময় নাগাদ (১৯০৪) দক্ষিণ আফ্রিকায় অবস্থিত ভারতীয়দের কল্যাণকে ব্যাহত করে এমনসব সমস্যা নিয়ে লেখালিখির জন্য আমি *ইন্ডিয়ান ওপিনিয়ন* নামক এক সাপ্তাহিক কাগজ সম্পাদনার ভার গ্রহণ করলাম। অচিরেই টের পেলাম, আমার আর্থিক সাহায্য ছাড়া কাগজ চালানো যাবে না। আমার যা-কিছু সঞ্চয় ছিল সবই ঢাললাম কাগজটার পিছনে, বলতে গেলে যথাসর্বস্বই। আজকের দিনের *ইয়ং ইন্ডিয়া* কিংবা *নবজীবন*-এর মতোই, সেদিনও *ইন্ডিয়ান ওপিনিয়ন* ছিল আমার জীবনেরই দর্পণ। সুচিন্তিত বিতর্ক ছাড়া, কিংবা এতটুকু অতিরঞ্জন বা অসূয়ার দ্বারা চালিত হয়ে সেসব প্রবন্ধের একটি শব্দও কখনো লিখেছি বলে মনে পড়ে না। বাস্তবিক, ওই কাগজ চালানোটা যেন হয়ে উঠল আমার আত্মসংযম বজায় রাখার তালিম। আমি এও জানি, ওই কাগজের লেখাগুলোর সুর আমাদের সমালোচকদেরও কলমকে সামলে রাখতে বাধ্য করত। এই পত্রিকাতেই আমি খাদ্যাভ্যাস নিয়ে ধারাবাহিকভাবে লিখেছিলাম, যা পরে বই হয়ে বেরিয়েছিল এবং *গাইড টু হেল্থ* নামে ইংরেজিতে অনূদিত হয়ে প্রাচ্যে ও পাশ্চাত্যে বহু লোকের জীবনকে গভীরভাবে প্রভাবিত করেছিল বলে মনে হয়।

গাইড টু হেল্থ ইংরেজি ভাষাতেই ১৯১৩ সালে প্রথমে জেনারেল নলেজ অ্যাবাউট হেল্থ নামে প্রকাশিত হয়। তাতে গান্ধীজি লেখেন:

'চা, কফি, কোকো এসবেরই একটা সাধারণ ধর্ম হল আমাদের হজমশক্তিকে দুর্বল করে দেওয়া। এগুলো নেশার জিনিস, কেননা এগুলো থেকে এমনই অভ্যেস তৈরি হয় যা ছাড়া যায় না। বর্তমান লেখক যখন নিয়মিত চা খেত, তখন ঠিক সময়ে চা না পেলে তার আলস্য আসত— নেশার জিনিসের এটাই তো সবচেয়ে অকাট্য প্রমাণ ...'

'আর কফির কথা যদি বলেন, এ-বিষয়ে একটা দ্বিপদী আজ সুপরিচিত: "কফ ও বায়ুর প্রতিষেধক, কিন্তু তেজ ও শক্তিনাশক, রক্তকে করে জল— তার তিন দোষ, দুই গুণ।"'

'... হতে পারে কফির মধ্যে আছে কফ আর বায়ু প্রতিষেধকের গুণ। কিন্তু সে-গুণ তো আরও অনেক জিনিসেরই আছে। যাঁরা ওই প্রথম দুটি গুণের জন্য কফি পান করতে ইচ্ছুক, তাঁদের উচিত একটু আদার রস খাওয়া ...'

কোকো সম্বন্ধে তিনি লেখেন:

'কোকো এখনও তেমন জনপ্রিয় হয়ে ওঠেনি, যেহেতু তার খরচ চায়ের চেয়ে একটু বেশি। সৌভাগ্যবশত এখনও আমরা কোকোর প্রেমে মজিনি, তবে কেতাদুরস্ত মহলে এর ভালোই প্রভাব রয়েছে।'

'কোকোর দোষগুলি কফিরই মতো। আর চায়েরই মতো এর মধ্যে একটা উপাদান থাকে যা গায়ের চামড়া খড়খড়ে করে তোলে।'

(দ্য কালেক্টেড ওয়ার্কস অব মহাত্মা গান্ধী [CWMG],
খণ্ড ১১, পৃষ্ঠা ৪৮২–৩)

জেনারেল নলেজ অ্যাবাউট হেল্‌থ বইটিকে গান্ধীজি ১৯৪২ সালে জেলে থাকবার সময় পরিমার্জিত করে কি টু হেল্‌থ নাম দিয়ে লেখেন। তার ভূমিকায় লিখেছিলেন:

'... আমার লেখাগুলোর মধ্যে এটিই হয়ে ওঠে সবচেয়ে জনপ্রিয়। এই জনপ্রিয়তার কারণ কী, আমি কোনোদিনই বুঝে উঠতে পারিনি। আমি হালকাভাবেই প্রবন্ধগুলো লিখেছিলাম, এগুলোর ওপর বিশেষ গুরুত্ব দিইনি। তবে এর জনপ্রিয়তার একটা কারণ হয়তো এই যে, শরীর-স্বাস্থ্যর ব্যাপারটাকে আমি একটা অভিনব দৃষ্টিকোণ থেকে দেখেছি, যা ডাক্তার-বদ্যিদের চিরাচরিত পদ্ধতিগুলোর চেয়ে খানিক আলাদা। ... আমার আজকের ধ্যানধারণার সঙ্গে ১৯০৬ সালের

ওইসব ধ্যানধারণার মৌলিক ফারাক রয়েছে। তবে আমার মন গ্রহিষ্ণু। তাই যেসব পরিবর্তন পাঠকের চোখে ধরা পড়বে, আশা করি সেগুলো প্রগতিমুখীন।'

(দ্য কালেক্টেড ওয়ার্কস অব মহাত্মা গান্ধী [CWMG],

খণ্ড ৭৬, পৃষ্ঠা ৪১১—১২)

একটি বইয়ের ইন্দ্রজাল

আমার জীবনে কিছু কিছু বইয়ের অতি অস্বাভাবিক প্রভাব পড়েছে ঠিকই, কিন্তু কোনো বই-ই আমার জীবনে রাস্কিন-এর *আনটু দিস লাস্ট*-এর মতো এমন বৈপ্লবিক পরিবর্তন আনেনি। ১৯০৪-এ আমাকে *ইন্ডিয়ান ওপিনিয়ন*-এর কাজকর্ম গুছিয়ে নেওয়ার জন্য ডারবান যেতে হয়েছিল। আমার ইংরেজ বন্ধু মিস্টার অ্যালবার্ট ওয়েস্ট ছিলেন একজন ব্যাবহারিক জ্ঞানসম্পন্ন মুদ্রক। আমার এককথায় তিনি তাঁর ব্যাবসা ছেড়ে দিয়েছিলেন। তিনিও আমার অনুরোধে ডারবান গিয়েছিলেন, *ইন্ডিয়ান ওপিনিয়ন*-এর কারবার একেবারে ঢেলে সাজানোর জন্য। তিনি হিসেব করে দেখিয়েছিলেন, কাগজের আর্থিক অবস্থা বেশ খারাপ।

ডারবান-এর ট্রেন ধরবার জন্য যখন স্টেশনে যাচ্ছি, তখন মিস্টার পোলক, ততদিনে আমার জীবনে যাঁর আবির্ভাব ঘটেছে, আমাকে ট্রেনে বসে পড়বার জন্য *আনটু দিস লাস্ট* বইটি দিয়ে বললেন, 'এ-বইটি আপনার ভালো লাগবে।'

একবার পড়তে শুরু করে দেখলাম, বইটি ছাড়া অসম্ভব। আমি একেবারে আবিষ্ট হয়ে গেলাম। ট্রেন ডারবান গিয়ে পৌঁছোল সন্ধ্যেবেলা। সে-রাত্তিরে আমার এতটুকু ঘুম হল না। এর আগে রাস্কিন-এর কোনো বই আমি পড়িনি। বইটি আমার জীবনে তৎক্ষণাৎ এক ব্যাবহারিক পরিবর্তন এনে দিল। আমার মনে হল আমার মনের

অন্তরতম প্রদেশের বিশ্বাসগুলো ওই বইয়ের উপদেশগুলির মধ্যে প্রতিফলিত হয়েছে। ঠিক করে ফেললাম, ওই অনুযায়ী আমার জীবন বদলে ফেলব। উপদেশগুলির সার কথা এই বুঝলাম যে:

> ব্যক্তিমানুষের মঙ্গল সব মানুষের মঙ্গলের মধ্যে আধারিত; একজন উকিলের কাজ আর একজন নাপিতের কাজের গুরুত্ব সমান; কারণ নিজের কাজ থেকে জীবিকা উপার্জনের অধিকার সব মানুষের সমান; শ্রমজীবীর জীবন, অর্থাৎ একজন চাষির কিংবা একজন কারিগরের জীবনই প্রকৃত অর্থে মূল্যবান।

প্রথম কথাটা আমি জানতাম।

দ্বিতীয়টা আমি খানিক উপলব্ধি করতাম।

তৃতীয়টার কথা আমি কোনোদিন ভাবিওনি। *আনটু দিস লাস্ট* আমার কাছে দিনের আলোর মতো স্পষ্ট করে দিল যে, দ্বিতীয় আর তৃতীয় উপদেশটি প্রথমটির মধ্যেই আধারিত। উষালোকে যখন আমার ঘুম ভাঙল, তখন আমি ওই তিনটি নীতিকে কার্যক্ষেত্রে প্রয়োগের জন্য তৈরি।

এর চার দশক পরে একটি সাক্ষাৎকারে গান্ধীজি এই বইয়ের উপদেশগুলির প্রতি তাঁর বিশ্বাসের কথা স্পষ্টভাবে ব্যক্ত করেছিলেন:

‘“আনটু দিস লাস্ট” কথাটির মধ্যে যে-কথা উহ্য রয়েছে, আমি তাতে বিশ্বাসী। ওই বই আমার জীবন ঘুরিয়ে দিয়েছিল। শেষ মুহূর্তটি পর্যন্ত আমাদের সেই কাজ করে যেতে হবে যা এই বিশ্ব আমাদের দিয়ে করিয়ে নিতে চায়। সকলের সমান সুযোগসুবিধা থাকতে হবে। সমান সুযোগসুবিধা পেলে প্রতিটি মানুষেরই আত্মিক বিকাশ ঘটার সম্ভাবনা সমান।’

(দ্য কালেক্টেড ওয়ার্কস অব মহাত্মা গান্ধী [CWMG], খণ্ড ৮৬, পৃষ্ঠা ২১)

সমতার সংজ্ঞা গান্ধীজি দিয়েছিলেন এইভাবে:

'সমতা বলতে কখনো ভেদহীনতা বোঝাতে পারে না। সমতা মানে হল ন্যায়বিচারে ভেদহীনতা। ঈশ্বরের কাছে একটা পরমাণুও যা, হিমালয়ও তাই। পরমাণুর কাছেও ঈশ্বর যা, হিমালয়ের কাছেও তাই।'

(দ্য কালেক্টেড ওয়ার্কস অব মহাত্মা গান্ধী [CWMG],
খণ্ড ৫৬, পৃষ্ঠা ১০৪)

ফিনিক্স বসতি

নিজের জীবনকে বদলে ফেলার এই সংকল্পর প্রথম ফল হিসেবে সিদ্ধান্ত নিলাম, *ইন্ডিয়ান ওপিনিয়ন*-কে এমন একটা খামারে তুলে নিয়ে যাব যেখানে প্রত্যেককে পরিশ্রম করতে হবে, যেখানে সকলে সমান বেতন পাবে এবং অবসর সময়ে ছাপাখানার কাজ করবে। মিস্টার ওয়েস্ট আমার প্রস্তাবে সম্মতি দিলেন। স্থির হল প্রত্যেকে মাসে তিন পাউন্ড করে ভাতা পাবে। অচিরেই আমি ডারবান-এর কাছাকাছি অঞ্চলে একটি রেলস্টেশনের নিকট এক খণ্ড জমির জন্য বিজ্ঞাপন দিলাম। শেষপর্যন্ত বিশ একর জমি কিনলাম। সে-জমিতে চমৎকার একটা ছোটো ঝরনা ছিল, আর ছিল গুটিকতক কমলালেবু ও আমগাছ। ওই জমির লাগোয়া আশি একরের আর-এক খণ্ড জমিতে প্রচুর ফলগাছ আর একটা ভাঙাচোরা কুটির ছিল। সে-জমিটাও কিনে নেওয়া হল। মোট খরচ পড়ল ১০০০ পাউন্ড। ছাপাখানার জন্য একটা ছাদওয়ালা ঘর শিগগিরই বানানো হল। মিস্টার ওয়েস্ট এবং আরও অনেকে প্রভূত ব্যক্তিগত ঝুঁকি নিয়ে ছুতোর আর রাজমিস্ত্রিদের সঙ্গে বাস করতে লাগলেন। ঘন ঘাসে ঢাকা সেই জনমানবহীন, সাপখোপে-ভরা জায়গাটাতে বাস করা স্পষ্টতই বেশ বিপজ্জনক কাজ ছিল। আমরা জায়গাটাকে সাফসুতরো করে নিয়ে বাসযোগ্য করে তুললাম। সপ্তাহ খানেকের মধ্যেই আমাদের যাবতীয় জিনিসপত্র তুলে নিয়ে গেলাম ফিনিক্স-এ। ফিনিক্স-এর নামেই বসতির

নাম দেওয়া হল। ভারত থেকে আমার সঙ্গে যারা এসেছিল, সেইসব আত্মীয় আর বন্ধুদের আমি এখানে এসে কপাল ফেরাতে উৎসাহিত করলাম।

কেউ কেউ রাজি হলেন। তাঁদের মধ্যে এখানে কেবল একজনেরই নাম করব, তিনি হলেন প্রয়াত মগনলাল গান্ধী, যিনি নিজের ব্যাবসাবাণিজ্য চিরতরে গুটিয়ে নিয়ে আমার সঙ্গে পরীক্ষায় মেতেছিলেন।

তাঁর সামর্থ্য, আত্মত্যাগ আর নিষ্ঠার দ্বারা তিনি অনায়াসেই হয়ে উঠলেন নৈতিকতা সংক্রান্ত পরীক্ষানিরীক্ষায় আমার সহকর্মীদের মধ্যে সর্বাগ্রগণ্য। তিনি একজন অনন্য স্ব-শিক্ষিত হস্তশিল্পী হয়ে উঠলেন। দক্ষিণ আফ্রিকার সত্যাগ্রহ পর্বের অন্তে যে-দলটি ভারতে ফিরে এসে বর্তমানে সত্যাগ্রহ আশ্রম নামে পরিচিত প্রতিষ্ঠানটি স্থাপন করেছিলেন, মগনলালই তাঁদের নেতা। ১৯২৮ সালে তাঁর মৃত্যুকাল অবধি তিনি ছিলেন এই প্রতিষ্ঠানের প্রাণপুরুষ। আমার সযত্নলালিত নীতিগুলিকে কাজে পরিণত করতে গিয়ে তিনি কার্যত নিজেকে ক্ষইয়ে ফেলেছিলেন। তাঁর মৃত্যুতে আমি যে-আঘাত পেয়েছিলাম তা কোনোদিন ভুলতে পারব না।

এইভাবে ১৯০৪ সালে চালু হয়ে গেল ফিনিক্স বসতি। নানা অসুবিধা সত্ত্বেও *ইন্ডিয়ান ওপিনিয়ন* আজও ওই বসতি থেকে প্রকাশিত হয়ে চলেছে। প্রথম দিককার অসুবিধা, আশা আর হতাশাগুলো নিয়ে এখানে বাগ্‌বিস্তার করব না। মগনলাল গান্ধী আগে ছাপার কাজ কিছুই

জানতেন না; কিন্তু তিনি ছাপাখানার প্রায় প্রতিটি বিভাগেই ওস্তাদ হয়ে উঠে সবাইকে ছাপিয়ে গেলেন।

আমেদাবাদের সবরমতীতে সত্যাগ্রহ আশ্রমের বাসিন্দাদের কাছে ফিনিক্স-এর দিনগুলি সম্বন্ধে স্মৃতিচারণ করতে গিয়ে গান্ধীজি বলেছিলেন:

'দক্ষিণ আফ্রিকায় আমার শ্রেষ্ঠ সৃষ্টি ছিল ফিনিক্স। ওটি না থাকলে ওদেশে সত্যাগ্রহ থাকত না। এখানকার এই আশ্রম না থাকলে ভারতে সত্যাগ্রহ শুরু করা অসম্ভব হত। ... আমার অন্য কাজের নিরিখে আমার মহত্ত্ব বিচার কোরো না, কেবল এই আশ্রমের নিরিখে আমার বিচার কোরো। এই আশ্রমে আমার অন্যতম সৃষ্টি ছিলেন মগনলাল। কাজ করতে গিয়ে তার মধ্যে যদি পঞ্চাশ লক্ষ ত্রুটি আবিষ্কার করে থাকি, তাহলে দেখেছি, গুণের সংখ্যা এক কোটি।'

(দ্য কালেক্টেড ওয়ার্কস অব মহাত্মা গান্ধী [CWMG], খণ্ড ১৫, পৃষ্ঠা ৯২)

ওখানে গুছিয়ে বসতে-না-বসতে আমাকে আমাদের ওই সদ্য-নির্মিত নীড়টি ছেড়ে জোহানেসবার্গ চলে আসতে হল। এখানে পোলক-কে আমি যেসব গুরুত্বপূর্ণ পরিবর্তন ঘটিয়েছি সেগুলোর কথা জানালাম। তাঁর বইটি আমার জীবনে এক নতুন অধ্যায়ের সূচনা করেছে জেনে তিনি আনন্দে আত্মহারা হয়ে উঠলেন। *Critic* কাগজের চাকরি ছেড়ে দিয়ে তিনি অল্পকালের মধ্যেই পরিবারের অন্তর্ভুক্ত হয়ে গেলেন। কিন্তু তাঁকে খুব বেশিদিন সেখানে রাখতে পারলাম না। জোহানেসবার্গ-এর অফিস এক-হাতে চালানো আমার পক্ষে একেবারে অসম্ভব হয়ে পড়েছিল। আমি তাই পোলক-কে বললাম, তিনি যেন অফিসে যোগ দেন এবং অ্যাটর্নির পরীক্ষা পাশ করে নেন। আমি ভেবেছিলাম, শেষপর্যন্ত দুজনেই অবসর নিয়ে ফিনিক্স-এ গিয়ে আস্তানা গাড়ব। কিন্তু সেটা আর কোনোদিনই হয়ে ওঠেনি। কাজের ঠেলায় আমি ক্রমাগতই ফিনিক্স থেকে দূরে থাকতে বাধ্য হতাম। তাই রাস্কিন-এর

কাছ থেকে পাওয়া শিক্ষার আলোকে নিজের জীবনকে যতটুকু নতুন করে সাজিয়ে নিতে পারি ততটুকুতেই নিজেকে সন্তুষ্ট রাখতে হত। একজন ব্যারিস্টারের বাড়িকে যতটা অনাড়ম্বর রাখা সম্ভব, আমি সে-চেষ্টা করতাম। গতরে খাটার যাবতীয় কাজ নিজে করবার ঝোঁকটা বাড়ল। রুটিনির্মাতার দোকান থেকে পাঁউরুটি কিনে আনার চেয়ে বাড়িতে খমির-হীন রুটি তৈরি করে খাওয়ার রেওয়াজ চালু করেছিলাম আমরা। হাতে করে গম-ভাঙা জরুরি ছিল এর জন্য, আর তাই ৭ পাউন্ড খরচ করে আমি গম-ভাঙার হাত-কল বসিয়েছিলাম। দু-জনে মিলে কলটা চালানো যেত। সচরাচর পোলক, আমি আর বাচ্চারা মিলে কাজটা করতাম। বাচ্চারা এ-কাজে খুব মজা পেত, যেন উচ্ছল হয়ে উঠত। আমাদের একজন চাকর ছিল আর পৌরসভা থেকে মেথর এসে মলভাণ্ড পরিষ্কার করে দিত। তা সত্ত্বেও চাকরের ওপর নির্ভর করার বদলে আমরা ব্যক্তিগতভাবে শৌচাগার সাফাইয়ের কাজটা তদারকি করতাম। এর দৌলতে বাচ্চারা খুব ভালো তালিম পেত, যে-কারণে আমার ছেলেদের কারোই ধাঙড়ের কাজে কোনোদিন অনীহা জাগেনি এবং শৌচ-স্বাস্থ্যবিধানে স্বভাবতই তাদের একটা শক্ত ভিত্তি গড়ে উঠেছিল।

নিজেকে আর ছেলেদের এইভাবে যখন নিয়মশৃঙ্খলার বাঁধনে বাঁধছি, তখনই ঘটল এক ঘটনা যা আমাকে জোহানেসবার্গ-এর বাসা উঠিয়ে দিয়ে স্ত্রী ও পুত্রদের ফিনিক্স-এ গিয়ে বসতি করবার জন্য পাঠিয়ে দেওয়ার সিদ্ধান্ত নিতে সাহায্য করল। মিস্টার পোলক একখানা ছোটো বাসাবাড়ি নিয়ে উঠে গেলেন। ঘটনাটা হল, সরকারিভাবে যাকে 'জুলু বিদ্রোহ' বলে বর্ণনা করা হয় তারই প্রাদুর্ভাব।

জুলু 'বিদ্রোহ'

ঠিক বুয়র যুদ্ধেরই মতো, জুলু 'বিদ্রোহ'ও ছিল আরেকটা ঘটনা যেখানে ব্রিটিশ সাম্রাজ্যের প্রতি আমার আনুগত্যের বোধ, যেভাবে পারি তাদের সেবা করার তাড়না, অন্য সব কিছুকে ছাপিয়ে উঠেছিল। জুলুদের ওপর আমার কোনো রাগ ছিল না; তারা কোনো ভারতীয়র এতটুকু ক্ষতি করেনি। ওদের অভ্যুত্থানকে আমি 'বিদ্রোহ' বলে চিহ্নিত করতে রাজি ছিলাম না। কিন্তু তখন আমার মতে ব্রিটিশ সাম্রাজ্য বিশ্বের মঙ্গলের জন্যই বিরাজ করছিল এবং নাটাল, যা কিনা সেই সাম্রাজ্যের অন্তর্গত, তার নাগরিক হিসেবে আমি বাধ্য হলাম বড়োলাটকে চিঠি লিখে ভারতীয় অ্যাম্বুলেন্স বাহিনী গঠন করার প্রস্তাব দিতে। প্রস্তাবটা তৎক্ষণাৎ গৃহীত হল। আমিও তখনই ছুটে গেলাম ডারবান-এ, কর্মী নিয়োগ করার আহ্বান জানালাম। আমাদের দলে ছিল চব্বিশ জন লোক। আমাকে মর্যাদা দেবার জন্য সাময়িকভাবে সার্জেন্ট-মেজর পদ দেওয়া হল। প্রায় ছ-সপ্তাহ ধরে আমাদের দলটি সক্রিয়ভাবে যুদ্ধক্ষেত্রে কাজ করেছিল। 'বিদ্রোহ'র অকুস্থলে পৌঁছে আমি দেখলাম, ওটা কর না দেওয়ার একটা আন্দোলন ছাড়া আর কিছুই নয়। অন্তরে অন্তরে আমি জুলুদেরই সমর্থক ছিলাম। তাই সানন্দে জানতে পারলাম যে আমাদের মূল কাজ হবে আহত জুলুদের পরিচর্যা করা। কোনো সাদা চামড়ার লোক সে-কাজ করতে এগিয়ে না আসায় মেডিক্যাল অফিসারের

মাথায় হাত পড়েছিল। কাজেই আমাদের তিনি সোল্লাসে অভ্যর্থনা জানালেন। তখনই আমাদের হাতে ব্যান্ডেজ, সংক্রমণ-নাশক ইত্যাদি তুলে দিয়ে আমাদের নিয়ে চললেন চটজলদি বানানো হাসপাতালটিতে। আমাদের সেবা পেয়ে জুলুদের আনন্দ আর কৃতজ্ঞতার অবধি রইল না। যেসব আহতদের ভার আমরা নিলাম, তারা যুদ্ধে আহত হয়নি। তাদের একদলকে সন্দেহের বশে বন্দি করা হয়েছিল। জেনারেল হুকুম দিয়েছিলেন, সাজা হিসেবে ওদের চাবকানো হোক। সেই চাবকানি খেয়ে ওদের অনেকের গায়ে বিশ্রী ঘা হয়েছিল। অন্যরা ছিল জুলু বান্ধব। আমাদের একটা দ্রুত-চলমান সৈন্যবাহিনীর সঙ্গে জুতে দেওয়া হয়েছিল, যাদের ওপর বিপদের খবর আসামাত্রই বিপদের জায়গায় ছুটে চলে যাওয়ার নির্দেশ ছিল। বার দু-তিন আমাদের দিনে চল্লিশ মাইল মার্চ করতে হয়েছিল। কিন্তু ভগবানের কৃপায় যেখানেই আমি গেছি সেখানেই ভালো কাজই করেছি। আমাদের স্ট্রেচারে করে সেইসব জুলু বান্ধবদের বহন করে নিয়ে এসেছি ক্যাম্পে, যারা অনিচ্ছাকৃতভাবে আহত হয়েছিল। তাদেরই সেবাশুশ্রূষা করতে হত আমাদের।

ওই 'বিদ্রোহ'টা আমার কছে যুদ্ধের বদলে মানুষ-শিকার বলে মনে হল। যেসব ইংরেজদের সঙ্গে আমার আলাপ হয়েছিল, তাঁরাও অনেকে তাই মনে করতেন। প্রতিদিন সকালে শুনতাম গুড়ুম গুড়ুম আওয়াজ করে সৈন্যদের বন্দুকের গুলিগোলা তছনছ করে দিচ্ছে নিরীহ ছোটো ছোটো গ্রামগুলোকে। তারই মধ্যে দিন কাটানো, সে এক যন্ত্রণা। কিন্তু আমি সেই তিক্ত বড়ি হজম করে নিয়ে নিজের বিবেকে বেদনানাশক মলম লাগাতাম এই ভেবে যে, আমরা আহত জুলুদের পরিচর্যা করবার যে সুযোগ পাচ্ছি, সেটা তো ভালো ব্যাপার; তা নাহলে ওই আহতদের দেখাশোনা করত কে?

জীবনে নতুন বাঁক

বিবেকের দংশনকে এইভাবে সামলানো গেল বটে, কিন্তু অন্য অনেক ভাবনা মাথায় ঘুরপাক খেতে লাগল। কখনো আহতদের নিয়ে, কখনো-বা না নিয়ে, জুলুল্যান্ড-এর সেইসব ভাবগম্ভীর পর্বত আর উপত্যকা বেয়ে মার্চ করে যেতে যেতে আমি মাঝে মাঝেই গভীর চিন্তায় ডুবে যেতাম। ব্রহ্মচর্য ও তার নানান তাৎপর্য নিয়ে অনেক কথা মনে আসত। ক্রমে আমার বিশ্বাসগুলো আরও দৃঢ় হয়ে মনে গেঁথে গেল। সহকর্মীদের সঙ্গে বিষয়টা নিয়ে আলোচনা করলাম। তখনও এ-প্রত্যয় আমার হয়নি যে আত্মোপলব্ধির জন্য এটা একেবারে অপরিহার্য। কিন্তু এটুকু আমি পরিষ্কার বুঝতে পারতাম, মানবসেবায় সর্বান্তঃকরণে নিজেকে নিবেদন করার আকাঙ্ক্ষা যার রয়েছে, তার ব্রহ্মচর্য ছাড়া গতি নেই। মনে এই কথার উদয় হল যে, আমি যে-ধরনের সেবার কাজ করছি, সেই ধরনের কাজ আরও বেশি করে করবার সুযোগ নিশ্চয়ই আমার ঘটবে, আর তখন আমি যদি পারিবারিক জীবনের সুখস্বাচ্ছন্দ্য নিয়ে, কিংবা সন্তান উৎপাদন ও সন্তান পালন নিয়ে মেতে থাকি, তাহলে ওই কাজ করতে পারব না।

এককথায়, একই সঙ্গে শরীর আর আত্মার সাধনা করে আমি বাঁচতে পারব না। যেমন, বর্তমান ক্ষেত্রে, আমার স্ত্রীর গর্ভে যদি সন্তান থাকত তাহলে আমি এ-কাজে ঝাঁপিয়ে পড়তে পারতাম না। ব্রহ্মচর্য পালন না

করলে পরিবারের সেবা আর মানবসেবার মধ্যে সংঘাত বাধবে; ব্রহ্মচর্য পালন করলে থাকবে সামঞ্জস্য।

এইরকম দৈহিক ও মানসিক চাপের মধ্যে দিয়ে যখন চলেছি, তখন একদিন খবর এল, 'বিদ্রোহ' দমন করার কাজ শেষের মুখে, আমরা অচিরেই ছুটি পেতে চলেছি। দু-এক দিনের মধ্যেই ছুটি মিলল। তারপরই গভর্নরের কাছ থেকে এল আমাদের সেবার জন্য বিশেষ প্রশংসাপত্র।

ফিনিক্স-এ ফিরে এসে, সহকর্মীদের সঙ্গে আলোচনা করে, আমি চূড়ান্ত পদক্ষেপটা নিলাম। অর্থাৎ ব্রহ্মচর্যর ব্রত নিলাম। এ-কথা স্বীকার করব, এই উদ্যোগের বিশালত্ব ও ব্যাপ্তি যে কতখানি, তা আমি তখন উপলব্ধি করিনি। তবে এটুকু প্রত্যয় আমার ছিল যে, ভাবগম্ভীর একটি ব্রত পালনের অঙ্গীকার করা মানে হচ্ছে দেয়ালে নিজের পিঠ ঠেকিয়ে দেওয়া।

চিরস্থায়ী ব্রতপালনের অঙ্গীকার গ্রহণের বিরুদ্ধে যত কিছু লোভনীয় আপত্তি উঠতে পারে, সেসবই আমি প্রত্যাখ্যান করলাম। ব্রতপালনের অটল একটা প্রতিজ্ঞা যেন একটা দুর্গ, যা বিপজ্জনক সব প্রলোভনের হাত থেকে বাঁচায়, মানুষের দুর্বলতা আর দ্বিধা কাটিয়ে দেয়। কবি যথার্থই বলেছেন: 'বিরাগ বিনা ত্যাগ টেকে না।' উত্তরণের প্রক্রিয়ায় যখন খারাপ জিনিসের প্রতি বিরাগ বাড়তে থাকে, তখন ব্রতপালনের অঙ্গীকার নিতান্ত অপরিহার্য।

১৯০৬ সালে এই ব্রতপালনের অঙ্গীকার নেওয়ার আগে পর্যন্ত আমার স্ত্রীর সঙ্গে এ-বিষয়ে কিছু আলোচনা করিনি। আমার অত্যন্ত আনন্দ হল যখন তিনি এ-বিষয়ে কোনো আপত্তি তুললেন না। এ তাঁর এক অসাধারণ কৃতিত্ব।

১৯০৬-এ অঙ্গীকার নেওয়ার পর আমি যে-স্বাধীনতা আর আনন্দ উপভোগ করলাম তা অভূতপূর্ব। এর মাসখানেক পরেই গাঁথা হল সত্যাগ্রহর ভিত। যেন আপন অজান্তেই ব্রহ্মচর্যর ওই অঙ্গীকার আমাকে

একটু একটু করে তৈরি করে নিচ্ছিল। সত্যাগ্রহ যে আগে থেকে সুচিন্তিত কোনো পরিকল্পনা, তা নয়। আমার ইচ্ছার পরোয়া না করে, সম্পূর্ণ স্বতঃস্ফূর্তভাবে তা উঠে এসেছিল। কিন্তু আমি বুঝেছিলাম, এর আগে যেসব পদক্ষেপ আমি গ্রহণ করেছিলাম, সেসবই এই লক্ষ্যের দিকে আমাকে ঠেলছিল। জোহানেসবার্গ-এ আমার বিপুল সংসার-খরচ কমিয়ে ফেলে ফিনিক্স-এ এসেছিলাম যেন এই ব্রহ্মচর্য পালনের ব্রত গ্রহণ করবার জন্যই।

আমার আনন্দ উত্তরোত্তর বেড়েই চলল বটে, কিন্তু কেউ যেন না ভাবে যে কাজটা আমার পক্ষে সহজ ছিল। কাজটা যে কত কঠিন ছিল, তা এমনকী এই বৃদ্ধ বয়সেও উপলব্ধি করি। প্রতিদিন আরও বেশি করে উপলব্ধি করি, এ যেন তরোয়ালের ধারালো দিকটির ওপর দিয়ে হেঁটে চলা, প্রতিটি মুহূর্তে এর জন্য নিরন্তর সজাগ প্রহরা অপরিহার্য। ব্রহ্মচর্য মানে হল কায়মনোবাক্যে সমস্ত ইন্দ্রিয়কে বশে রাখা। একজন ব্রহ্মচারীর সঙ্গে একটি লম্পটের জীবনের তফাতটা বুঝলে এটা ভালো করে বোঝা যাবে। উভয়েরই আছে দৃষ্টিশক্তি, কিন্তু ব্রহ্মচারী সে-শক্তি কাজে লাগায় ঈশ্বরের মহিমা দর্শনের জন্য; আর লম্পট নয়ন মেলে দেখে শুধু চারপাশের তুচ্ছতা। উভয়েরই আছে কান, কিন্তু একজন শুধুই ঈশ্বরের গুণকীর্তন শোনে, অন্যজন যত রাজ্যের নোংরা আর সস্তার গল্পগুজব শুনে মজা পায়। উভয়েই অনেক সময় রাত করে শুতে যায়, কিন্তু একজন সময়টা খরচ করে ধ্যান আর প্রার্থনার জন্য, আর অন্যজনের সময় কাটে বেপরোয়া বেলেল্লাপনায়। অন্তরের মানুষটিকে দু-জনেই পুষ্টি জোগায়, কিন্তু একজন কেবল ঈশ্বরের মন্দিরটিকে অটুট রাখার জন্য

সে-কাজ করে, অন্যজন গাণ্ডেপিণ্ডে গিলে পবিত্র দেহভাণ্ডটিকে জঞ্জালে ভরিয়ে ফেলে।

নিরন্তর ক্লান্তিহীন প্রয়াস ছাড়া এই ব্রহ্মচর্য অর্জন অসম্ভব। তাই বলে যাঁরা ঈশ্বরকে পাবার জন্য ব্রহ্মচর্য পালন করেন, তাঁদের হতাশ হবার কোনো কারণ নেই, যদি অবশ্য নিজেদের প্রয়াসের আন্তরিকতায় তাঁদের আত্মবিশ্বাস তাঁদের ঈশ্বরবিশ্বাসের সঙ্গে তুলনীয় হয়।

> '*তড়িৎ একটা প্রচণ্ড শক্তি। কিন্তু সবাই তা থেকে উপকার পায় না। তড়িৎ উৎপন্ন করার কতকগুলি নিয়ম আছে, সেইসব নিয়ম পালন করলে তবেই আমরা তড়িৎ পেতে পারি। তড়িৎ একটি প্রাণহীন শক্তি। সপ্রাণ জীব হিসেবে মানুষকে কঠোর পরিশ্রম করতে হয় সেই প্রাণহীন শক্তির নিয়মগুলি আয়ত্ত করতে।*'

> '*একইভাবে, যে-সপ্রাণ মহাশক্তিকে আমরা ঈশ্বর নামে ডাকি, তাঁকে জানবারও নিয়মাবলি আছে। এ-কথা বলার অপেক্ষা রাখে না যে, ওই নিয়মাবলি খুঁজে বার করতে হলে কঠোর পরিশ্রম করতে হয়। সেই নিয়মটিরই সংক্ষিপ্ত নাম হল ব্রহ্মচর্য।*'

> '*ব্রহ্মচর্যর বর্তমানে প্রচলিত অর্থ হল যৌনাঙ্গগুলির ওপর পূর্ণ নিয়ন্ত্রণ বজায় রাখা। আর সেই লক্ষ্য অর্জনের সুবর্ণনির্মিত পথ হল রামনাম।*'

> > *(দ্য কালেক্টেড ওয়ার্কস অব মহাত্মা গান্ধী [CWMG],*
> > *খণ্ড ৮৮, পৃষ্ঠা ১৪৯)*

গীতায় বলা হয়েছে: '*ইন্দ্রিয়গ্রাহ্য বস্তুসকল বৈরাগ্যসম্পন্ন আত্মার কাছ থেকে দূরে সরে যায়, কিন্তু তার রসাস্বাদন অটুট অবস্থায় রেখে যায়। সর্বোত্তমের উপলব্ধি হলে সেই রসাস্বাদনও মিলিয়ে যায়।*' তাই মুমুক্ষুর কাছে তাঁর নাম আর তাঁর কৃপাই হল শেষ সম্বল। এই সত্যের উপলব্ধি আমার হল ভারতে ফিরে আসার পরে পরেই।

আদালতের কিছু স্মৃতি

দক্ষিণ আফ্রিকার আদালতে উকিল হিসেবে কাজ করবার দু-একটি অভিজ্ঞতা নিয়ে এ অধ্যায়ে স্মৃতিচারণ করব। ছাত্রজীবনে শুনেছিলাম ওকালতি ধাপ্পাবাজদের পেশা। কিন্তু আমি এর দ্বারা প্রভাবিত হইনি, কেননা মিথ্যে কথা বলে বড়ো হওয়া কিংবা টাকা করার বাসনা আমার ছিল না। যতদূর মনে পড়ে, উকিল হিসেবে কখনো মিথ্যার আশ্রয় নিইনি, আর আমার ওকালতির কাজের বেশিরভাগটাই ছিল জনস্বার্থে। তাৎক্ষণিক খরচ মেটানোর জন্য যে-টাকা দরকার তার বাইরে বেশি কিছু আমি নিতাম না, এমনকী অনেক সময় সেটুকুও নিজেই মিটিয়ে দিতাম। কখনো মামলা জেতার শর্তে আমার ওকালতির দক্ষিণা ঠিক করেছি বলে মনে পড়ে না। প্রত্যেক নতুন মক্কেলকে আগেভাগেই বলে দিতাম যে, আমি সাজানো মামলা কিংবা সাক্ষীদের শিখিয়ে-পড়িয়ে কারবার করব, এমনটা যেন তিনি না ভাবেন। ফলে আমার এমন একটা খ্যাতি তৈরি হয়ে গিয়েছিল যে, আমার কাছে কেউ মিথ্যে মামলা নিয়ে আসত না।

একবার জোহানেসবার্গ-এর হাকিমের আদালতে একটা মামলা চালাতে চালাতে টের পেলাম আমার মক্কেল আমাকে মিছে কথা বলেছে। দেখলাম সাক্ষীর কাঠগড়ায় সে একেবারে ভেঙে পড়েছে। তাই আমি এককথায় হাকিমকে মামলাটা খারিজ করে দিতে বললাম। বিপক্ষের

উকিল অবাক হয়ে গিয়েছিলেন; হাকিম খুশি হয়েছিলেন। এই মামলাটা এইভাবে চালানোর দরুন আমার পসারের কোনো ক্ষতি হয়নি, বরং আমার কাজ আরও সহজ হয়ে গিয়েছিল। আমি আরও দেখলাম, সত্যনিষ্ঠতার দরুন পেশাদারি মহলে আমার খ্যাতি বেড়ে গেল। এমনকী গায়ের রঙের বাধা কাটিয়ে আমি তাদের কারও কারও প্রীতি অর্জন করতে সমর্থ হলাম।

একবার বিশ্রী এক ঝামেলায় পড়েছিলেন প্রয়াত পারসি রুস্তমজি, যাঁর নাম দক্ষিণ আফ্রিকার ভারতীয়দের ঘরে ঘরে প্রচারিত হত। তিনি দীর্ঘদিন আমার সহকর্মী ছিলেন, তাঁর কাজকর্মর খবরাখবর সবসময় আমাকে জানিয়ে রাখতেন। কিন্তু এইবারের ব্যাপারটা তিনি আমার কাছে চেপে গিয়েছিলেন। তিনি বোম্বে আর কলকাতা থেকে বিপুল পরিমাণ পণ্য আমদানি করতেন। মাঝে মাঝে চোরাই মালও আনতেন। শুল্কবিভাগের কর্তাদের সঙ্গে তাঁর খুব খাতির থাকায় কেউই তাঁকে সন্দেহ করতে চাইত না। কিন্তু এই বিশেষ ক্ষেত্রটিতে তাঁর ইনভয়েস নিয়ে প্রশ্ন উঠল, তাঁর অপরাধ ধরা পড়ে গেল। অনুতাপে দগ্ধ হয়ে তিনি আমার কাছে ছুটে এলেন। তাঁর গাল বেয়ে গড়িয়ে পড়ছিল অশ্রু। তাঁকে শান্ত করে আমি এই আশ্বাস দিলাম যে আমার মতে তাঁর বাঁচবার পথ একটাই——সব কিছু কবুল করা।

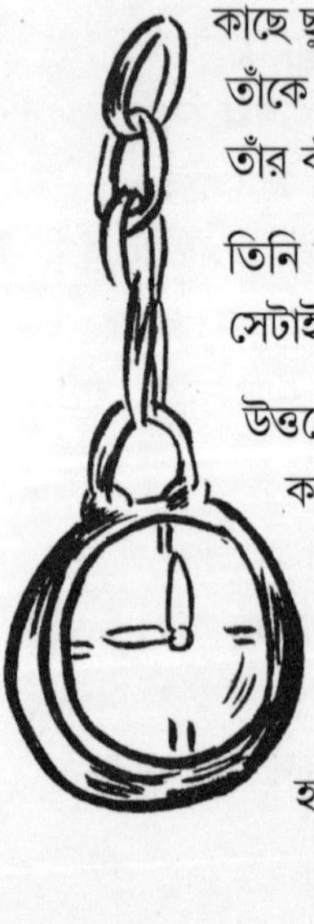

তিনি বললেন, 'আমি তো আপনার কাছে সব কবুল করছি, সেটাই কি যথেষ্ট নয়?'

উত্তরে আমি বললাম, 'অন্যায়টা তো আপনি আমার প্রতি করেননি, করেছেন সরকারের প্রতি। তাহলে আমার কাছে দেওয়া স্বীকারোক্তি আপনাকে কী করে বাঁচাবে?'

আমরা ওঁর উকিলের সঙ্গে পরামর্শ করলাম। তিনি আমার পরামর্শ মানতে রাজি হবেন বলে মনে হল না। পারসি রুস্তমজি কিন্তু আমার কথামতোই

চলতে চাইলেন। আমি প্রস্তাব দিলাম, শুল্কবিভাগের অফিসার এবং অ্যাটর্নি-জেনারেল উভয়েরই সঙ্গে আমি কথা বলব। এ-বিষয়ে মামলা শুরু করার ভার ওই দুজনের ওপরেই ন্যস্ত ছিল। আমি আরও প্রস্তাব দিলাম যে ওঁরা যে-টাকা জরিমানা ধার্য করবেন, সেটা দিতে হবে পারসি রুস্তমজিকে; আর তাঁরা রাজি না হলে তাঁকে জেলে যেতে হবে। আমি তাঁকে বোঝালাম, আসল লজ্জার বিষয় তো জেলে যাওয়া নয়, অপরাধটা করা।

পারসি রুস্তমজি যে এককথায় সব মেনে নিলেন, তা বলতে পারব না। কিন্তু তাঁর মনের জোর ছিল। তিনি বললেন, 'ঠিক আছে। আমি তো আপনাকে বলেইছি যে আপনি যা বলবেন তাই আমি করতে প্রস্তুত।'

লোককে বুঝিয়ে রাজি করবার যে-শক্তি আমার ছিল তা এই মামলায় পূর্ণমাত্রায় কাজে লাগালাম। সংশ্লিষ্ট দুই অফিসারের সঙ্গেই দেখা করলাম। আমি যে সব কিছু খুলে বলছি, এটা তাঁদের ভালো লাগল। তাঁরা নিশ্চিত হলেন, আমি কিছু লুকোচ্ছি না। পারসি রুস্তমজির বিরুদ্ধে আনা মামলা কিছুটা নরম হল। যত টাকার চোরাই মাল তিনি আমদানি করেছেন বলে কবুল করেছেন, তার দ্বিগুণ অঙ্কের টাকা তাঁকে জরিমানা দিতে হল। উত্তরাধিকারী ও সহ-বণিকদের কাছে চিরস্থায়ী চেতাবনী স্বরূপ, শেঠ রুস্তমজি এই পুরো ঘটনাটার খুঁটিনাটি বিবরণ লিখে, ফ্রেমে বাঁধিয়ে, ঝুলিয়ে রেখেছিলেন তাঁর অফিস-ঘরে।

সত্যাগ্রহ-র জন্ম

জুলু 'বিদ্রোহ'র কাজ থেকে ছুটি পেয়ে যে-সময় আমি ফিনিক্স-এ আমার সহকর্মীদের সঙ্গে আমার পরিকল্পনা আর জীবনের আদর্শগুলো নিয়ে আলোচনা করছিলাম, তখন খবর এল, ২২ অগস্ট ১৯০৬-এর *ট্রান্সভাল গভর্নমেন্ট গেজেট একস্ট্রাঅর্ডিনারি*-তে একটি খসড়া অধ্যাদেশ প্রকাশিত হয়েছে। যার অর্থ দক্ষিণ আফ্রিকার ভারতীয়দের সর্বনাশ।

ওই অধ্যাদেশ মাফিক, ট্রান্সভাল-এ বসবাস করবার অধিকারপ্রাপ্ত আট বছরের বেশি বয়সি প্রত্যেক ভারতীয় পুরুষ, নারী ও শিশুকে রেজিস্ট্রার অব এশিয়াটিক্স-এ গিয়ে নাম নথিভুক্ত করিয়ে শংসাপত্র নিতে হবে। নথিভুক্তকরণের জন্য আবেদনকারীদের পুরোনো অনুমতিপত্রগুলো রেজিস্ট্রারের অফিসে ফেরত দিয়ে দিতে হবে এবং আবেদনপত্রে নিজ নিজ নাম, বাসস্থান, কী জাত, বয়স এইসব জানাতে হবে। আবেদনকারীর দেহের বিশেষ বিশেষ শনাক্তচিহ্ন দেখে তা লিখে রাখবেন রেজিস্ট্রার এবং তার আঙুলের ও বুড়ো আঙুলের ছাপ নেবেন। একটা নির্দিষ্ট দিনের মধ্যে

যেসব ভারতীয় নথিভুক্তকরণের জন্য আবেদন করতে ব্যর্থ হবেন,
তাঁদের ট্রান্সভাল-এ বসবাস করবার অধিকার কেড়ে নেওয়া হবে।
আবেদন না করাটা আইন অনুযায়ী অপরাধ বলে গণ্য হবে, এবং
তারজন্য আদালতের এক্তিয়ার অনুযায়ী জরিমানা ধার্য হতে পারে,
জেলে পাঠানো হতে পারে, এমনকী দেশ থেকে দূরও করে দেওয়া
হতে পারে।

অচিরে অগ্রণী ভারতীয়দের একটা ছোটো সভা ডাকা হল, সেখানে আমি অক্ষর ধরে ধরে অধ্যাদেশটি ব্যাখ্যা করলাম। আমি যেভাবে শিউরে উঠেছিলাম, তাঁরাও সেইভাবেই শিউরে উঠলেন। উপস্থিত সকলেই বুঝলেন অবস্থাটা কতখানি গুরুতর। একটা জনসভা ডাকার সিদ্ধান্ত নেওয়া হল।

যথানিয়মে সভাটি অনুষ্ঠিত হল ১১ সেপ্টেম্বর ১৯০৬। সভায় গৃহীত প্রস্তাবগুলির মধ্যে সবচেয়ে গুরুত্বপূর্ণ ছিল প্রসিদ্ধ চতুর্থ প্রস্তাবটি। সভায় এই প্রস্তাবটি খুঁটিয়ে খুঁটিয়ে ব্যাখ্যা করলাম আমি। ওই প্রস্তাব অনুযায়ী শ্রোতারা আন্তরিকভাবে সংকল্প নিলেন যে, তাঁদের বিরোধিতা উপেক্ষা করে অধ্যাদেশটিকে যদি আইনে পরিণত করা হয়, তাহলে তাঁরা কোনো অবস্থাতেই তার কাছে আত্মসমর্পণ করবেন না এবং এর দরুন যা-কিছু সাজা দেওয়া হবে তা সহ্য করবেন। তখনকার মতো এই আন্দোলন 'নিষ্ক্রিয় প্রতিরোধ' নমে অভিহিত হলেও অচিরে সেটি 'সত্যাগ্রহ' নামে পরিচিত হল।

'সত্যাগ্রহর জন্ম দক্ষিণ আফ্রিকায়, ১৯০৮ সালে। দক্ষিণ আফ্রিকায় আমাদের দেশবাসীরা তাঁদের প্রতি হওয়া অন্যায়ের প্রতিকারের জন্য যে-শক্তির আবাহন করেছিলেন, কোনো ভারতীয় ভাষায় তার কোনো নাম ছিল না। এর একটা ইংরেজি বিকল্প ছিল "Passive Resistance" (নিষ্ক্রিয় প্রতিরোধ)। আমরা ওই নামটা দিয়েই কাজ চালিয়ে নিলাম। কিন্তু এই অনন্য শক্তিটিকে বর্ণনা করবার মতো একটা জুতসই নামের তাগিদটা উত্তরোত্তর প্রবল হতে লাগল। তখন ঠিক হল, এর একটা উপযুক্ত নাম যে দিতে পারবে, তাকে পুরস্কার দেওয়া হবে। গুজরাতিভাষী এক ভদ্রলোক "সত্যাগ্রহ" নামটি প্রস্তাব করলেন। ওটিই শ্রেষ্ঠ বলে বিবেচিত হল।

'নিষ্ক্রিয় প্রতিরোধ কথাটার মধ্যে ছিল ইংল্যান্ডের সাফ্রাজেট আন্দোলনের ভাব। ওই আন্দোলনকারিণী মহিলারা বাড়িতে আগুন

লাগিয়ে দিলে সেটাকে বলা হত "নিষ্ক্রিয় আন্দোলন"। তাঁরা
জেলখানায় অনশন করলেও তাই বলা হত। এইসব কাজকে স্বচ্ছন্দে
"নিষ্ক্রিয় প্রতিরোধ" বলা যেতে পারে, কিন্তু ওগুলোর কোনোটাই
"সত্যাগ্রহ" নয়। ... দক্ষিণ আফ্রিকার আন্দোলন নিষ্ক্রিয় ছিল না,
ছিল সক্রিয় ... সত্যাগ্রহ দৈহিক বলপ্রয়োগ নয়। সত্যাগ্রহী তার
প্রতিপক্ষকে যন্ত্রণা দেয় না; প্রতিপক্ষর ধ্বংস কামনা করে না।
সত্যাগ্রহী আগ্নেয়াস্ত্র ব্যবহার করে না। সত্যাগ্রহর প্রয়োগের মধ্যে
কোথাও কোনো বিরূপতার ঠাঁই নেই।

❀

'সত্যাগ্রহ একেবারে বিশুদ্ধ আত্মিক শক্তি। সত্যই আত্মার মর্মবস্তু।
সেই কারণেই এই শক্তিকে বলা হয় সত্যাগ্রহ। আত্মা জ্ঞানের দ্বারা
পূর্ণ। তার মধ্যে জ্বলে প্রেমের শিখা। অজ্ঞতাবশত কেউ যদি আমাদের
ব্যথা দেয়, আমরা তাকে প্রেমের দ্বারা জিতে নেব। অহিংসাই পরম
ধর্ম। [এটিই] প্রেমের নিদর্শন।'

(দ্য কালেক্টেড ওয়ার্কস অব মহাত্মা গান্ধী [CWMG],
খণ্ড ১৩, পৃষ্ঠা ৫২০—১)

অধ্যাদেশটির আইনে পরিণত হওয়া আমরা ঠেকাতে পারলাম না।
পিকেটিং আর জনমত গঠন করার পরেও দু-চারজন ভারতীয় নিজেরাই
গিয়ে নথিভুক্ত হয়ে এল। কিন্তু এশিয়াটিক বিভাগ যখন দেখল এত
চাপ দেওয়া সত্ত্বেও মেরে-কেটে ৫০০ জন ভারতীয় নিজেদের নাম
নথিভুক্ত করতে আগ্রহী, তারা ঠিক করল যাকে খুশি তাকে গ্রেপ্তার
করবে। জার্মিস্টন-এ অনেক ভারতীয়র বাস ছিল। তাদেরই একজন
ছিলেন পণ্ডিত রামসুন্দর। লোকটির চেহারার মধ্যে তেজ ছিল, কিছুটা
বাগ্মিতাও ছিল। মাত্র ক-দিন আগেও তিনি কেবল জার্মিস্টন-এর
ছোট গণ্ডির মধ্যেই পরিচিত ছিলেন; কিন্তু গ্রেপ্তার হওয়া মাত্র বিখ্যাত
হয়ে গেলেন। আদালতেও তিনি তাঁর ন্যায্য সম্মান পেলেন——নিছক

একজন বন্দি হিসেবে নয়, তাঁর জনসমাজের প্রতিনিধি হিসেবে। উদ্গ্রীব ভারতীয় দর্শকরা আদালত কক্ষে ভিড় করত। রামসুন্দরকে এক মাসের বিনাশ্রম কারাদণ্ড দেওয়া হল। জোহানেসবার্গ জেলের ইয়োরোপীয় বিভাগে একটি বিশেষ কক্ষে তাঁকে রাখা হল। তাঁকে যেদিন সাজা দেওয়া হল, সেই দিনটা উদ্যাপিত হল বিপুল সমারোহে।

কিন্তু দেখা গেল, এই রামসুন্দর আসলে মেকি টাকা। জেলের কর্তারা শুধু নয়, তাঁর নিজের জনসমাজ তাঁকে আদরে-অভ্যর্থনায় ভরিয়ে দেওয়া সত্ত্বেও কারাবাস তাঁর কাছে অসহ্য হয়ে উঠল, তিনি ট্রান্সভাল-কে ও আন্দোলনকে বিদায় জানিয়ে সরে গেলেন।

রামসুন্দরের কাহিনিটা উল্লেখ করলাম তাঁর ত্রুটিগুলি প্রকাশ করে দেওয়ার জন্য নয়, একটা শিক্ষা গ্রহণ করার জন্য। যেকোনো পরিচ্ছন্ন আন্দোলনের নেতাদের অবশ্যই খেয়াল রাখতে হবে যাতে কেবল শুদ্ধচিত্ত সংগ্রামীরাই সে-আন্দোলনে প্রবেশাধিকার পায়।

জেলে

সরকার কিন্তু রামসুন্দরের গ্রেপ্তার থেকে ফায়দা তুলতে পারল না। বরং তারা দেখল ভারতীয় জনসমাজের চেতনা ক্রমেই আরও শক্তিশালী হয়ে উঠছে। এশিয়াটিক ডিপার্টমেন্টের অফিসাররা খুব মন দিয়ে *ইন্ডিয়ান ওপিনিয়ন* পড়তেন। ইচ্ছে করেই সে-কাগজে আন্দোলনের কোনো কিছু গোপন রাখা হত না। কাজেই অফিসারদের কাছে কাগজটা হয়ে উঠেছিল আন্দোলনের হালফিল অবস্থার বিশ্বস্ত দর্পণ। সুতরাং তাদের মনে হল, যতক্ষণ-না কয়েকজন নেতাকে কারারুদ্ধ করা যাচ্ছে, ততক্ষণ এ আন্দোলনকে কিছুতেই দুর্বল করা যাবে না। অতএব ১৯০৭-এর বড়োদিন-সপ্তাহে কয়েকজন নেতৃস্থানীয় ব্যক্তিকে নোটিশ পাঠিয়ে হাকিমের সামনে হাজির হতে নির্দেশ দেওয়া হল। নির্ধারিত দিনে, শনিবার ২৮ ডিসেম্বর ১৯০৭, তাঁরা সকলেই হাকিমের সামনে হাজিরা দিলেন। কেন আইনত বাধ্য হওয়া সত্ত্বেও তাঁরা নথিভুক্তির জন্য আবেদন করেননি এবং সেই কারণে কেন তাঁদের নির্দিষ্ট একটি তারিখের মধ্যে ট্রান্সভাল ছেড়ে চলে যাবার হুকুম দেওয়া হবে না, তার কারণ দর্শাতে বলা হল।

হাকিম সাহেব প্রতিটি মামলা আলাদা আলাদা করে বিচার করলেন এবং অভিযুক্তদের প্রত্যেককেই ট্রান্সভাল ছাড়তে নির্দেশ দিলেন, কাউকে কাউকে আটচল্লিশ ঘণ্টার মধ্যে, কাউকে সাত বা চোদ্দো দিনের মধ্যে।

নির্দিষ্ট সময়সীমা উত্তীর্ণ হল ১০ জানুয়ারি ১৯০৮, আর ওইদিনই আমাদের আদালতে ডাক পড়ল সাজা পাবার জন্য।

আত্মপক্ষ সমর্থনে আমাদের কিছুই বলার ছিল না। আমরা সকলেই কবুল করলাম যে, নির্ধারিত দিনের মধ্যে ট্রান্সভাল ত্যাগের নির্দেশ অমান্য করার দোষে আমরা দোষী।

আমাকে আদালতের সামনে যে-বিবৃতি দেওয়ার অনুমতি দেওয়া হয়েছিল, তদনুযায়ী আমি হাকিম সাহেবের কাছে আবেদন করলাম, আমাকে যেন সবচেয়ে গুরুদণ্ড দেওয়া হয়। কিন্তু হাকিম আমার অনুরোধে কান না দিয়ে আমাকে দু-মাসের বিনাশ্রম কারাদণ্ড দিলেন। যে-আদালতে আমি নিজে কতবার সওয়াল করবার জন্য এসেছি, সেই আদালতেই অভিযুক্তর কাঠগড়ায় দাঁড়াতে গিয়ে আমার একটু অস্বস্তি বোধ হচ্ছিল। কিন্তু আমার বেশ মনে আছে, অভিযুক্ত হিসেবে দাঁড়ানোর ভূমিকাটাই আমার কাছে ঢের বেশি সম্মানের বলে মনে হয়েছিল। আমি সগর্বে কয়েদির কাঠগড়ার মধ্যে ঢুকলাম।

আদালতে আমার সামনে শত শত ভারতীয় হাজির ছিল, ছিলেন উকিল সহকর্মীরাও। রায় দেওয়া মাত্রই আমাকে হাজতে পোরা হল। আর তখন আমি একেবারে একা। পুলিশটি আমাকে কয়েদিদের জন্য নির্দিষ্ট একটি বেঞ্চিতে বসতে বলে আমার মুখের ওপর দরজাটা বন্ধ করে দিয়ে বেরিয়ে গেল। খানিকটা ক্ষুব্ধ হলাম আমি, গভীর চিন্তার মধ্যে ডুবে গেলাম। বাড়িঘর, যেসব আদালতে আমি কাজ করেছি, জনসভা—— সবই যেন স্বপ্নের মতো মিলিয়ে গেল। এখন আমি একজন কয়েদি। কী হবে সামনের দু-মাসে? আমাকে কি পুরো মেয়াদটাই জেলে কাটাতে হবে? জনগণ যদি ব্যাপক সংখ্যায় কারাবরণ করে, তাহলে অবশ্য পুরো মেয়াদ কাটানোর প্রশ্নই ওঠে না। আর লোকে তো সেই কথাই দিয়েছে। কিন্তু যদি তারা জেল ভরিয়ে তুলতে না পারে, তাহলে তো ওই দু-মাস হয়ে উঠবে এক যুগের মতো ক্লান্তিকর। এত

কথা শ্রুতিলিখন করাতে যতটুকু সময় লাগল, তার দশ ভাগের এক ভাগ সময়ে এতসব ভাবনা আমার মাথার মধ্যে দিয়ে খেলে গেল। আর আমার মন ভরে উঠল লজ্জায়। কতখানি অহমিকা আমার! এই আমিই কিনা মানুষকে বলেছি, জেলখানাকে ব্রিটিশ সম্রাটের হোটেল জ্ঞান করতে, কালা আইনকে অমান্য করার দুর্ভোগকে পরম সুখ জ্ঞান করতে, কালা আইনকে প্রতিহত করার জন্য নিজের সর্বস্ব, এমনকী জীবন উৎসর্গ করাকে চরম সুখ জ্ঞান করতে! আজ এসব জ্ঞানের কথা কোথায় ভেসে গেল? চিন্তার এই দ্বিতীয় স্রোতটা যেন চাঙ্গায়নী সুধার কাজ করল আমার ওপর। আমি নিজের ছেলেমানুষির কথা ভেবে হাসতে লাগলাম। ভাবতে লাগলাম, অন্যদের কাকে কী সাজা দেওয়া হবে, জেলে আমার সঙ্গেই রাখা হবে কি না, এইসব নিয়ে। কিন্তু আমার চিন্তাস্রোতকে ব্যাহত করল এক পুলিস অফিসার, যে দরজা খুলে ভেতরে ঢুকে আমাকে তার সঙ্গে যেতে বলল। তাই গেলাম। তারপর সে আমাকে আগে আগে হাঁটতে বলল, নিজে চলল পিছে পিছে। আমাকে নিয়ে তুলল ঢাকা কয়েদি-গাড়িতে, আসনে বসতে বলল। নিয়ে চলল জোহানেসবার্গ জেলে।

জেলে আমার নিজস্ব পোশাক ছেড়ে ফেলতে বলা হল। অফিসাররা আমার নাম-ধাম লিখে নেওয়ার পর আমাকে নিয়ে যাওয়া হল একটা বড়ো ঘরে, আর অল্পক্ষণের মধ্যেই আমার স্বদেশবাসীরা হাসতে হাসতে এসে আমার সঙ্গে যোগ দিল। তারা জানাল, আমাদের সবার একই সাজা হয়েছে। আমাকে সরিয়ে দেওয়ার পর কী কী ঘটেছে তাও জানাল। আমাদের সবাইকে যে একই জেলে, একই কারাকক্ষে রাখা হয়েছে, এটা ভেবে আমরা খুব খুশি হলাম।

প্রথম জেলে থাকার
হরেক অভিজ্ঞতা

কয়েদঘরের দরজায় ছ-টার সময় তালাচাবি পড়ে যেত। দরজাটায় কোনো গরাদ ছিল না, তবে ছিল নিরেট শক্ত। অনেক উঁচুতে দেয়ালে ছিল একটা হাওয়া চলাচলের ঘুলঘুলি। সবমিলিয়ে মনে হত যেন একটা সিন্দুকের মধ্যে আমরা বন্দি।

দ্বিতীয় কিংবা তৃতীয় দিন থেকে অনেক সত্যাগ্রহী আসতে শুরু করল। তারা সবাই কারাবরণ করেছে। তাদের বেশিরভাগই হকার। দক্ষিণ আফ্রিকায় সাদা-কালো নির্বিশেষে প্রত্যেক হকারকে লাইসেন্স নিতে হত এবং সেটা সবসময় সঙ্গে রাখতে হত, যাতে পুলিশ চাইলেই দেখানো যায়। প্রায় প্রতিদিনই কারও-না-কারও কাছ থেকে লাইসেন্স দেখতে চাওয়া হত, আর যারা দেখাতে পারত না তাদের পাকড়াও করা হত। আমরা গ্রেপ্তার হওয়ার পর জনসমাজ ঠিক করেছিল জেল ভরিয়ে ফেলবে। এ ব্যাপারে সামনের সারিতে ছিল হকাররা। তাদের পক্ষে গ্রেপ্তার হওয়া তো খুব সহজ ব্যাপার। লাইসেন্সটা না দেখালেই অমনি তারা গ্রেপ্তার হয়ে যাবে। এইভাবে সত্যাগ্রহীদের সংখ্যা এক সপ্তাহে একশো ছাপিয়ে গেল। তার ওপর প্রতিদিনই আরও কিছু কিছু সত্যাগ্রহীর আগমন ছিল সুনিশ্চিত। কাজেই খবরের কাগজ না

থাকলেও দৈনিক খবর পেতে আমাদের কোনো অসুবিধে হত না। যখন বিপুল সংখ্যায় সত্যাগ্রহীদের গ্রেপ্তার করা হতে লাগল, তাদের সশ্রম কারাদণ্ড দেওয়া হল।

জোহানেসবার্গ-এ যেসব কয়েদিকে সশ্রম দণ্ড ভোগ করতে হত না, তাদের সকালে খেতে দেওয়া হত 'মিলি প্যাপ' (ভুট্টার মোটা দানার জাউ)। তাতে নুন থাকত না, তবে প্রত্যেক কয়েদিকে আলাদা করে কিছুটা করে নুন দেওয়া হত। দুপুরে দেওয়া হত চার আউন্স ভাত, চার আউন্স রুটি, এক আউন্স ঘি আর একটু নুন। রাতে 'মিলি প্যাপ' আর কিছু তরকারি, প্রধানত আলু। বড়ো আলু হলে একটা, ছোটো হলে দু-খানা। এই খাবারে আমরা কেউই সন্তুষ্ট ছিলাম না। ভাতটা একেবারে গলিয়ে পাঁক করে ফেলা হত। আমরা মেডিক্যাল অফিসারকে বললাম কিছু একটা মিষ্টি দিতে। বললাম, ভারতের জেলে তো মিষ্টি দেওয়া হয়। কড়া উত্তর এল : 'এটা ভারত নয়। তাছাড়া

জেলের খাবার আবার মুখরোচক হয় নাকি! অতএব মিষ্টি দেওয়া সম্ভব নয়।' নিয়ম-মাপা খাবারে পেশি-গঠনের উপযোগী খাদ্য নেই, এই যুক্তি দেখিয়ে আমরা ডাল খেতে চাইলাম। ডাক্তারবাবু বললেন, 'ডাক্তারি যুক্তি দেওয়ার বিলাসিতা কয়েদিদের সাজে না। তাছাড়া তোমরা তো পেশি-গঠনের উপযোগী খাদ্য পাচ্ছ। সপ্তাহে দু-বার করে তোমাদের ভুট্টার বদলে বীন-সেদ্ধ দেওয়া হয়।' মানুষের পাকস্থলী যদি সপ্তাহে বা পনেরো দিনে বিভিন্ন সময়ে পরিবেশন-করা বিভিন্ন খাদ্য থেকে বিভিন্ন উপাদান বার করে আনার ক্ষমতা রাখত, তাহলে অবশ্য ডাক্তারের যুক্তি নির্ভুল। আসলে আমাদের সুবিধা-অসুবিধা দেখবার আদৌ কোনো ইচ্ছা তাঁর ছিল না। সুপারিনটেনডেন্ট আমাদের নিজের খাবার নিজে রেঁধে নেবার অনুমতি দিয়েছিলেন। আমরা থাম্বি নাইডুকে আমাদের পাচক নির্বাচন করলাম। ফলত আমাদের সকলের হয়ে তাঁকে প্রচুর লড়াই করতে হল। তরকারির পরিমাণ নির্ধারিত ওজনের চেয়ে কম হলে তিনি পুরো ওজনের জন্য জোরাজুরি করতেন। সপ্তাহে দু-দিন আমাদের তরকারি দেওয়া হত। ওই দু-দিন আমরা দু-বার রাঁধতাম; অন্য দিনগুলোতে একবার। কেননা আমাদের নিজেদের জন্য অন্য খাবার রেঁধে দেবার সুযোগ দেওয়া হত কেবল দুপুরের খাবারের সঙ্গে। নিজেদের খাবার নিজেরা রেঁধে নেবার পর থেকে আমাদের অবস্থাটা আগের তুলনায় কিছুটা ভালো হল।

তবে এসব সুযোগসুবিধা আদায়ের কাজে সাফল্য আসুক, চাই না-আসুক, আমরা প্রত্যেকেই জেলের মেয়াদ নিখাদ সুখে ও শান্তিতে কাটাবার জন্য সংকল্পবদ্ধ ছিলাম। ক্রমে সত্যাগ্রহীদের সংখ্যা বাড়তে বাড়তে ১৫০ ছাড়িয়ে গিয়েছিল।

এইভাবে পনেরো দিন কাটাবার পর সদ্য-আগত কয়েদিদের মারফত জানতে পারলাম, সরকার ভারতীয়দের সঙ্গে আপোশরফা করা যায় কি না তা খতিয়ে দেখছে। জেনারেল স্মাট্‌স আমাকে ডেকে

পাঠালেন। প্রস্তাব এল, যথেষ্ট সংখ্যক ভারতীয় যদি স্বেচ্ছায় নিজেদের নথিভুক্ত করে, তাহলে কয়েদিদের ছেড়ে দেওয়া হবে এবং 'কালা কানুন' তুলে নেওয়া হবে। একজন সত্যাগ্রহী হিসেবে আমি এই আপোশরফায় আপত্তি করতে পারলাম না। কয়েদিদের মুক্তি দেওয়া হল। আমি আমার দেশবাসীকে মীমাংসার শর্তগুলো বুঝিয়ে বলতে উদ্যোগী হলাম।

স্মরণীয় একটি কাহিনি : ১

আমি সোজা চলে গেলাম জোহানেসবার্গ, সেখানে সেই রাত্তিরেই— তখন এগারোটা কি বারোটা বাজে— সভা হল। অত রাত এবাং এত অল্প সময়ের মধ্যে ডাকা সত্ত্বেও প্রায় এক হাজার মানুষ সে-সভায় হাজির ছিল। সভায় সর্বসম্মতিক্রমে মীমাংসাটাকে সমর্থন করা হল। কেবল জনাকয়েক পাঠান এর বিরোধিতা করলেন, তাঁরা কোনো অবস্থাতেই মানতে চাইলেন না যে তাঁদের পক্ষে এমনকী স্বেচ্ছায় আঙুলছাপ দেওয়াটা উচিত কাজ।

১০ ফেব্রুয়ারি ১৯০৮ সকালে আমরা কয়েকজন গিয়ে শংসাপত্র নিয়ে আসবার জন্য তৈরি হয়ে নিলাম। নথিভুক্তিকরণের কাজ যতটা সম্ভব তাড়াতাড়ি সেরে ফেলাটা যে নিতান্ত দরকার, সেটা জনসমাজকে খুব ভালোভাবেই বোঝানো গিয়েছিল। ঠিক হয়েছিল, নেতারাই সবার আগে শংসাপত্র গ্রহণ করবেন, যাতে লোকের মন থেকে দ্বিধাদ্বন্দ্ব দূর হয় এবং সংশ্লিষ্ট অফিসাররা ভদ্রভাবে কাজ করছেন কি না সেটা তদারকি করা যায়; তাছাড়া সাধারণভাবে গোটা ব্যবস্থাটার ওপর নজর রাখা যায়।

অফিসে— সেটা সত্যাগ্রহ সংঘরও অফিস— পৌঁছে দেখি মীর আলম নামক একজন পাঠান কয়েকজন বন্ধুকে নিয়ে ভবনের বাইরে দাঁড়িয়ে। মীর আলম আমার পুরোনো মক্কেল, সব কাজেই আমার পরামর্শ নিতেন। পুরো ছ-ফুট লম্বা, বিশাল শক্তপোক্ত চেহারার মানুষ।

সেইদিনই প্রথম আমি মীর আলমকে আমার অফিসের ভেতরে না-দেখে বাইরে দেখলাম। আমাদের চোখাচোখি হল, কিন্তু সেই প্রথম তিনি আমাকে আদাব জানালেন না। আমি তাঁকে নমস্কার জানালাম, তিনি প্রতি-নমস্কার জানালেন। অন্যান্য দিনের মতোই আমি জিজ্ঞাসা করলাম, 'কী খবর, সব ভালো তো?' মনে হচ্ছে তিনি যেন বললেন, তিনি ভালো আছেন। কিন্তু অন্যান্য দিনের মতো স্মিত হাসি তাঁর মুখে ফুটল না। আমি তাঁর ক্রুদ্ধ চোখ দুটি ঠাহর করলাম, ব্যাপারটা মাথায় রাখলাম। মনে হল কিছু একটা পাকছে। অফিসে ঢুকলাম। সভাপতি মিস্টার এসপ মিয়াঁ এবং অন্যান্য বন্ধুরা এলেন। আমরা বেরিয়ে পড়লাম এশিয়াটিক অফিসের উদ্দেশে। মীর আলম ও তাঁর সঙ্গীরা আমাদের পিছু পিছু এলেন।

নথিভুক্তি অফিসটা ফন ব্র্যান্ডিস স্কোয়ার-এ, আমার অফিস থেকে এক মাইলও নয়। বড়ো রাস্তার ওপর দিয়েই সেখানে যেতে হয়। ফন ব্র্যান্ডিস স্ট্রিট দিয়ে যখন যাচ্ছি, নথিভুক্তি অফিস থেকে মিনিট তিনেকের হাঁটা পথের দূরত্বে, মেসার্স আর্নট অ্যান্ড গিবসন-এর ভবনের বাইরে, মীর আলম আমার পথ আগলে জিজ্ঞাসা করলেন, 'কোথায় যাচ্ছেন?' আমি উত্তরে বললাম, 'দশখানা আঙুলের ছাপ দিয়ে নথিভুক্তির শংসাপত্র নিতে চাই আমি। আপনি যদি আমার সঙ্গে আসেন, তাহলে আগে আপনার শংসাপত্রটা নিয়ে নেব, তার জন্য আপনাকে কেবল দুটো বুড়ো আঙুলের টিপছাপ দিতে হবে। তারপর আমি আমার সব আঙুলের ছাপ দিয়ে নিজের শংসাপত্রটা নেব।' এই শেষ বাক্যটা শেষ হতে-না-হতে আমার মাথার পিছন দিকে একটা মুগুরের প্রচণ্ড বাড়ি পড়ল। তৎক্ষণাৎ 'হে রাম' বলে আমি অজ্ঞান হয়ে মাটিতে উপুড় হয়ে পড়ে গেলাম। তারপর কী হল আর কিছু জানি না।

এর প্রায় চল্লিশ বছর পর ৩০ জানুয়ারি ১৯৪৮ গান্ধীজি আততায়ীর হাতে গুলিবিদ্ধ হয়ে প্রাণ হারান, তখনও তাঁর মুখে ছিল 'হে রাম'

শব্দগুলি। শ্রীরাম তাঁর মন ও হৃদয় জুড়ে বিরাজ করতেন। এ-ঘটনার বিস্তারিত বিবরণ দেওয়া হয়েছে দ্য কালেক্টেড ওয়ার্কস অব মহাত্মা গান্ধী [CWMG], খণ্ড ৯০, পৃষ্ঠা ৫৩৬-এর পাদটীকায়।

কিন্তু মীর আলম ও তাঁর সঙ্গীরা আমাকে আরও লাথি ও ঘুষি মারতে থাকেন। হইচই শুনে কিছু ইয়োরোপীয় পথিক অকুস্থলে ছুটে আসেন। মীর আলম ও তাঁর সঙ্গীরা পালিয়ে যান, কিন্তু ওই ইয়োরোপীয়রা তাঁদের ধরে ফেলেন। ইতিমধ্যে পুলিশ এসে পড়ে ওঁদের ধরে নিয়ে যায়।

আমাকে ধরাধরি করে মিস্টার জে সি গিবসন-এর নিজস্ব অফিসে নিয়ে যাওয়া হয়। জ্ঞান ফেরার পর দেখি বন্ধু মিস্টার ডোক আমার ওপর ঝুঁকে পড়ে জিজ্ঞেস করছেন, 'এখন কেমন লাগছে?'

বললাম, 'ঠিকই আছি। তবে দাঁতে আর পাঁজরায় যন্ত্রণা হচ্ছে। মীর আলম কোথায়?'

'ওকে অন্যদের সঙ্গে গ্রেপ্তার করা হয়েছে।'

আমি বললাম, 'ওদের ছেড়ে দেওয়া হোক।'

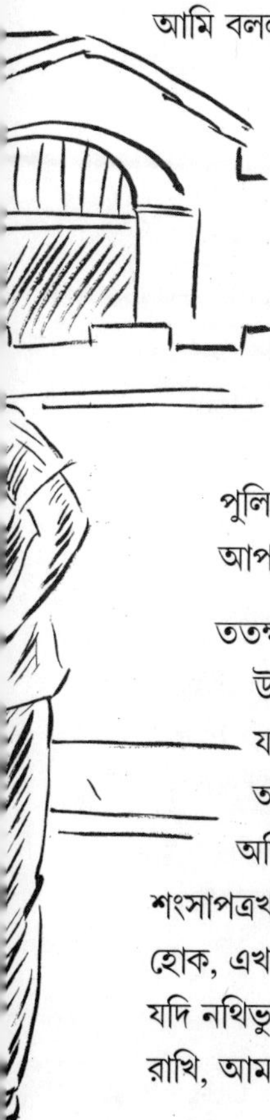

'সে নাহয় হবে, কিন্তু এখন তো আপনি একজন অচেনা লোকের অফিসে রয়েছেন, আপনার ঠোঁট আর গাল বিশ্রীভাবে কেটে গেছে। পুলিশ আপনাকে হাসপাতালে নিয়ে যাবার জন্য তৈরি, কিন্তু আপনি যদি চান, তাহলে আমার বাড়ি আসতে পারেন, আমার স্ত্রী আর আমি যতটুকু পারি আপনার সেবাশুশ্রূষা করব।'

'হ্যাঁ, আপনার ওখানে গেলেই আমার ভালো লাগবে। পুলিশকে ওদের প্রস্তাবের জন্য ধন্যবাদ জানিয়ে বলে দিন যে, আপনার সঙ্গে যেতেই আমার ভালো লাগবে।'

ততক্ষণে রেজিস্টার অব এশিয়াটিক্স মিস্টার চ্যামনিও এসে উপস্থিত। আমাকে একটি গাড়ি করে স্মিট স্ট্রিটে এই দয়ালু যাজকের বাড়ি নিয়ে যাওয়া হল। ডাক্তার ডাকা হল। ইতিমধ্যে আমি মিস্টার চ্যামনিকে বললাম, 'আমি তো আপনার অফিসেই গিয়ে দশখানা আঙুলের ছাপ দিয়ে নথিভুক্তির প্রথম শংসাপত্রখানা নিতে যাচ্ছিলাম। কিন্তু ঈশ্বর তা হতে দিলেন না। যাই হোক, এখন আপনাকে অনুরোধ করব, কাগজপত্র নিয়ে এসে এখনই যদি নথিভুক্ত হওয়ার অনুমতি দেন তো খুব ভালো হয়। আমি আশা রাখি, আমার আগে আর কাউকে নথিভুক্ত হতে আপনি দেবেন না।'

মিস্টার চ্যামনি বললেন, 'এত তাড়া কীসের? এখনই ডাক্তারবাবু এসে পড়বেন। আপনি এখন অনুগ্রহ করে বিশ্রাম নিন। সব ঠিক হয়ে যাবে। আমি অন্যদের শংসাপত্র লিখে দেব, কিন্তু আপনার নাম থাকবে তালিকায় সবার ওপরে।'

আমি বললাম, 'তা হবে না। আমি যে অঙ্গীকার নিয়েছি, যদি বেঁচে থাকি এবং ঈশ্বর যদি চান, তাহলে প্রথম শংসাপত্রখানা আমিই নেব। সেইজন্যই তো আপনাকে অনুরোধ করছি, কাগজপত্র এখানেই নিয়ে আসুন, এখনই।'

তখন মিস্টার চ্যামনি কাগজপত্র নিয়ে এলেন।

অন্য যে-কাজটা করা বাকি ছিল তা হল অ্যাটর্নি-জেনারেলকে একটা তার করে জানানো যে আমি মীর আলম ও অন্যদের আমার ওপর হামলার জন্য দোষী বলে মনে করি না। কোনো অবস্থাতেই আমি চাই না ওদের বিরুদ্ধে মামলা রুজু হোক। আমার আশা, আমার কথা মনে রেখে ওদের ছেড়ে দেওয়া হবে। অতঃপর মীর ও তাঁর সঙ্গীদের ছেড়ে দেওয়া হল। কিন্তু জোহানেসবার্গ-এর ইয়োরোপীয়রা অ্যাটর্নি জেনারেলকে একখানা কড়া চিঠি লিখে বললেন, অপরাধীদের সাজা দেওয়ার ব্যাপারে গান্ধীর মত যাই হোক, দক্ষিণ আফ্রিকায় তা প্রযোজ্য নয়। গান্ধী নিজে কোনো ব্যবস্থা না নিতেই পারেন, কিন্তু হামলাটা তো কোনো গোপন জায়গায় চালানো হয়নি, সেটা চালানো হয়েছিল বড়ো রাস্তায়, তাই সেটা অবশ্যই সাধারণ অপরাধ। বেশ কয়েকজন ইংরেজ এ-বিষয়ে সাক্ষ্য দিতে প্রস্তুত। অপরাধীদের অবশ্যই শাস্তি দিতে হবে। এরপর অ্যাটর্নি জেনারেল মীর আলম ও তাঁর একজন সঙ্গীকে নতুন করে গ্রেপ্তার করেন। বিচারে তাঁদের তিন মাসের সশ্রম কারাদণ্ড হয়। তবে আমাকে সাক্ষী হিসেবে ডাকা হয়নি।

স্মরণীয় একটি কাহিনি : ২

এবার ফিরে যাই রোগীর ঘরে। ড. থোয়াইট্‌স যখন এলেন তখনও মিস্টার চ্যামনি ফেরেননি। ডাক্তারবাবু আমাকে দেখে ওপরের ঠোঁটের ক্ষতগুলো সেলাই করে দিলেন। পাঁজরে লাগাবার কিছু মলম লিখে দিয়ে গেলেন আর যতদিন-না সেলাই কাটা হচ্ছে ততদিন নীরবতা পালনের কড়া নির্দেশ দিয়ে গেলেন।

অগত্যা আমাকে কথা বলা বন্ধ রাখতে হল। কিন্তু হাত দু-খানা তো নিজের দখলেই রয়ে গেল। জনসমাজের উদ্দেশে এই বার্তাটি লিখে সভাপতি মারফত সেটা পাঠিয়ে দিলাম প্রকাশের জন্য:

> মিস্টার ও মিসেস ডোক-এর ভ্রাতৃ- ও ভগ্নী-সুলভ যত্নে আমি ভালো আছি। শিগগিরই আবার কাজে নামতে পারব বলে মনে হয়। যারা এ-কাজ করেছে তারা জানে না কী তারা করছে। তারা ভেবেছিল আমি যা করছি সেটা অন্যায়। এর প্রতিকার তারা যেভাবে করেছে সেটা ছাড়া অন্য কোনো পথ তাদের জানা নেই। তাই আমার অনুরোধ, ওদের বিরুদ্ধে কোনো ব্যবস্থা যেন না নেওয়া হয়। কাজটা যেহেতু করেছে একজন বা কয়েকজন মুসলমান, তাই হিন্দুরা হয়তো মনে আঘাত পেতে পারে। তা যদি হয়, তাহলে কিন্তু তারা বিশ্বর কাছে, এবং বিশ্বপিতার কাছে নিজেদের দোষী বলে প্রতিপন্ন করবে। বরং এই যে রক্ত ঝরল, তা দুই সম্প্রদায়ের মধ্যে সম্প্রীতির অক্ষয়

সিমেন্ট হয়ে উঠুক— সর্বান্তঃকরণে এই প্রার্থনাই করি। ঈশ্বর যেন এ প্রার্থনা মঞ্জুর করেন। হামলা হোক আর না-ই হোক, এই আমার প্রার্থনা। এশীয়দের ব্যাপক গরিষ্ঠাংশের উচিত আঙুলছাপ দেওয়া। যাদের এ বিষয়ে বিবেকঘটিত কোনো প্রকৃত সংশয় আছে, সরকার তাদের এ থেকে রেহাই দেবে। এর চেয়ে বেশি কিছু চাওয়াটা ছেলেমানুষির পরিচয় হবে। সত্যাগ্রহর মূলভাবটা ঠিকভাবে অনুধাবন করলে লোকের ঈশ্বরকে ছাড়া আর কাউকে ভয় পাওয়া উচিত নয়। সুতরাং কাপুরোষোচিত কোনো ভয় যেন স্থিরচিত্ত ভারতীয়দের বিপুল গরিষ্ঠাংশকে আপন কর্তব্যপালন থেকে বিরত না করে। স্বেচ্ছায় নথিভুক্ত হলে ওই আইন তুলে নেওয়ার প্রতিশ্রুতি যেহেতু দেওয়া হয়েছে, তাই সরকারকে এবং উপনিবেশকে সর্বতোভাবে সাহায্য করাটা প্রতিটি সৎ ভারতীয়র পবিত্র কর্তব্য।

মিস্টার চ্যামনি কাগজপত্র নিয়ে ফিরে এলেন। অত্যন্ত দুর্বল বোধ করা সত্ত্বেও আমি কোনোরকমে আঙুলছাপ দিতে সমর্থ হলাম। তখন দেখি মিস্টার চ্যামনির চোখে টলটল করছে জল। তাঁর সম্বন্ধে বহু কঠিন কথা আমাকে লিখতে হয়েছে, কিন্তু এ থেকে প্রমাণ হল, ঘটনা মানুষের হৃদয়কে কীভাবে নরম করে দেয়।

আমি যাতে যথার্থ বিশ্রাম আর শান্তি পাই, সে-ব্যাপারে মিস্টার ডোক ও তাঁর সুশীলা সহধর্মিণী খুবই সতর্ক ছিলেন। তাই ওই হামলার পর আমাকে এত মানসিক সক্রিয়তার ধকল নিতে দেখে তাঁরা দুঃখ পেলেন। তাঁদের আশঙ্কা হল, এর প্রতিক্রিয়ায় হয়তো আমার স্বাস্থ্যর ক্ষতি হবে। তাঁরা অতএব শান্তভাবে আমার শয্যার কাছ থেকে সব লোককে সরিয়ে দিলেন এবং আমাকে লিখতে বা অন্য কোনো কাজ করতে বারণ করলেন। আমি লিখে একটি অনুরোধ জানালাম। আমার মনে প্রশান্তি ফিরিয়ে আনবার জন্য ওঁদের কন্যা অলিভ, যে তখন একেবারেই শিশু, সে যেন আমার

প্রিয় ইংরেজি স্তোত্রগীতি 'লিড, কাইন্ড্লি লাইট' আমাকে গেয়ে শোনায়। মিস্টার ডোক এককথায় রাজি। ছবিটা আমার চোখের সামনে স্পষ্ট ভাসছে: অলিভ চুপিচুপি দরজার কাছে দাঁড়িয়ে নরম গলায় স্তোত্রটি গাইছে। ছোট্ট অলিভের সেই সুরেলা কণ্ঠ আজও আমার কানে বাজে।

১৯৩২ সালে গান্ধীজি তাঁর ভালো বন্ধু ভেরিয়ার এলউইন-কে একটি চিঠিতে লেখেন:

'... আজ শুক্রবার। তাই সাহচর্য প্রসঙ্গে আপনার পরামর্শকে বাস্তবে রূপ দিয়ে মহাদেব দেশাই "লিড কাইন্ডলি লাইট"-এর অপূর্ব গুজরাতি অনুবাদটি গেয়ে শোনাল। সন্ধ্যাবেলার প্রার্থনাসভায় ভজন গাওয়া মহাদেবের নিত্যকার কাজ। তখন বোধহয় ৭টা ৪০ বাজে। প্রার্থনা শুরু হয় সাড়ে সাতটায়। গীতার দ্বিতীয় অধ্যায়ের শেষের উনিশটি শ্লোক পাঠ করে সভা শুরু হয়। তারপর হয় রামনাম, আর তারই পর শুরু হয় ভজন। আপনার পরামর্শটি পড়া মাত্রই আমি বিনা দ্বিধায় সেটিকে গ্রহণ করলাম। কিন্তু কোন স্তোত্রটা গাওয়া হবে তা নিয়ে মনে মনে বিতর্ক চালালাম। আমার মাথায় ঘুরছিল মূল ইংরেজিতেই স্তোত্রটি গাওয়ার কথা। তাই খুব বেশি বিকল্প ছিল না। হয় "লিড কাইন্ডলি লাইট", নাহয় "হোয়েন আই সার্ভে দি ওয়ান্ড্রাস ক্রস" নাহয় "টেক মাই লাইফ অ্যান্ড লেট ইট বি"। কারণটা সরল। ওইগুলি ছাড়া আমার আর কোনো প্রিয় স্তোত্রই আমি ভালো করে গাইতে পারি না— এমনকী ওই স্তোত্রগুলোও ঠিক সুরে গাইতে পারি না। ... মহাদেব ইংরেজি স্তোত্রর সুরে অনভ্যস্ত। কিন্তু "লিড কাইন্ডলি লাইট"-এর গুজরাতি অনুবাদটি হাতে নিয়ে মহাদেব গানের বাছাই আর গান গাওয়া সংক্রান্ত সমস্যাটা সমাধান করে দিল। এই স্তোত্র আর নিউম্যান-এর স্তোত্রটি বাছাইয়ের একটা বিশেষ উপযুক্ততা আছে। দক্ষিণ আফ্রিকার জোহানেসবার্গ-এ আমি যখন শারীরিক কষ্টে কাতর, তখন প্রয়াত রেভারেন্ড ডোক-এর বাড়িতে অলিভ ডোক

আমাকে ওই স্তোত্রটিই গেয়ে শুনিয়েছিল। সুতরাং আপনি নিশ্চিন্ত থাকুন, প্রতি শুক্রবার ৭টা ৪০-এ আমরা ওই স্তোত্রটি গাইব। আমরা জানব, আপনি যেখানেই থাকুন-না-কেন, আমাদের সঙ্গে গানে যোগ দেবেন, অন্য বন্ধুরা আপনার পরামর্শ গ্রহণ করুন চাই না-ই করুন।'

(দ্য কালেক্টেড ওয়ার্কস অব মহাত্মা গান্ধী [CWMG],

খণ্ড ৪৯, পৃষ্ঠা ৪৮৫—৬)

নতুন করে শুরু হল সত্যাগ্রহ

আগের অধ্যায়ে আমরা দেখেছি, ভারতীয়রা ট্রান্সভাল সরকারের নির্দেশ মেনে স্বেচ্ছায় নথিভুক্ত হয়েছিল। এবার সরকারের কাজ, কালা কানুন তুলে নেওয়া। তারা সে-কাজটা করলেই সত্যাগ্রহ সংগ্রামে ইতি। কিন্তু কালা কানুন তুলে নেওয়া তো দূরের কথা, জেনারেল স্মাট্স একটা নতুন পদক্ষেপ নিলেন। তিনি বিধি-পুস্তকে (স্ট্যাটিয়ুট বুক) কালা কানুনটা রেখে দিলেন, উপরন্তু বিধানসভায় একটা ব্যবস্থা চালু করলেন, যাতে ওইসব স্বেচ্ছা-নথিভুক্তিকরণকে আইনত সিদ্ধ করা হল এবং 'এশীয়দের নথিভুক্তির জন্য আরও ব্যবস্থা রাখা হল'। আমি বিলটা পড়ে এককথায় তাজ্জব বনে গেলাম।

জেনারেল স্মাট্স-কে একটা চিঠি লিখলাম, কিন্তু রাজনীতিবিদরা তো অস্বস্তিকর প্রশ্নর উত্তর আদৌ দেন না, তাঁরা ঘোরপ্যাঁচের আশ্রয় নেন।

অতএব আমরা কড়া ভাষায় ট্রান্সভাল সরকারকে একটি চিঠি পাঠালাম, যার মূল কথা হল: 'মীমাংসার শর্ত অনুযায়ী এশিয়াটিক অ্যাক্ট যদি তুলে না নেওয়া হয়, এবং সেই মর্মে সরকারের সিদ্ধান্ত যদি ভারতীয়দের কাছে একটি নির্দিষ্ট দিনের মধ্যে জানিয়ে দেওয়া না হয়, তাহলে ভারতীয়রা তাদের সংগৃহীত শংসাপত্রগুলি পুড়িয়ে ফেলবে। এ-কাজের যা পরিণাম, আমরা বিনীত কিন্তু দৃঢ়ভাবে তার মোকাবিলা করব।'

চরমপত্রের মেয়াদ উত্তীর্ণ হওয়ার দিনই বিধানসভায় এশিয়াটিক বিলটি পাশ হবার কথা। মেয়াদ উত্তীর্ণ হবার ঘণ্টা দুয়েক আগে সর্বসমক্ষে শংসাপত্রগুলি পোড়ানোর জন্য একটি সভা ডাকা হয়েছিল। সত্যাগ্রহ কমিটির মনে হয়েছিল, যদি নেহাতই অপ্রত্যাশিতভাবে সরকারের কাছ থেকে একটি সদর্থক উত্তর এসেও যায়, তবু সভার উদ্দেশ্য ব্যর্থ হবে না, কেননা সেক্ষেত্রে ওই সভাকে কাজে লাগিয়েই জনসমাজের কাছে সরকারের ওই সদর্থক সিদ্ধান্তর কথা ঘোষণা করা যাবে।

সভার কাজ শুরু হওয়ার একটু আগে সাইকেলে করে একজন স্বেচ্ছাসেবী একটি তার নিয়ে এল। তাতে জানিয়ে দেওয়া হয়েছে, সরকার ভারতীয় জনসমাজের এই স্থির সংকল্পে অখুশি এবং ঘোষণা করছে যে, সরকার নিজের কর্মপথ বদলাতে অপারগ। তারটি পড়ে শোনানো মাত্র শ্রোতারা উল্লাসে ফেটে পড়ল, যেন শংসাপত্র পোড়ানোর পবিত্র সুযোগটা শেষপর্যন্ত হাতছাড়া না হওয়ায় তারা আনন্দিত। শুরু হল সভা। সভাপতি সভাকে হুঁশিয়ার করে দিলেন এবং গোটা পরিস্থিতিটা বুঝিয়ে বললেন। উপযুক্ত প্রস্তাবাদি গৃহীত হল। কমিটির কাছে এরই মধ্যে পোড়ানোর জন্য দু-হাজারেরও বেশি শংসাপত্র জমা পড়েছিল। সেগুলোকে একটা মস্ত কড়াইয়ের মধ্যে ফেলে প্রচুর প্যারাফিন ঢেলে আগুন ধরিয়ে দেওয়া হল। উপস্থিত জনমণ্ডলী দাঁড়িয়ে উঠে সেই অগ্ন্যুৎসবে নিজেদের একটানা উল্লাসধ্বনি করে চলল। গোটা জায়গাটা গমগম করতে লাগল। যারা তখনও নিজেদের শংসাপত্র ধরে রেখেছিল, তারাও দলে দলে মঞ্চে উঠে এসে সেগুলোকে কড়াইয়ের মধ্যে ফেলে দিল। সভায় উপস্থিত সাংবাদিকরা এ-দৃশ্য দেখে চমৎকৃত হলেন। কাগজে কাগজে এ-ঘটনার ছবির মতো পুঙ্খানুপুঙ্খ বিবরণ বেরোল।

যে-বছর ওই কালা কানুন পাশ হল সেই বছরেই, অর্থাৎ ১৯০৭ সালে, জেনারেল স্মাটস বিধানসভায় 'ট্রান্সভাল ইমিগ্রান্টস রেস্ট্রিকশন বিল' ট্রান্সভাল অভিবাসী প্রতিরোধক বিল) নামে আরেকটা বিল পাশ করিয়ে নিলেন। এই আইনে একজনও নবাগত ভারতীয় যাতে ট্রান্সভাল-এ ঢুকতে না পারে, ঘুরপথে তারই ব্যবস্থা করা হল।

নিজেদের অধিকারের ওপর এই নয়া আঘাতকে প্রতিরোধ করা ভারতীয়দের পক্ষে একেবারে অপরিহার্য

ছিল। এরপরের দুই বছরে পার্শ্ববর্তী নাটাল থেকে বহু সত্যাগ্রহী স্বেচ্ছায় ট্রান্সভাল আসতে থাকেন এবং স্বভাবতই সীমান্তবর্তী ফোক্সরুস্ট শহরতলিতে বন্দি হন। নাটাল থেকে আসা এইসব সাহায্যকারীদের দলে যোগ দেবার জন্য উৎসাহী শংসাপত্র-দাহকারীদের অনেকেই রাস্তায় রাস্তায় তরিতরকারি ফেরি করতে লাগলেন। ফেরি করার জন্য প্রয়োজনীয় অনুমতিপত্র না থাকায় তাঁরাও গ্রেপ্তার হলেন। একটা সময়ে ফোক্সরুস্ট জেলে বন্দি ভারতীয়দের সংখ্যা গিয়ে দাঁড়াল পঁচাত্তরে। জেলও এইসব নাছোড়বান্দা সত্যাগ্রহীদের দমাতে পারল না দেখে সরকার দুশ্চিন্তায় পড়ে গেল। তখন তারা আইনভঙ্গকারীদের জেলে না পুরে নিজ প্রদেশে ফেরত পাঠাতে শুরু করল। এর ফলে কিছু ভারতীয় দুর্বল হয়ে পড়ল বটে, কিন্তু অনেকেরই মনোবল একেবারে অটুট রইল, তাঁরা মহানন্দে সংগ্রাম চালিয়ে গেলেন।

টলস্টয় খামার

এতদিন পর্যন্ত (১৯১০) আমরা জেলবন্দি লোকেদের পরিবারের ভরণপোষণের জন্য নগদ মাসিক ভাতার ব্যবস্থা করে আসছিলাম। কিন্তু সাধারণের টাকায় গঠিত তহবিল থেকে এই খরচ করাটা অনুচিত ও অপচয়ী বলে প্রমাণিত হল। আর যারা বার বার জেলে যাচ্ছিল, তারা মাঝখানের মুক্তির পর্বগুলোতে থাকবেই-বা কোথায়? কেউ তো তাদের কাজ দেবে না। এই দুটি অসুবিধার একটাই সমাধান—— সকল সত্যাগ্রহী ও তাদের পরিবারকে থাকতে হবে একসঙ্গে এবং এক ধরনের সমবায়িক কল্যাণসমাজের সদস্য হতে হবে।

মিস্টার কালেনবাখ, যাঁর সঙ্গে পাঠকদের আগে পরিচয় করিয়ে দিয়েছি, তিনি উদার হস্তে বিনা পয়সায় ১১০০ একরের একটি খামার আমাদের ব্যবহারের জন্য ছেড়ে দিলেন।

এই সংক্ষিপ্ত সংস্করণে অবশ্য কালেনবাখ-এর নাম এই প্রথম উচ্চারিত হল।

জোহানেসবার্গ-এর ধনী জার্মান স্থপতি কালেনবাখ সম্পর্কে গান্ধীজি বলেছিলেন:

'তিনি জার্মান, তদুপরি একজন সৈনিক; কিন্তু আমার মনে হয় ইয়োরোপের মাটিতে তাঁর চেয়ে শুদ্ধমনা মানুষ আর নেই।' তিনি

*কালেনবাখ-কে একজন 'প্রবল আবেগতাড়িত, উদার সহানুভূতিসম্পন্ন
এবং শিশুর মতো সরল লোক' বলে বর্ণনা করেছিলেন।*

ওই খামারে প্রায় হাজার খানেক সুফলা গাছ ছিল আর ছিল পাহাড়ের
পাদদেশে ছ-জন লোকের থাকবার মতো ছোটো একখানা বাড়ি।
জল আসত দু-খানা কুয়ো আর একটা ঝরনা থেকে। সবচেয়ে কাছের
রেল স্টেশন ললি ছিল খামার থেকে মাইল খানেক দূরে, আর
জোহানেসবার্গ-এর দূরত্ব ছিল একুশ মাইল। আমরা ঠিক করলাম, ওই
খামারে বাড়ি বানিয়ে সত্যাগ্রহীদের পরিবারগুলিকে সেখানে আস্তানা
গড়ে তুলতে আহ্বান জানাব। খামারে এত অজস্র কমলা, খুবানি
আর কুল ফলত যে ফলের ঋতুতে পেট পুরে খেয়েও সত্যাগ্রহীরা
সেগুলো শেষ করতে পারত না। আমাদের আবাসন থেকে ঝরনাটা
শ-পাঁচেক গজ দূরে। আমরা ঠিক করলাম, বাড়ির কাজের জন্য তো
বটেই, এমনকী খামারের কাজ আর বাড়ি বানানোর জন্যও কোনো
চাকরবাকর রাখব না। ফলে রান্নাবান্না থেকে শুরু করে মেথরের কাজ
পর্যন্ত সবই আমরা নিজের হাতে করতাম। মহিলাদের ব্যাপারে আমরা
শুরু থেকেই সিদ্ধান্ত নিয়েছিলাম যে, তাঁদের আলাদা থাকার ব্যবস্থা
করতে হবে। সেইমতো খানিকটা দূরত্ব বজায় রেখে দুটো আলাদা ব্লকে
বাড়িগুলো বানানো হল। তখনকার মতো দশ জন মহিলা আর ষাট জন
পুরুষের থাকার ব্যবস্থা করাই যথেষ্ট মনে হয়েছিল। কিন্তু পরে মিস্টার
কালেনবাখ-এর জন্য একটা বাড়ি বানাতে হল, আর তার পাশে একটা
স্কুলবাড়ি, সেইসঙ্গে কাঠের কাজ, জুতোর কাজ প্রভৃতির জন্য একটা
কর্মশালাও বানাতে হল।

খামারনিবাসীদের কেউ গুজরাত, কেউ তামিলনাড়ু, কেউ অন্ধ্রপ্রদেশ,
কেউ-বা উত্তর ভারতের লোক। তাদের মধ্যে হিন্দু, মুসলমান, পারসি,
খ্রিস্টান সব ধর্মেরই লোক ছিল। জনা চল্লিশ ছিল তরুণ, পাঁচ জন ছিলেন
মহিলা, আর কুড়ি থেকে তিরিশটি শিশু, তার মধ্যে চার-পাঁচটি বালিকা।

টলস্টয় খামারে এসে রোগারা তাগড়াই হয়ে উঠত। শ্রম সকলের শরীরকে চাঙ্গা করে তুলত।

সকলেই মাঝে মাঝে জোহানেসবার্গ যেতে চাইত। বাচ্চারা যেতে চাইত কেবল হইহই করে মজা করবে বলে। আমাকে যেতে হত কাজে। আমরা তাই নিয়ম করলাম যে, সর্বজনীন কাজের জন্যই শুধু রেলে চেপে যাওয়া চলবে, আর সেটাও তৃতীয় শ্রেণিতে। বেড়ানোর জন্য যেতে হলে সকলকেই যেতে হবে পায়ে হেঁটে, আর সঙ্গে নিয়ে যেতে হবে বাড়ির তৈরি খাবার। শহরে গিয়ে খাওয়া-দাওয়ার পিছনে এক পয়সাও খরচ করা চলবে না। এইরকম কড়া কানুন না থাকলে গ্রামীণ এলাকায় থেকে যে-কটা পয়সা বাঁচাতে পারছিলাম, সেসবই খরচ হয়ে যেত রেলভাড়ায় আর খাবার দোকানে। সঙ্গে করে একেবারেই সাদাসিধে খাবার নিয়ে যাওয়া হত: বাড়িতে পেষাই-করা গমের হাতে-গড়া রুটি, ঘরেই তৈরি বাদামের মাখন, ঘরে-বানানো মার্মালেড। গম-পেষাইয়ের একটা হাতে-চালানো লোহার কল ছিল আমাদের, সেইটা দিয়ে আমরা নিজেদের জন্য আটা তৈরি করে নিতাম। বাদাম সেঁকে নিয়ে তারপর সেটাকে পেটাই করে বানাতাম বাদামের মাখন। সাধারণ মাখনের চেয়ে সেটা চার গুণ সস্তা। আর কমলালেবু তো আমাদের খামারে দেদার মিলতই। খামারে গোরুর দুধ আমরা কদাচিৎ ব্যবহার করতাম, সচরাচর কনডেনস্‌ড মিল্ক দিয়েই কাজ চালাতাম।

ফিরে আসি জোহানেসবার্গ যাওয়ার প্রসঙ্গে। যে-ই চাইত সে-ই সপ্তাহে একবার কি দু-বার পায়ে হেঁটে জোহানেসবার্গ যেত, আর সেদিনই ফিরে আসত। আগেই বলেছি, এক এক পিঠের দূরত্ব একুশ মাইল। শুধু এই পায়ে হেঁটে যাওয়া-আসা করার নিয়মের সুবাদেই আমরা শত শত টাকা বাঁচাতে পেরেছিলাম। আর যারা হেঁটে যাতায়াত করত তাদের এতে অনেক উপকারও হত। অনেকের সেই প্রথম হাঁটার অভ্যেস হল। সাধারণভাবে ঘটনাটা ঘটত এইভাবে: যাত্রীটি রাত দুটোয় উঠে আড়াইটে নাগাদ রওনা হত। ঘন্টা ছ-সাতের মধ্যে পৌঁছে যেত জোহানেসবার্গ। সবচেয়ে তাড়াতাড়ি পৌঁছোনোর রেকর্ড ছিল ৪ ঘন্টা ১৮ মিনিট।

আমরা চাইতাম, খামারটাকে কর্মব্যস্ত এক কেন্দ্রে পরিণত করে তারই মধ্য দিয়ে নিজেদের খরচের কিছুটা তুলে নিতে, যাতে করে দরকার হলে সরকারের সঙ্গে অনির্দিষ্টকাল ধরে লড়াই চালিয়ে যেতে পারি। আমরা তাই একটা ছোটো জুতোর কারখানা বানালাম। কাছেই ছিল জার্মান ক্যাথলিক সন্ন্যাসীদের একটা মঠ, সেখানে গিয়ে চপ্পল তৈরির কৌশল শিখে আসা যেত। মিস্টার কালেনবাখ সেখান থেকে কৌশলটা শিখে নিয়ে আমাকে শেখালেন, আমি আবার শেখালাম অন্য কর্মীদের। মনে আছে, নিজে কয়েক ডজন চপ্পল বানিয়েছিলাম, যদিও অল্পবয়সিরা অনেকেই এ-কাজে আমাকে টেক্কা দিয়েছিল। ওইসব চপ্পল বন্ধুদের কাছে বিক্রি করে আমরা কিছু টাকা আয় করেছিলাম। আমরা ছুতোরের কাজ শেখানোরও ব্যবস্থা করেছিলাম। বেঞ্চি থেকে বাক্স, ছোটো-বড়ো কতরকম আসবাব যে আমরা বানাতাম।

একটা ইস্কুল বসানো আবাসনটির জন্য একেবারে অপরিহার্য ছিল। এটাই ছিল সবচেয়ে কঠিন কাজ। একেবারে শেষ দিন পর্যন্ত আমরা এ-কাজে পূর্ণ সাফল্য অর্জন করতে পারিনি। পড়ানোর ভারটা মূলত নিতাম মিস্টার কালেনবাখ আর আমি। দুপুরের আগে ক্লাস নেওয়া

সম্ভব হত না, আর ততক্ষণে সকালের কাজের ধকলে আমাদের দু-জনেরই শরীর ক্লান্তিতে ভেঙে পড়ত। ছাত্রদের অবস্থাও তথৈবচ। প্রায়ই দেখা যেত, ছাত্রও ঢুলছে, মাস্টারও ঢুলছে। আমরা চোখে জল দিতাম আর বাচ্চাদের সঙ্গে খেলা করে ওদের আর আমাদের উভয়েরই ঘুম কাটানোর চেষ্টা করতাম, কিন্তু সবসময় ফল হত না। শরীর একেবারে নাছোড়বান্দার মতো বিশ্রাম চাইত, সে-দাবি না-মিটিয়ে উপায় ছিল না। তবে এ ছিল অনেক সমস্যার মধ্যে কেবল একটি এবং অন্য সমস্যাগুলির তুলনায় অতি তুচ্ছ। কারণ ঢুলতে ঢুলতে হলেও ক্লাসগুলো কিন্তু হত। আসল সমস্যা ছিল, তিনটে আলাদা ভাষায় যদি ছাত্ররা কথা বলে— গুজরাতি, তামিল কিংবা তেলুগু, তাহলে তাদের কী পড়াব, আর কেমন করেই-বা পড়াব? আমি মাতৃভাষার মাধ্যমেই পড়াতে বদ্ধপরিকর ছিলাম।

১৯১৫ সালে ভারতে ফিরে এসে গান্ধীজি এক প্রকাশ্য সভায় কালেনবাখ-এর অন্য অনেক গুণের সঙ্গে কোঅইট্‌স খেলায় (দূর থেকে ছুড়ে লাঠির মধ্যে রিং গলানো) পারদর্শিতার কথা বলেন।

আর. পি. ডি. ক্রনপ্রিন্‌জ স্টিমারে চেপে ১৮ থেকে ২৮ নভেম্বর ১৯১২ গোখলে ও কালেনবাখ-এর সঙ্গে গান্ধীজি ভ্রমণে বেরিয়েছিলেন। সে-প্রসঙ্গে তিনি বলেছেন:

'মিস্টার গোখলের সঙ্গে ... মিস্টার কালেনবাখ-এর খুব জমে গিয়েছিল। ওঁরা দু-জনে মিলে কোঅইট্‌স খেলতেন। ইংল্যান্ড থেকে কেপ টাউন আসবার পথে জাহাজে মিস্টার গোখলে সদ্য ওই খেলাটি রপ্ত করেছিলেন। মিস্টার কালেনবাখ-কে তিনি খেলায় খুব বেগ দিতেন। ... আমি যতদূর জানি, মিস্টার কালেনবাখ ছিলেন দক্ষিণ আফ্রিকায় সবচেয়ে ওস্তাদ কোঅইট্‌স খেলোয়াড়দের একজন। ... মিস্টার গোখলের ধারণা ছিল আমি কখনো ওইসব খেলায় মাতিনি এবং ওসবের বিরোধী। তিনি খুব নরম করে ব্যাখ্যা করে বলেছিলেন,

"ইয়োরোপীয়দের সঙ্গে এইসব প্রতিদ্বন্দ্বিতায় কেন যোগ দিই জান?
ওরা দেশের জন্য যতটুকু করে, অন্তত ততটুকু আমি অবশ্যই আমার
দেশের জন্য করতে চাই। ঠিক-ভুল যাই হোক, এ-কথা বলা হয়ে
থাকে যে, নানা বিষয়ে আমরা ওদের চেয়ে নিকৃষ্ট। আমি যতদূর পারি,
আলবাত দেখাতে চাইব যে, আমরা ওদের চেয়ে নিকৃষ্ট তো নই-ই,
উন্নত হলেও হতে পারি।" এই কথাটা তিনি যথেষ্ট বিনয়ের সঙ্গেই
বলেছিলেন।'

(দ্য কালেক্টেড ওয়ার্কস অব মহাত্মা গান্ধী [CWMG],
খণ্ড ১৩, পৃষ্ঠা ১১৬-৭)

অল্পস্বল্প তামিল জানলেও, তেলুগু আমি জানতাম না। এহেন
পরিস্থিতিতে একজন শিক্ষক কী করতে পারে?

কিন্তু পড়ানোর এই অভিজ্ঞতা বিফলে যায়নি। বাচ্চাদের অসহিষ্ণুতার
বালাই থেকে রক্ষা করা গিয়েছিল, তারা একে অপরের ধর্ম আর
রীতিনীতিকে খোলামনে সহৃদয়ভাবে দেখতে শিখেছিল। তারা
যেন একই পিতামাতার সন্তান হিসেবে একসঙ্গে বাঁচতে শিখেছিল।
পারস্পরিক সেবা, সৌজন্য আর শ্রমের শিক্ষা অন্তরে গ্রহণ
করতে পেরেছিল। টলস্টয় খামারের ওই শিশুদের মধ্যে অনেকের
পরবর্তীকালের জীবনের খবর আমি যেটুকু পেয়েছি, তাতে আমি
নিশ্চিত, যে, ওখানে যে-শিক্ষা তারা পেয়েছিল তা বৃথা যায়নি।
নিখুঁত না হলেও, ওই পরীক্ষাটা কিন্তু ভেবে-চিন্তেই করা হয়েছিল,
যার পটভূমিতে ছিল ধর্মীয় চেতনা। টলস্টয় খামারের মধুরতম
স্মৃতিগুলির মধ্যে এই লেখাপড়া শেখানোর পরীক্ষা সংক্রান্ত স্মৃতি
কোনো অর্থেই গৌণ নয়।

'... সবার উপরে আমাদের জোর দিতে হবে ভারতীয় ভাষাচর্চার
ওপর, কারণ আপন মাতৃভাষার জ্ঞান ছাড়া প্রকৃত দেশপ্রেমিক হওয়া
অসম্ভব; কেননা সেক্ষেত্রে ভাবনাচিন্তাগুলো বেঁকেচুরে যায়, হৃদয়

মাতৃভূমি থেকে বিচ্ছিন্ন হয়ে যায়। বিদেশি ভাষার মাধ্যমে ভারতের ধর্মগুলিকে আর সাহিত্যকে কিছুতেই অনুধাবন করা সম্ভব নয়।'

(দ্য কালেক্টেড ওয়ার্কস অব মহাত্মা গান্ধী [CWMG],
খণ্ড ১১, পৃষ্ঠা ৩৫৩)

১৯২২ সালে গান্ধীজি একটি শিশুপাঠ লিখেছিলেন। সেটি ১৯৫১ সালে গুজরাতি ভাষায় বালপোথি নামে প্রকাশিত হয়েছিল। শিশুপাঠটি সম্বন্ধে গান্ধীজি লিখেছিলেন, 'টলস্টয় খামারে ও অন্যত্র বাচ্চাদের পড়ানোর সময় আমি যে-পদ্ধতি অনুসরণ করতাম এ-বই লেখার সময় তা-ই অনুসরণ করেছি। সেখানে আমি তাদের "মা"-র ভূমিকা নিতাম।'

৩৬

শুধু তাই নয়, পুস্তিকাটির প্রাককথনে গান্ধীজি লেখেন:

'ধরে নেওয়া হচ্ছে, এই শিশুপাঠটি যে-ছাত্র পড়বে সে এর আগে অন্তত বছর খানেক ব্যয় করেছে চরকা কাটা, দেবনাগরী ও প্রাকৃত দুই ধরনের অক্ষর চেনা, এবং সরল নামতা শেখার কাজে।

'এই শিশুপাঠে আমি "লঘুশঙ্কা" এবং "অপমান"-এর মতো শব্দ ব্যবহার করেছি, কারণ, না করে পারিনি। 'পেশব' না লিখে আমি 'লঘুশঙ্কা' শব্দটি প্রয়োগ করেছি, কারণ আমার মনে হয়েছে, এই সুন্দর শব্দটি বাচ্চারা শিখলে ভালো হবে। 'অপমান' শব্দটি রেখে দেওয়া হয়েছে, যেহেতু ওর চেয়ে হালকা শব্দ খুঁজে পাওয়া যায়নি।

'শিশুপাঠের পাঠগুলিকে মা-শিশুর মধ্যে সংলাপের ঢঙে হাজির করার মধ্যে একটা কৃত্রিমতা এসে পড়েছে, কারণ আজকাল অধিকাংশ মা-ই বাচ্চাদের শিক্ষা দেওয়ার কর্তব্য পালন করে না, করবার যোগ্যতাও তাদের নেই।'

(দ্য কালেক্টেড ওয়ার্কস অব মহাত্মা গান্ধী [CWMG],
খণ্ড ২৩, পৃষ্ঠা ১২২–৩)

মেয়েদের ভূমিকা : ১

১৯১২-র শীতকালে গোখলে দক্ষিণ আফ্রিকায় এলেন সত্যাগ্রহী আর সরকারের মধ্যস্থ হিসেবে কাজ করবার জন্য। জেনারেল বোথা-র সঙ্গে কথাবার্তা বলে তিনি আমাদের এই বলে উৎসাহ জোগানোর চেষ্টা করলেন যে সব ঠিক হয়ে যাবে। তিনি বললেন, 'সামনের বছর কালা কানুন তুলে নেওয়া হবে এবং ৩ পাউন্ডের করও রদ হয়ে যাবে।'

কিন্তু পরের বছর যে-আইন পাশ হল তাতে আমাদের কোনো সুবিধা হল না। ফলে ১৯১৩ সালে টলস্টয় খামারের বাসিন্দারা আবার নতুন করে সত্যাগ্রহ সংগ্রাম শুরু করবার জন্য তৈরি হল। আমাদের লক্ষ্য: ৩ পাউন্ডের কর বাতিল করা।

যেসব মহিলার স্বামীরা জেল খাটছিল তাদের স্ত্রীরাও জেলে যাবার জন্য অনেক সময় আগ্রহ দেখালেও এতদিন আমরা তাঁদের কারাবরণ থেকে বিরত করে রেখেছিলাম। কিন্তু এইসময়, যেন আমাদের আন্দোলনকে শক্তি জোগানোর জন্যই, দক্ষিণ আফ্রিকা সরকার একটা রায়কে বলবৎ করতে উদ্যোগী হল। সে-রায়ে বলা হয়েছিল, যে-সমস্ত বিবাহ খ্রিস্টীয় আচার মেনে অনুষ্ঠিত হয়নি, কিংবা বিবাহ-প্রবন্ধকের অফিসে নথিভুক্ত করা হয়নি, সেসব বিবাহ আইনত অসিদ্ধ বলে গণ্য হবে। ফলে হিন্দু, মুসলমান কিংবা জরথুস্ত্র ধর্ম অনুযায়ী অনুষ্ঠিত সমস্ত বিবাহ এক ধাক্কায়

বেআইনি হয়ে গেল। দক্ষিণ আফ্রিকার ভারতীয় মহিলাদের প্রায় কেউই আর তাঁদের স্বামীদের বৈধ স্ত্রী রইলেন না। এরপর আর মহিলাদের সংগ্রাম থেকে দূরে সরিয়ে রাখবার কোনো যুক্তি খুঁজে পেলাম না, কেননা এই ব্যাপারটার গুরুত্ব তো তাঁদের কাছেই সবচেয়ে বেশি।

এইবার দেখা দিল শিয়রে সংকট। আমাদের নারীসমাজের এত বড়ো অবমাননার মুখে ধৈর্য ধরে থাকা অসম্ভব হয়ে পড়ল। আমরা ঠিক করলাম, যে-কজন সংগ্রামীকে নিয়ে পারি, কড়া সত্যাগ্রহ দিয়ে এর প্রতিরোধ করব। মেয়েদের ঠেকিয়ে রাখা তো দূরের কথা, এবার আমরা তাঁদের সরাসরি আহ্বান করলাম পুরুষদের কাঁধে কাঁধ মিলিয়ে লড়াইয়ে নামতে। প্রথমে আমরা ডাক দিলাম সেইসব বোনেদের যাঁরা টলস্টয় খামারে বাস করেছিলেন। দেখলাম তাঁরা লড়াইয়ে যোগ দিতে পেরে যারপরনাই খুশি। লড়াইয়ে যোগ দিলে কী ধরনের ঝুঁকির মুখে পড়তে হতে পারে, সেটা তাঁদের বুঝিয়ে বললাম। খাদ্য, বেশভূষা এবং নিজস্ব চলাফেরার ওপর যেসব বাধা আসতে পারে, তা ব্যাখ্যা করলাম। তাঁদের হুঁশিয়ার করে দিয়ে জানালাম, জেলে হয়তো তাঁদের কঠিন শ্রমে বাধ্য করা হবে, জামাকাপড় কাচতে হবে, এমনকী কারারক্ষকদের কাছ থেকে অপমানও সইতে হতে পারে। কিন্তু এই বোনেরা সকলেই বীরাঙ্গনা, এসব শুনে তাঁরা ভয় পেলেন না। তাঁদের একজনের গর্ভে সন্তান ছিল, আর ছ-জনের কোলে ছিল শিশু। তা সত্ত্বেও সকলেই যোগ দিতে আগ্রহী হলেন। ট্রান্সভাল থেকে নাটাল-এ, কিংবা নাটাল থেলে ট্রান্সভাল-এ ঢোকা ছিল অপরাধ। আমরা পরিকল্পনা করলাম, নাটাল থেকে ট্রান্সভাল-এ একদল স্বেচ্ছাসেবী পাঠানো হবে; শংসাপত্র না থাকায় তাদের খুবসম্ভব গ্রেপ্তার করা হবে। আর সেইসময় নতুন করে নাটাল প্রবেশ করবে সেইসব বোনেরা যারা শুধু শুধু ট্রান্সভাল-এ কারাবরণ করেছে। তারা যদি গ্রেপ্তার হয়ে যায়, ভালো কথা; যদি না হয় তাহলে তারা এগিয়ে যাবে নিউকাস্‌ল-এর মস্ত কয়লাখনি কেন্দ্রে, সেখানে গিয়ে খনিশ্রমিকদের বোঝাবার চেষ্টা করবে, শ্রমিকরা যাতে

ধর্মঘটে যোগ দেয়। ওইসব শ্রমিকদের বেশিরভাগই তামিল কিংবা তেলুগুভাষী।

আমি চলে গেলাম ফিনিক্স। সেখানকার বাসিন্দাদের সঙ্গে আমার পরিকল্পনাদি নিয়ে আলাপ করলাম। সবার আগে আলোচনা করলাম সেখানে বাসরত বোনেদের সঙ্গে। এইসব মহিলাদের জেলে পাঠানোর বন্দোবস্ত করার ঝুঁকি কতটা গুরুতর, তা আমি জানতাম। এঁরা বেশিরভাগই গুজরাতিভাষী। ট্রান্সভাল-এর বোনেদের মতো তালিম বা অভিজ্ঞতা লাভ করার সুযোগ এঁরা পাননি। তাছাড়া, এঁদের বেশিরভাগই আমার আত্মীয়, তাই আমার কথা ফেলতে না পেরে হয়তো সক্রিয় হয়ে উঠবেন। তারপর আসল পরীক্ষার সময়, কিংবা জেলের পরিস্থিতি সহ্য করতে না পেরে যদি পিছিয়ে আসেন, তখন হয়তো চাপের মুখে ক্ষমা চেয়ে বসবেন। সেক্ষেত্রে আমি তো প্রবল আঘাত পাবই, উপরন্তু আন্দোলনেরও গুরুতর ক্ষতি হয়ে যাবে। ঠিক করলাম, আমার স্ত্রীর কাছে প্রসঙ্গটা তুলবই না; কারণ আমার কোনো প্রস্তাবেই তিনি কখনো 'না' বলবেন না। আবার 'হ্যাঁ' বললে, সেই সম্মতির মূল্য কতটুকু, সে-ব্যাপারে আমি নিশ্চিত ছিলাম না। আর আমি জানতাম, এরকম একটা গুরুতর ব্যাপারে স্ত্রীকে তাঁর নিজের মনের তাড়না অনুযায়ী পদক্ষেপ করতে দেওয়াই উচিত স্বামীর।

অন্য বোনেদের সঙ্গে কথা বললাম। তাঁরা তৎক্ষণাৎ আমার প্রস্তাবে রাজি হয়ে কারাবরণে সম্মত হলেন। তাঁরা আমায় আশ্বস্ত করলেন, যাই ঘটুক, জেলে তাঁরা পূর্ণ মেয়াদ অবশ্যই কাটাবেন। বোনেদের সঙ্গে আমার এই আলাপ আমার স্ত্রী শুনে ফেলেন। আমাকে তিনি বললেন, 'তুমি এ নিয়ে আমাকে কিছুই বলছ না দেখে আমার খুব খারাপ লাগছে। এই সেবার কাজে আমি কেন বিবেচ্য হব না? অন্যদের তুমি যে-পথে যাবার জন্য ডাক দিচ্ছ, আমিও সেই পথে চলতে চাই।' উত্তরে আমি বললাম, 'দেখো, তুমি জানো, তোমাকে কষ্ট দেওয়ার কোনো ইচ্ছে আমার নেই। তোমার প্রতি অনাস্থার কোনো প্রশ্নই ওঠে

না। তুমি যদি জেলে যাও, আমি অত্যন্ত খুশিই হব। কিন্তু যদি কেউ মনে করে, আমার নির্দেশেই জেলে যাচ্ছ তুমি, সেটা একেবারেই উচিত হবে না। এইসমস্ত ব্যাপারে প্রত্যেকেরই উচিত, একান্তভাবে নিজের শক্তি আর মনোবলের ওপর ভরসা করে কাজ করা। তোমাকে নির্দেশ দেওয়া আমার সাজে না। তার ওপর তুমি যদি আদালতে থরথর করে কাঁপতে শুরু করো, কিংবা জেলের কষ্ট সহ্য করতে না পেরে আতঙ্কিত হয়ে ওঠো, তাহলে তোমার-আমার দু-জনের পক্ষেই সেটা ভয়ানক হয়ে দাঁড়াবে, আন্দোলনেরও ক্ষতি হবে।' আমার স্ত্রী বললেন, 'জেলের কষ্ট সইতে না পেরে আমি যদি ক্ষমা চেয়ে নিয়ে মুক্তি প্রার্থনা করি, তাহলে তুমি আমার সঙ্গে কোনো সম্পর্ক রেখো না। তুমি যদি এই কষ্ট সহ্য করতে পার, ছেলেরা যদি পারে, তাহলে আমি কেন পারব না? লড়াইয়ে যোগ আমি দেবই।' আমি বললাম, 'সেক্ষেত্রে তোমাকে দলে নিতে আমি বাধ্য। আমার শর্তগুলো তো তুমি জান, আমার মেজাজও তোমার জানা। বিষয়টা নিয়ে যদি চাও আবার ভেবে দেখো, যদি ভালো করে সব দিক ভেবে সচেতনভাবেই এই সিদ্ধান্তে আস যে তুমি আন্দোলনে যোগ দেবে না, তাহলে সরে আসবার পূর্ণ স্বাধীনতা তোমার থাকছে। এমনকী এখনও তোমার সিদ্ধান্ত বদলানোর মধ্যে লজ্জার কিছু নেই।'

'ভাবার কিছু নেই। আমার মন একেবারে তৈরি।'

আমি অন্য স্ত্রী ও পুরুষ বাসিন্দাদেরও বললাম, তারা প্রত্যেকেই যেন স্বাধীনভাবে ভেবে-চিন্তে সিদ্ধান্ত নেয়। বারবার ঘুরিয়ে-ফিরিয়ে এই শর্তটা তাদের গোচরে আনলাম যে, লড়াই দীর্ঘমেয়াদি হোক কিংবা হ্রস্বমেয়াদি, ফিনিক্স বসতির উন্নতি হোক বা অধোগতি হোক, আন্দোলনকারীর শরীর ভালো থাক কিংবা জেলে গিয়ে অসুস্থ হয়ে পড়ুক, কোনো অবস্থাতেই কেউ পিছিয়ে আসতে পারবে না। সকলেই রাজি। দলের মধ্যে কেবল একজন সদস্যই ছিলেন ফিনিক্স-এর বাইরের লোক, তিনি হলেন পারসি রুস্তমজি, যাঁকে সবাই ভালোবেসে 'কাকাজি' বলত। তাঁর কাছ থেকে এইসব অধিবেশনের খবর লুকিয়ে রাখা সম্ভব

ছিল না। এহেন উপলক্ষ্যে পিছিয়ে থাকবার লোক তিনি ছিলেন না। লড়াইয়ে একবার তিনি জেল খেটেছেন, আরও একবার জেল থেকে ঘুরে আসবার জন্য তিনি উন্মুখ হয়ে উঠলেন।

সব কিছু প্রত্যাশামাফিক ঘটল। যেসব বোনেরা ট্রান্সভাল-এ হতাশ হয়েছিলেন, তাঁরা নাটাল প্রবেশ করলেন, কিন্তু সীমান্তে কেউ তাঁদের আটকাল না। অতএব তাঁরা এগিয়ে চললেন নিউকাসল-এর পথে, সেখানে গিয়ে কাজ শুরু করলেন। দাবানলের মতো ছড়িয়ে পড়ল তাঁদের প্রভাব। ৩ পাউন্ড করের বোঝা চাপিয়ে যে-ঘোরতর অন্যায় করা হয়েছে তার করুণ কাহিনি শ্রমিকদের অন্তরে গেঁথে গেল, তাঁরা ধর্মঘট করলেন। এবার আর সরকারের পক্ষে এই বীরাঙ্গনা বোনেদের অবাধে কাজ করতে দেওয়া সম্ভব হল না। তাঁদের তিন মাসের কারাদণ্ড দেওয়া হল।

মেয়েদের ভূমিকা : ২

এই নারীদের সাহসিকতা ভাষায় প্রকাশ করা যায় না। তাঁদের সকলকেই রাখা হয়েছিল মারিৎজবুর্গ জেলে, সেখানে তাঁদের নানাভাবে হেনস্থা করা হয়েছিল। খাবার ছিল একেবারে জঘন্য; কাপড় কাচার প্রচণ্ড ভারী কাজ করানো হত তাঁদেরকে দিয়ে। কারা-মেয়াদের প্রায় শেষকাল অব্দি তাঁদের কাছে জেলের বাইরে থেকে আনা খাবার পৌঁছে দেওয়ার অনুমতি ছিল না।

আমার স্ত্রী একটি নির্দিষ্ট খাদ্যাভ্যাসের ধর্মীয় ব্রত পালন করতেন। অনেক চেষ্টাচরিত্র করে জেলের কর্তাদের অবশেষে সেই খাবার দিতে রাজি করানো গিয়েছিল। কিন্তু সেই খাবার তৈরির জন্য যেসব উপকরণ এনে দেওয়া হল সেগুলো মানুষের অখাদ্য। তাঁর দরকার ছিল অলিভ তেল। প্রথমে তিনি সেটা পাননি, তারপর যখন পেলেন, দেখা গেল সেটা অনেক দিনের পুরোনো, পচা। নিজের খরচে সেটা আনিয়ে নেবার প্রস্তাব করলে তাঁকে বলা হয়েছিল, এটা জেলখানা, হোটেল নয়, তাই যে-খাবার দেওয়া হচ্ছে, সেটাই খেয়ে নিতে হবে। কঙ্কালসার অবস্থায় তিনি জেল থেকে ছাড়া পেয়েছিলেন, বহু কষ্টে তাঁর প্রাণ রক্ষা করা হয়।

অন্য একজন মহিলা জেল থেকে এক মারণ-জ্বরের সংক্রমণ নিয়ে বেরিয়ে আসেন। ছাড়া পাওয়ার কয়েক দিনের মধ্যে (২২ ফেব্রুয়ারি ১৯১৪) তাঁর মৃত্যু হয়। কী করে ভুলব তাঁকে? বালিয়াম্মা আরমুন্নিস্বামী মুদালিয়ার

ছিল জোহানেসবার্গ-এর মাত্র ষোলো বছর বয়সি এক কিশোরী। আমি তাকে যখন দেখি তখন সে শয্যাশায়ী। মেয়েটি বেশ লম্বা ছিল, আর তাই তার সেই রোগজীর্ণ শরীর যেন ভয়ংকর এক বৈপরীত্য তৈরি করেছিল।

'বালিয়াম্মা, জেলে গিয়েছিলে বলে তোমার কি আফশোস হচ্ছে?' আমি জানতে চেয়েছিলাম।

বালিয়াম্মা বলেছিল, 'আফশোস? গ্রেপ্তার হলে আমি এখনও আবার জেলে যেতে পারি।'

আমি না থেমে বললাম, 'কিন্তু এর ফলে যদি তোমার প্রাণ বেরিয়ে যায়?'

সে উত্তরে বলেছিল, 'তাতে কী? মাতৃভূমির জন্য প্রাণ দিতে কার না ভালো লাগে?'

এই কথোপকথনের কয়েক দিন পরেই বালিয়াম্মার নশ্বর দেহ আমাদের ছেড়ে চলে যায়, কিন্তু রেখে যায় অমর এক নামের অক্ষয় ঐতিহ্য।

এই বোনেরা একেবারে বিশুদ্ধ আত্মনিবেদনের নৈবেদ্য উজাড় করে দিয়েছিলেন। বিশুদ্ধ না হলে আত্মনিবেদন ফলপ্রসূ হয় না। ভগবান মানুষের ভক্তির জন্য ক্ষুধিত হয়ে থাকেন। একজন বিধবা ভক্তিভরে, স্বার্থলেশহীনভাবে, সামান্য খুদকুঁড়ো উৎসর্গ করলেও ভগবান তা গ্রহণ করেন এবং তার একশো গুণ পুরস্কার হিসেবে ফিরিয়ে দেন। সাদামাটা মানুষ সুদামা মাত্র একমুঠো চাল নৈবেদ্য দিয়েছিল, কিন্তু সেই আন্তরিক অঞ্জলি তার বহু বছরের অভাব আর অনাহার মিটিয়ে দিয়েছিল। বহু মানুষের কারাবরণ হয়তো বৃথা গেছে, কিন্তু একটি মাত্র ভক্তিমথিত নিষ্পাপ আত্মার আত্মদান কখনো বৃথা যেতে পারে না। দক্ষিণ আফ্রিকায় আর কোন নৈবেদ্য ভগবানের কাছে গ্রহণযোগ্য হত বলতে পারি না, কিন্তু বালিয়াম্মার আত্মদান যে তিনি গ্রহণ করেছিলেন, সেটুকু জানি।

বালিয়াম্মা শহিদ হন ২২ ফেব্রুয়ারি ১৯১৪। তার দু-সপ্তাহ পরে গান্ধীজি তাঁর দাদা লক্ষ্মীদাসকে হারান। সেই শোকের মধ্যে তিনি ইন্ডিয়ান ওপিনিয়ন-এ লেখা একটি চিঠিতে তাঁর গভীর সহমর্মিতা ব্যক্ত করেন:

'আমি একজন নিষ্ক্রিয় প্রতিরোধী এবং আত্মার একত্বে বিশ্বাসী। তাই আমার কাছে আমার ভাইকে হারানোর দুঃখ নাগাপ্পেন, নারায়ণস্বামী ও হরবৎসিং-এর মৃত্যুর দুঃখের চেয়ে বেশি নয়। আমার রক্তের সম্পর্কে যে-ভাইয়ের মৃত্যুতে এত জন বন্ধু আমার সঙ্গে শোক প্রকাশ করছেন, তাঁরই মতো ওঁরাও আমার ভাই। মরণের দেবতার হাত থেকে, যদি

বলি, দাদার মৃত্যুর থেকেও বড়ো আঘাত নেমে এসেছে বালিয়াম্মা
মুনসামির অকালমৃত্যুর মধ্য দিয়ে। তবু আর পাঁচজন মানুষেরই মতো
দুর্বলতা তো আমারও আছে। দাদা চলে যাওয়ার পর আমার মনের
মধ্যে যেসব ভাব জেগে উঠছে, সেগুলো আমার নিষ্ক্রিয় প্রতিরোধী
তিন ভ্রাতা ও এক ভগিনীর মৃত্যুর চেয়ে অনেক জোরালো আর স্পষ্ট।
দাদা আমার কাছে বাবার মতো ছিলেন। মাকে বাদ দিলে, তাঁর কাছেই
আমার জীবনের সব কিছুর জন্য আমি সবচেয়ে বেশি ঋণী।'

(দ্য কালেক্টেড ওয়ার্কস অব মহাত্মা গান্ধী [CWMG],
খণ্ড ১২, পৃষ্ঠা ৩৯০)

দেশ আর মানবতার সেবায় অসংখ্য আত্মা নিজেদের উৎসর্গ করেছেন,
করছেন ও ভবিষ্যতেও করবেন। এটাই স্বাভাবিক; কেননা কে বিশুদ্ধ,
কে বলতে পারে। তবে একটা ব্যাপারে সত্যাগ্রহীরা একেবারে নিশ্চিত
থাকতে পারে যে, তাদের মধ্যে যদি একজনও কেউ থাকে স্ফটিকতুল্য
নির্মল, তার একার আত্মত্যাগই ঈপ্সিত লক্ষ্য অর্জনের জন্য যথেষ্ট।
দুনিয়া দাঁড়িয়ে আছে 'সত্য'র প্রস্তরকঠিন ভিত্তির ওপর। আক্ষরিক
অর্থেই 'অসত্য' মানে হল যার অস্তিত্ব নেই, ঠিক যেমন সত্য মানে
হল যার অস্তিত্ব আছে। অসত্য যদি আদপেই না থাকে, তাহলে তার
তথাকথিত বিজয়ের অর্থ মৃত্যু—নেতি। এবং যেহেতু সত্য হল সেই
জিনিস যার অস্তিত্ব আছে, তাই তাকে কখনো ধ্বংস করা যায় না,
অর্থাৎ সত্য চিরবিজয়ী। এই হল সংক্ষেপে সত্যাগ্রহর মূল কথা।

শ্রমিকরা যোগ দিলেন

মেয়েদের কারাবরণ যেন নিউকাসল অঞ্চলের খনিগুলোর শ্রমিকদের ওপর মন্ত্রের মতো কাজ করল। তাঁরা কাজ বন্ধ রেখে একের পর এক দলে দলে বিভক্ত হয়ে শহরে ঢুকতে লাগলেন। খবরটা শোনা মাত্র আমি ফিনিক্স ছেড়ে নিউকাসল রওনা হয়ে গেলাম।

এইসব শ্রমিকদের নিজস্ব ঘরবাড়ি বলতে কিছু ছিল না। খনিমালিকরা তাঁদের জন্য ঝুপড়ি বানিয়ে দিত, রাস্তায় আলোর বন্দোবস্ত করে দিত, জল সরবরাহর দায়িত্ব নিত। কাজেই শ্রমিকরা এক চরম অসহায়তার মধ্যে বাস করতেন।

ধর্মঘটীরা আমার কাছে একরাশ অভিযোগ উগরে দিলেন। কেউ বললেন, মালিকরা তাঁদের আলো বন্ধ করে দিয়েছেন, কারোর-বা জল। অনেকে জানালেন, মালিকরা ধর্মঘটীদের বস্তি থেকে উচ্ছেদ করেছেন। সৈয়দ ইব্রাহিম নামে এক পাঠান পিঠের জামা তুলে দেখিয়ে বললেন, 'কী বীভৎসভাবে পিটিয়েছে দেখুন। স্রেফ আপনার কথা ভেবে হতচ্ছাড়াগুলোকে ছেড়ে দিয়েছি, কারণ সেটাই আপনার নির্দেশ। আমি পাঠান, পাঠানরা কখনো মার খায় না, তারা মার দেয়।'

'খুব ভালো কাজ করেছেন ভাই,' আমি বললাম, 'এই সহ্যশক্তিকেই আমি বলি সত্যিকারের সাহসিকতা। আপনার মতো মানুষই আমাদের জয় এনে দেবে।'

শ্রমিকরা দশের হিসেবে নয়, শয়ে-শয়ে হিসেবে যোগ দিতে লাগলেন। অচিরেই তাঁদের সংখ্যা হয়তো কয়েক হাজার ছাড়িয়ে যাবে। বাস্তবিক গেলও তাই। এই বিশাল ও ক্রমবর্ধমান জনতার থাকা-খাওয়ার ব্যবস্থা আমি কীভাবে করব? ভেবে-চিন্তে একটা সমাধান বার করলাম। বিপুল ওই জনতাকে আমি নিয়ে যাব ট্রান্সভাল-এ, সেখানে ফিনিক্স-এর দলটিরই মতো তাদের নিরাপদে জেলে ভরে দেবার ব্যবস্থা করব। ওঁদের সংখ্যা প্রায় পাঁচ হাজার। এত বেশি লোককে ট্রেনে করে নিয়ে যাবার মতো পয়সা আমার কাছে ছিল না। সুতরাং সবাইকে ট্রেনে চাপিয়ে নিয়ে যাবার প্রশ্ন ওঠে না। তাছাড়া ট্রেনে করে নিয়ে গেলে ওঁদের মনোবল পরীক্ষা করার কোনো উপায় থাকবে না আমার হাতে। নিউকাস্‌ল থেকে ট্রান্সভাল সীমান্তর দূরত্ব ৩৬ মাইল। নাটাল-ট্রান্সভাল সীমান্তের গ্রামগুলো হল যথাক্রমে চার্লসটাউন আর ফোক্‌সরুস্ট। শেষপর্যন্ত সিদ্ধান্ত নিলাম, পায়ে হেঁটেই চলব। শ্রমিকদের সঙ্গে পরামর্শ করলাম। তাদের অনেকেরই স্ত্রী-সন্তান রয়েছে, তাই কেউ কেউ আমার প্রস্তাবে সায় দিতে খুঁতখুঁত করছিল। মনকে শক্ত করা ছাড়া আর কোনো বিকল্প আমার সামনে খোলা ছিল না। তাই জানিয়ে দিলাম, যারা চাইবে তাদের খনিতে ফিরে যাবার স্বাধীনতা আছে। কিন্তু একজনও এ-স্বাধীনতা কাজে লাগাতে চাইল না। আমরা সিদ্ধান্ত নিলাম, অশক্তদের ট্রেনে করে পাঠানো হবে। শক্তসমর্থ প্রতিটি লোকই জানিয়ে দিল, তারা পায়ে হেঁটে চার্লসটাউন যেতে রাজি। দু-দিনের মধ্যে এই পদযাত্রা শেষ করতে হবে। এরকম একটা ব্যবস্থা যে নেওয়া গেল তাতে শেষপর্যন্ত সকলেই খুব খুশি। এদিকে নিউকাস্‌ল-এ প্লেগ দেখা দেওয়ার আশঙ্কায় ইয়োরোপীয়রা তাকে ঠেকানোর সমস্ত রকম ব্যবস্থা নিচ্ছিল। আমরা যে-বন্দোবস্ত করলাম তা ইয়োরোপীয়দেরও মনের শান্তি ফিরিয়ে দিল আর আমরাও ওদের পরিকল্পিত বিরক্তিকর ব্যবস্থাগুলোর হাত থেকে রেহাই পেলাম।

পদযাত্রার প্রস্তুতিপর্বে কয়লাখনি মালিকদের সঙ্গে দেখা করবার নিমন্ত্রণ পেয়ে ডারবান গেলাম। কিন্তু ৩ পাউন্ড করের সঙ্গে তাঁদের খনিগুলোর যে আদৌ কোনো সম্পর্ক আছে, সেটা তাঁরা মানলেন না। আমিও তাঁদেরকে সরকারের কাছে ওই কর তুলে নেওয়ার জন্য আবেদন জানাতে রাজি করতে পারলাম না।

অতএব আমি নিউকাসল ফিরে এলাম। সব দিক থেকে দলে দলে শ্রমিকরা তখনও এসে জড়ো হচ্ছেন। আমি তাঁদের কাছে পুরো

পরিস্থিতিটা স্পষ্ট করে বুঝিয়ে বললাম। জানালাম, এখনও চাইলে তাঁরা কাজে ফিরে যেতে পারেন। কয়লা-মালিকদের হুমকির কথা জানালাম তাঁদের, ভবিষ্যতের ঝুঁকিগুলোর কথাও তুলে ধরলাম। এই কথাও বললাম, এ-লড়াই কবে যে শেষ হবে, কেউই বলতে পারে না। জেল খাটার কষ্ট কত, জানালাম তাও।শুনে তাঁরা আদৌ পিছিয়ে গেলেন না। অকুতোভয়ে বললেন, যতক্ষণ আমি তাঁদের পাশে দাঁড়িয়ে লড়াই করছি, তাঁরা কখনো সাহস হারাবেন না। আমাকে তাঁরা বললেন, ওঁদের কষ্ট নিয়ে আমি যেন ব্যতিব্যস্ত না হই, কারণ ওসবে তাঁরা অভ্যস্ত।

এবার তাহলে পদযাত্রা শুরু করতে হয়। এক রাতে শ্রমিকদের জানিয়ে দেওয়া হল যে, পরদিন ভোরে (২৮ অক্টোবর ১৯১৩) পদযাত্রা শুরু হবে। পদযাত্রার সময় কী কী নিয়ম মেনে চলতে হবে তা তাঁদের পড়ে শোনানো হল। পাঁচ-ছ হাজার মানুষের ভিড়কে সামলানো তো মুখের কথা নয়। আমি তাঁদের জানালাম, দিনে মাথাপিছু দেড় পাউন্ড করে রুটি এবং এক আউন্স করে চিনি ছাড়া আর কিছু আমি পথে তাঁদের দিতে পারব না। যাবার পথে ভারতীয় বণিকদের কাছ থেকে আরও কিছু সাহায্য পাওয়ার চেষ্টা আমি করব। কিন্তু সে-চেষ্টা যদি ব্যর্থ হয়, তাহলে শ্রমিকদের ওই রুটি আর চিনি পেয়েই সন্তুষ্ট থাকতে হবে। বুয়র যুদ্ধ আর জুলু 'বিদ্রোহে' অর্জিত অভিজ্ঞতা বর্তমান পরিস্থিতিতে কাজে লাগল। নিতান্ত প্রয়োজনের বেশি জামাকাপড় কেউ যেন সঙ্গে না নেয়। যাত্রাপথে অন্যের সম্পত্তিতে কেউ যেন হাত না দেয়। সরকারি বা বেসরকারি কোনো ইয়োরোপীয়র সঙ্গে যদি মোলাকাত হয়, আর তারা যদি গালমন্দ দেয়, এমনকী চাবকায়, তবু ধৈর্য ধরে থাকতে হবে। পুলিশ গ্রেপ্তার করতে চাইলে শ্রমিকরা যেন তাদের গ্রেপ্তার করতে দেন। আমিও যদি গ্রেপ্তার হয়ে যাই, তবু পদযাত্রা যেন চলে। উপস্থিত সকলের কাছে এইসব বিষয় বুঝিয়ে বলা হল।

আমি না থাকলে কে কে পরপর মানুষকে নেতৃত্ব দেবে তাদের নামও আমি ঘোষণা করে দিলাম।

শ্রমিকরা যাবতীয় নির্দেশ বুঝে নিলেন। আমরা সদলবলে নিরাপদে গিয়ে পৌঁছোলাম চার্লসটাউন। সেখানে বণিকরা আমাদের প্রচুর সাহায্য করলেন। তাঁদের বাড়ি ব্যবহার করতে দিলেন, মসজিদ চত্বরে রান্নাবান্নার বন্দোবস্ত করতে দিলেন। পদযাত্রার সময় যেটুকু খাবার বরাদ্দ করা হয়েছিল, তা কেবল পদযাত্রার সময়টুকুর জন্যই যথেষ্ট ছিল। চার্লসটাউন-এ আমাদের দিন কয়েক থাকতে হবে, তাই রান্নার বাসনপত্র দরকার। বণিকরা সানন্দে সেসবের ব্যবস্থা করে দিলেন। আমাদের সঙ্গে প্রচুর চাল আর অন্য খাবারদাবার মজুত ছিল। তাতেও ওই বণিকদের অবদান ছিল।

চার্লসটাউন একটা ছোট্ট গ্রাম, বড়োজোর হাজারখানেক লোক সেখানে থাকে। কয়েক হাজার লোককে আশ্রয় দেওয়া তার পক্ষে অসম্ভব। তাই মেয়েরা আর শিশুদের রাখা হল বাড়িতে, বাকি সবাই খোলা জায়গায় আস্তানা গাড়ল।

শৌচ পরিচ্ছন্নতার নিয়মগুলো আমাদের লোকেদের বোঝানো খুব মুশকিল। তবে আমার সহকর্মীরা আমার কাজ হালকা করে দিলেন। এ আমার বরাবরের অভিজ্ঞতা যে, নেতা নিজে যদি মুখ্য সেবক হয়, সত্যি সত্যিই যদি সেবাটা করে, মানুষের ওপর হুকুম না চালায়, তাহলে অনেক কিছু করা যায়। নেতা নিজে গতরে খাটলে অন্যরাও তার পথ অনুসরণ করবে। অন্তত এই ক্ষেত্রে আমার অভিজ্ঞতা তো তাই বলে। আমার সহকর্মীরা এবং আমি কখনোই ঝাঁট দেওয়া, মেথরের কাজ এবং ওই ধরনের অন্য কাজ করতে পিছপা হতাম না, ফলে অন্যরাও সে-কাজে ঝাঁপিয়ে পড়ত। নিজে গতরে না খাটলে অন্যদের হুকুম দেওয়ার কোনো মানে হয় না। সবাই তখন নেতা হয়ে বসে অন্যদের ওপর হুকুম চালাবে আর শেষপর্যন্ত কোনো কাজই হবে

না। কিন্তু নেতা নিজেই যেখানে দাস, সেখানে নেতৃত্বর জন্য কোনো রেষারেষি হয় না।

ডাল আর ভাত, এই ছিল আমাদের বরাদ্দ পদ। সঙ্গে প্রচুর শাকসবজি থাকলেও সময় আর বাসনপত্রর অভাবে সেগুলো দিয়ে আলাদা পদ রাঁধা সম্ভব হত না। কাজেই সেগুলো ডালের সঙ্গেই মিশিয়ে দেওয়া হত। হেঁশেল চব্বিশ ঘণ্টা চালু থাকত। কারণ ক্ষুধার্ত নারী-পুরুষ দিনে-রাতে যেকোনো সময় এসে হাজির হত। শ্রমিকরা কেউই নিউকাস্ল-এ থামতেন না। চার্লসটাউন-এর রাস্তা সবারই চেনা, তাই খনি থেকে বেরিয়ে তাঁরা সটান সেখানেই চলে আসতেন।

এইসব নারী-পুরুষের ধৈর্য আর সহনশক্তি দেখে ঈশ্বরের করুণা উপলব্ধি করে অভিভূত হই। আমি ছিলাম প্রধান পাচক। মাঝে মাঝে ডালটা বড্ড বেশি পাতলা হয়ে যেত, কখনো-বা ঠিকমতো সেদ্ধ হত না। শাকসবজি, এমনকী কখনো কখনো ভাতও, ভালো করে সেদ্ধ হত না। এহেন রান্না সোনামুখে কেউ গপগপ করে খাচ্ছে, এ-দৃশ্য আমি পৃথিবীতে খুব বেশি দেখিনি। অপর দিকে দক্ষিণ আফ্রিকার বিভিন্ন জেলে দেখেছি, বেশ শিক্ষিত বলা চলে এমন লোকও বরাদ্দ পরিমাণের তুলনায় কম খাবার পেলে, কিংবা রান্না খারাপ হলে, এমনকী খাবার দিতে একটু দেরি হলে, মেজাজ গরম করে।

রান্না করার চেয়ে পরিবেশনের কাজটাই যেন বেশি কষ্টসাধ্য মনে হত। আর সেটা ছিল একান্তভাবেই আমার দায়িত্ব। রান্না খাবারের ভালো-মন্দর দায়িত্বটা আমি সামলাতাম। তার ওপর খাবারের পরিমাণ কম পড়ে গেলে, কিংবা হঠাৎ করে খাবার লোক বেশি এসে পড়লে, প্রতিজনের বাঁধা বরাদ্দ থেকে কাটছাঁট করে, উপস্থিত সবাইকে সন্তুষ্ট করার দায়টাও আমাকেই নিতে হত। পাতে খাবার কম দিয়েছিলাম বলে বোনেরা এক বার যেভাবে আমার দিকে রেগেমেগে তাকিয়েছিলেন, সে আমি কখনো ভুলব না। কিন্তু পরমুহূর্তেই সেই ক্রুদ্ধ চাহনি রূপান্তরিত

হয়েছিল হাসিতে। তাঁরা বুঝেছিলেন, আমার এই স্বেচ্ছাবৃত দায়িত্বর জন্য আমি কোনো ধন্যবাদ পাই না। আমি বলতাম, 'আমার কিচ্ছু করার নেই। রান্না খাবারের পরিমাণ কম, অথচ অনির্দিষ্ট সংখ্যক লোককে খাওয়াতে গেলে ওই খাবারকেই সমান ভাগে ভাগ করে দেওয়া ছাড়া আর কিছু করার নেই।' শুনে তাঁরা পরিস্থিতিটা অনুধাবন করে হাসতে হাসতে চলে যেতেন, বলতেন, তাঁরা খুশি।

দীর্ঘ পদযাত্রা : ১

চার্লসটাউন ছেড়ে যাবার সময় এসে পড়ল। আমি সরকারকে লিখলাম, ট্রান্সভাল-এ ঢুকে সেখানে থাকবার কোনো বাসনা আমাদের নেই, আমরা কেবল মন্ত্রীমশাইয়ের চুক্তিভঙ্গর বিরুদ্ধে একটা কার্যকর প্রতিবাদ করতে চাই। আমাদের আত্মমর্যাদা ক্ষুণ্ণ হওয়ায় আমরা যে-দুঃখ পেয়েছি, এ বিক্ষোভ তারই এক বিশুদ্ধ বহিঃপ্রকাশ। চার্লসটাউন-এ থাকতে থাকতেই যদি সরকার অনুগ্রহ করে আমাদের গ্রেপ্তার করে, তাহলে আমরা যাবতীয় দুশ্চিন্তামুক্ত হই। কিন্তু সেটা না করলে এরপর যদি আমাদের মধ্যে কেউ লুকিয়ে-চুরিয়ে ট্রান্সভাল ঢোকে, তার দায়িত্ব আমাদের ওপর বর্তাবে না। আমাদের আন্দোলনের মধ্যে গোপন কিছু নেই। আমাদের কারোর কোনো ধান্দা নেই। কেউ গোপনে ট্রান্সভাল ঢুকে পড়ুক সেটা আমরা চাই না, কিন্তু যেখানে হাজার হাজার অচেনা লোককে নিয়ে আমাদের চলতে হচ্ছে, আর যেহেতু প্রেম ছাড়া আর কোনো কিছু দিয়েই আমরা তাদের ওপর জোর খাটাতে পারি না, তাই এদের কারও কোনো কাজের জন্য আমরা দায়ী থাকব না। পরিশেষে আমি সরকারকে আশ্বস্ত করে বললাম, তারা যদি ওই ৩ পাউন্ডের করটা তুলে নেয় তাহলে ধর্মঘটও তুলে নেওয়া হবে এবং চুক্তি-শ্রমিকরা কাজে ফিরে যাবেন, কারণ আমাদের অন্যান্য সর্বজনীন দাবিগুলি আদায়ের সংগ্রামে আমরা তাঁদের জড়াতে চাই না।

অতএব পরিস্থিতিটা বেশ অনিশ্চিত হয়ে পড়ল। সরকার কখন আমাদের গ্রেপ্তার করবে, কেউ জানে না। কিন্তু এহেন সংকটে আমরা তো সরকারের উত্তরের জন্য অনির্দিষ্টকাল ধরে বসে থাকতে পারি না। তাই সিদ্ধান্ত নিলাম, একটা নির্দিষ্ট দিন অব্দি দেখে, সরকার যদি আমাদের গ্রেপ্তার না করে, তাহলে আমরা ট্রান্সভাল-এ ঢুকে পড়ব। পথে যদি আমাদের গ্রেপ্তার করা না হয়, তাহলে 'শান্তিসেনাদল' আট দিন একটানা দিনে চব্বিশ মাইল করে পদযাত্রা করে গিয়ে পৌঁছোবে টলস্টয় খামারে। যতদিন-না সংগ্রামের ইতি হচ্ছে ততদিন ওখানেই থাকা হবে। আর, নিজেদের ভরণপোষণ চালানো হবে খামারের কাজ করে। মিস্টার কালেনবাখ যাবতীয় প্রয়োজনীয় ব্যবস্থা করে রেখেছিলেন। তীর্থযাত্রীদের দিয়েই মাটির কুটির বানিয়ে নেওয়া হবে, এই ছিল ভাবনা। কুটির তৈরির কাজ যতদিন চলবে, বৃদ্ধ ও অশক্তদের ছোটো ছোটো তাঁবুতে রাখা হবে আর শক্তসমর্থরা থাকবে খোলা জায়গায়। অসুবিধে একটাই, বর্ষা আসন্ন। বৃষ্টি হলে সকলেরই মাথার ওপরে একটা ছাউনি তো লাগবে। কিন্তু মনোবল আর প্রত্যয় সহকারে মিস্টার কালেনবাখ বললেন, একটা কিছু ব্যবস্থা ঠিকই হয়ে যাবে।

আমরা পদযাত্রার জন্য অন্যান্য প্রস্তুতিও নিলাম। চার্লসটাউন-এর শুভানুধ্যায়ী স্বাস্থ্য অফিসার ডাক্তার ব্রিস্কো আগাগোড়াই আমাদের প্রতি সহানুভূতিসম্পন্ন ছিলেন। তিনি একটা ছোটো ডাক্তারি বাক্স বানিয়ে দিলেন আমাদের জন্য আর এমন কিছু শল্য-উপকরণ দিলেন যা আমার মতো প্রশিক্ষণহীন লোকও ব্যবহার করতে পারে। তীর্থযাত্রীদের সঙ্গে কোনো বাহন না থাকায় ডাক্তারি বাক্সটাকে ঘাড়ে করেই নিয়ে চলতে হবে। কাজেই নেহাত যতটুকু ওষুধপত্র না নিলেই নয়, তার বেশি কিছু সঙ্গে নিলাম না। তা দিয়ে একসঙ্গে একশো জনেরও চিকিৎসা করা যাবে না। তাতে অবশ্য অসুবিধের কিছু নেই, কারণ আমরা প্রত্যেক দিন কোনো-না-কোনো গ্রামের কাছাকাছি ঘাঁটি গাড়ব বলে প্রস্তাব নিয়েছিলাম। যেসব ওষুধ কম পড়বে সেগুলো গ্রামে নিশ্চয়ই পাওয়া যাবে।

তাছাড়া আমরা সঙ্গে কোনো রোগী বা অক্ষম ব্যক্তিকে নিইনি, যাত্রাপথের কোনো-না-কোনো গ্রামে তাদের রাখবার ব্যবস্থা করেছিলাম।

রুটি আর চিনি, এই ছিল আমাদের একমাত্র বরাদ্দ আহার। কিন্তু আট দিনের যাত্রায় রুটির জোগান নিশ্চিত করা যাবে কী করে? প্রত্যেক দিনই তীর্থযাত্রীদের হাতে রুটি দিতে হবে আর তার কোনো অংশই মজুত রাখা চলবে না। একমাত্র উপায় হল, কেউ যদি প্রতিটি পর্বে আমাদের রুটির জোগান দেয়। কিন্তু কে দেবে সেই জোগান? রুটিনির্মাতাদের মধ্যে ভারতীয় যে একজনও নেই। তার ওপর প্রত্যেক গ্রামেই যে রুটিওয়ালা পাওয়া যাবে এমন নয়, কেননা গ্রামগুলো রুটির জোগানের জন্য সচরাচর শহরের ওপরেই নির্ভর করে। অতএব কোনো রুটিনির্মাতা যদি রুটি বানিয়ে ট্রেনে করে নির্দিষ্ট কোনো স্টেশনে পাঠিয়ে দেয়, তাহলে সমস্যা মেটে। ফোক্সরুস্ট আকারে চার্লসটাউন-এর দ্বিগুণ। সেখানকার একটি বড়ো ইয়োরোপীয় রুটিনির্মাতা সংস্থা প্রত্যেক জায়গায় রুটি পাঠিয়ে দেওয়ার চুক্তিতে সাগ্রহে রাজি হল। আমাদের অতি বিদঘুটে দুর্দশার সুযোগ নিয়ে বাজারের থেকে বেশি দাম তারা নিল না। অতি চমৎকার আটার রুটি তারা আমাদের পাঠাত। ঠিক সময়মতো তাদের কাছ থেকে রুটি চলে আসত, আর রেলের কর্মচারীরা— তারাও ইয়োরোপীয়— চটপট সেগুলো আমাদের কাছে পাঠিয়ে তো দিতই, উপরন্তু পাঠাতে গিয়ে পথে যাতে রুটি নষ্ট না হয় সেদিকে যথেষ্ট নজর রাখত; আমাদের কিছু বিশেষ সুবিধাও দিত। তারা জানত, আমাদের অন্তরে কোনো বিদ্বেষ নেই, কোনো প্রাণীর ক্ষতি করার সামান্যতম ইচ্ছাও নেই। আমরা নিছক আত্মনিগ্রহ মারফত অন্যায়ের প্রতিকার চাই। আমাদের পরিপার্শ্বটা তাই খুব শুদ্ধ ছিল এবং শুদ্ধই রয়ে গিয়েছিল। প্রেমের যে-বোধ সব মানুষেরই মধ্যে থাকে, কেবল সুপ্ত হয়ে থাকে, তা এখানে সক্রিয় হয়ে উঠেছিল। সকলেই উপলব্ধি করত, আমরা সবাই ভাই ভাই; কে খ্রিস্টান, কে ইহুদি, কে হিন্দু, কে মুসলমান, তাতে কিছু আসে যায় না।

যখন পদযাত্রার সব বন্দোবস্ত সম্পূর্ণ, তখন আমি আরও একবার মীমাংসা রফার চেষ্টা করলাম। চিঠি ও তার তো আগেই পাঠিয়েছিলাম। এবার জেনারেল স্মাট্‌স-কে ফোন করলাম। আধ মিনিটের মধ্যে এল উত্তর: 'জেনারেল স্মাট্‌স আপনার সঙ্গে কোনো সম্পর্ক রাখতে চান না। আপনি যা খুশি করতে পারেন।' এই কথা বলে টেলিফোন কেটে দেওয়া হল। আমি জানতাম এইটাই ঘটবে, যদিও এইরকম অভদ্র উত্তরের জন্য তৈরি ছিলাম না। পরের দিন (৬ নভেম্বর ১৯১৩) নির্ধারিত সময়ে (সকাল সাড়ে ছ-টা) প্রার্থনা করে ভগবানের নাম নিয়ে আমরা পদযাত্রা শুরু করলাম। পদযাত্রী বাহিনীতে ছিল ২০৩৭ জন পুরুষ, ১২৭ জন নারী, ৫৭টি শিশু।

দীর্ঘ পদযাত্রা : ২

চার্লসটাউন থেকে এক মাইল দূরে একটা ঝরনা আছে। ঝরনাটা পেরোলেই ফোক্সরুস্ট আর ট্রান্সভাল-এ ঢুকে পড়া যায়। সীমান্তে অশ্বারোহী পুলিশদের একটা দল টহল দিচ্ছিল। আমি তাদের সঙ্গে কথা বলতে গেলাম। সঙ্গীদের নির্দেশ দিয়ে গেলাম, আমি সংকেত দিলে তবে তারা যেন সীমান্ত পার হয়। কিন্তু আমি পুলিশদের সঙ্গে যখন কথা বলছি, তখনই হঠাৎ ওরা একেবারে হুড়মুড় করে সীমান্ত পার হয়ে গেল। পুলিশ ওদের আটকাবার চেষ্টা করল, কিন্তু ওই বিশাল জনসমুদ্রকে ঠেকানো কি সহজ কথা। আমাদের গ্রেপ্তার করার ইচ্ছে পুলিশের আদৌ ছিল না। আমি আমাদের দলের লোকদের বুঝিয়ে-সুঝিয়ে সুশৃঙ্খল সারিতে বিন্যস্ত করলাম। কয়েক মিনিটের মধ্যে সব কিছু বেশ শৃঙ্খলাবদ্ধ হয়ে উঠল, শুরু হয়ে গেল ট্রান্সভাল-এর উদ্দেশে আমাদের পদযাত্রা।

এর দু-দিন আগে ফোক্সরুস্ট-এর ইয়োরোপীয়রা একটা সভা করে আমাদের নানারকম হুমকি দিয়েছিল। কেউ কেউ বলেছিল, আমরা ট্রান্সভাল ঢুকলে গুলি করে মারবে। ভারতীয়দের বক্তব্যটা ইয়োরোপীয়দের সামনে তুলে ধরার জন্য সে-সভায় মিস্টার কালেনবাখ হাজির ছিলেন। কিন্তু ওরা তাঁর কথা শুনতে রাজি ছিল না। এই সভাটার কথা শুনেছিলাম বলে ফোক্সরুস্ট-এ ইয়োরোপীয়রা কোনো বদমাইশি করলে তারজন্য

আমরা তৈরি ছিলাম। এমন হতে পারে যে সীমান্তে বেশ বড়োসড়ো পুলিশ বাহিনীটি রাখা হয়েছিল আমাদের ওপর নজর রাখবার জন্য। সে যাই হোক, আমাদের মিছিল কিন্তু শান্তিতেই জায়গাটা পার হয়ে গেল। কোনো ইয়োরোপীয় একটা টিটকিরিও ছুড়ে দেওয়ার চেষ্টা করেনি। সবাই এই অভিনব দৃশ্য দেখার জন্য রাস্তায় বেরিয়ে এসেছিল। এমনকী তাদের কারও কারও চোখে ছিল বন্ধুত্বপূর্ণ ঝিলিক।

প্রথম দিন আমাদের রাত্তিরে থাকবার কথা ছিল ফোক্‌সরুস্ট থেকে মাইল আষ্টেক দূরে পামফোর্ড নামক এক জায়গায়। সন্ধ্যে পাঁচটা নাগাদ সেখানে গিয়ে পৌঁছোলাম। দলের লোকজন যে-যার রুটি-চিনির বরাদ্দ নিয়ে খোলা জায়গায় হাত-পা ছড়িয়ে আরাম করতে লাগল। কেউ কথা বলছিল, কেউ-বা ভজন গাইছিল। মেয়েদের মধ্যে অনেকে এই পদযাত্রার ধকলে একেবারে অবসন্ন হয়ে পড়েছিল। তারা সাহস করে তাদের বাচ্চাদের কোলে করে নিয়ে এসেছিল। কিন্তু এখন তাদের পক্ষে আর এগোনো সম্ভব ছিল না। আমি আগেই তাদের হুঁশিয়ারি দিয়ে রেখেছিলাম, সেই অনুযায়ী একজন সজ্জন ভারতীয় দোকানদারের বাড়িতে তাদের পাঠিয়ে দিলাম। দোকানদারটি আমাদের কথা দিয়েছিলেন যে, আমাদের যদি টলস্টয় খামার অব্দি যেতে দেওয়া হয়, তাহলে উনি ওই মেয়েদের সেখানে পাঠিয়ে দেবেন। আর যদি আমরা গ্রেপ্তার হয়ে যাই, তাহলে ওদের যার যার বাড়ি পাঠিয়ে দেবেন।

রাত্রি ঘন হয়ে এল। সব গোলমাল থেমে গেছে। আমি সবে শোয়ার জন্য তৈরি হচ্ছি, এমন সময় কার পায়ের শব্দ শুনলাম। দেখলাম লণ্ঠন হাতে একজন ইয়োরোপীয় অফিসার আসছে। এর অর্থ বুঝতে বাকি রইল না। কোনো প্রস্তুতি নেওয়ার আর দরকার হল না। পুলিশ অফিসারটি বলল:

'আপনাকে গ্রেপ্তার করবার পরোয়ানা নিয়ে এসেছি।'

'কখন?' আমি জিজ্ঞাসা করলাম।

'এখনই।'

'কোথায় নিয়ে যাবেন আমাকে?'

'আপাতত এই পাশের রেল স্টেশনে, তারপর ট্রেন এলে ফোক্সরুস্ট-এ।'

'আমি কাউকে না জানিয়ে আপনার সঙ্গে যাব, কেবল একজন সহকর্মীকে কিছু নির্দেশ দিয়ে যেতে চাই।'

'বেশ, তাই করুন।'

পি. কে. নাইডু আমার কাছে শুয়ে ঘুমোচ্ছিলেন। তাঁকে ঘুম থেকে তুলে আমার গ্রেপ্তারের খবর দিলাম এবং বললাম, ভোরের আগে কারও ঘুম ভাঙানোর দরকার নেই। সকাল হলে ওরা যেন নিয়মমাফিক পদযাত্রা শুরু করে। সূর্য ওঠার আগেই পদযাত্রা শুরু হয়ে যাবে। তারপর যখন

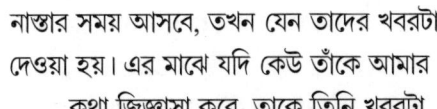

নাস্তার সময় আসবে, তখন যেন তাদের খবরটা দেওয়া হয়। এর মাঝে যদি কেউ তাঁকে আমার কথা জিজ্ঞাসা করে, তাকে তিনি খবরটা দিতে পারেন। দলের লোকজনকে যদি গ্রেপ্তার করা হয়, তারা যেন প্রতিরোধ না করে। অন্যথায় তারা যেন কর্মসূচি অনুযায়ী পদযাত্রা চালিয়ে যায়। নাইডুর ভয়ডর বলে কিছু ছিল না। উনি নিজেও যদি গ্রেপ্তার হয়ে যান, তাহলে কী করতে হবে, সে-বিষয়েও তাঁকে নির্দেশ দিলাম। মিস্টার কালেনবাখ তখন ফোক্সরুস্ট-এই ছিলেন।

আমি পুলিশ অফিসারটির সঙ্গে চললাম। পরদিন সকালে ফোক্সরুস্ট-এর ট্রেন ধরলাম। হাজির হলাম ফোক্সরুস্ট-এর আদালতে। সরকার পক্ষের উকিল নিজেই ১৪ তারিখ পর্যন্ত আমার হাজতবাসের জন্য আবেদন করলেন, যেহেতু তাঁর হাতে তখনও উপযুক্ত সাক্ষ্যপ্রমাণ ছিল না। কাজেই মামলা মুলতুবি রাখা হল। আমি জামিনের আবেদন পেশ করলাম, যেহেতু দু-হাজার পুরুষ, ১২২ জন নারী এবং ৫০ জন শিশু আমার হেফাজতে রয়েছেন এবং মামলা যতদিন মুলতুবি থাকবে তার মধ্যে আমি ওঁদের গন্তব্যস্থানে পৌঁছে দিতে চাই। সরকারি উকিল আমার আবেদনের বিরোধিতা করলেন। কিন্তু হাকিম সাহেবের এ নিয়ে কিছু করার ছিল না, কারণ মৃত্যুদণ্ড-যোগ্য অপরাধের দায়ে অভিযুক্ত না হলে যেকোনো বন্দি আদালতে হাজিরা দেওয়ার ব্যাপারে আইনত জামিন পেতে বাধ্য। কাজেই আমাকে সে-অধিকার থেকে বঞ্চিত করা সম্ভব ছিল না। সুতরাং হাকিম আমাকে ৫০ পাউন্ডের জামিনের বিনিময়ে মুক্তি দিলেন। মিস্টার কালেনবাখ একটা গাড়ি তৈরি রেখেছিলেন। তিনি তক্ষুনি আমাকে পদযাত্রীদের কাছে নিয়ে গেলেন।

আবার শুরু হল পদযাত্রা। কিন্তু আমাকে ছাড়া অবস্থায় রেখে দিতে সরকারের অসুবিধা ছিল। তাই ৮ তারিখে স্ট্যান্ডার্টন-এ আমাকে ফের গ্রেপ্তার করা হল। স্ট্যান্ডার্টন জায়গাটা মোটের ওপর বড়ো। যেভাবে এখানে আমাকে গ্রেপ্তার করা হল সেটা বেশ অদ্ভুত। আমি 'তীর্থযাত্রীদের' মধ্যে রুটি বিলি করছিলাম। স্ট্যান্ডার্টন-এর ভারতীয় দোকানদাররা আমাদের কয়েক টিন মার্মালেড উপহার দিয়েছিলেন। কাজেই খাবার বিলির কাজে একটু বেশি সময় লেগেছিল। তারই মধ্যে হাকিম সাহেব এসে আমার পাশে দাঁড়ালেন। খাবার বিলির কাজ শেষ হওয়া অব্দি তিনি অপেক্ষা করলেন, তারপর আমাকে একপাশে ডেকে নিলেন। ভদ্রলোককে আমি চিনতাম। ভাবলাম, উনি বোধহয় আমার সঙ্গে কথা বলতে এসেছেন। উনি হেসে বললেন:

'আপনাকে আমি বন্দি করলাম।'

বললাম, 'মনে হচ্ছে আমার খাতির বেড়েছে। তুচ্ছ পুলিশ অফিসারের বদলে খোদ হাকিম সাহেবদের এখন হুকুম দেওয়া হচ্ছে আমাকে গ্রেপ্তার করার জন্য। আপনি তো এখনই আমার বিচার শুরু করবেন।'

উত্তরে হাকিম বললেন, 'আমার সঙ্গে আসুন। আদালত এখনও চালু আছে।'

পদযাত্রীদের যাত্রা চালিয়ে যাওয়ার নির্দেশ দিয়ে আমি হাকিমের সঙ্গে চললাম। আদালত কক্ষে পৌঁছে দেখলাম আমার কিছু সহকর্মীকেও গ্রেপ্তার করা হয়েছে।

তখনই আমাকে আদালতে তোলা হল। আমি ফোক্সরুস্ট-এর মতো একই কারণ দর্শিয়ে মামলা মুলতুবি রাখার আর জামিনের আবেদন করলাম। সরকারি উকিল এখানেও আমার আবেদনের প্রবল বিরোধিতা করলেন এবং এখানেও আমি ৫০ পাউণ্ডের ব্যক্তিগত জামিনে মুক্তি পেলাম। ২১ তারিখ অবধি মামলা মুলতুবি রইল। ভারতীয় বণিকরা

আমার জন্য একটা গাড়ি তৈরি রেখেছিলেন, সেই গাড়িতে চড়ে
আমি বড়োজোর মাইল তিনেক দূরত্বে পদযাত্রীদের সঙ্গ আবার ধরে
নিলাম। ওদের মনে হল, আমারও মনে হল, এবার বোধহয় টলস্টয়
খামার পৌঁছোতে পারব। কিন্তু দেখা গেল, সে হবার নয়। তবে দলের
লোকেরা যে আমার গ্রেপ্তার হওয়ার সঙ্গে অভ্যস্ত হয়ে উঠল, সেটা কম
কথা নয়। আমার পাঁচ সহকর্মী জেলেই রইল।

জোহানেসবার্গ-এর কাছাকাছি এসে পড়েছিলাম। পাঠকের নিশ্চয়ই মনে
আছে, গোটা যাত্রাটাকে আটটি পর্বে বিভক্ত করা হয়েছিল। এতদূর
অব্দি আমরা নিখুঁতভাবে আমাদের কর্মসূচি মেনে পদযাত্রাগুলি চালাতে
পেরেছি। সামনে এখন আর চারদিনের পদযাত্রা বাকি। কিন্তু আমাদের
উৎসাহ যেমন দিনে দিনে বেড়ে চলছিল, সরকারও উত্তরোত্তর বেশি
মাত্রায় চিন্তিত হয়ে পড়ছিল, কী করে এই ভারতীয় হানাদারিকে ঠেকানো
যায়। গন্তব্যে পৌঁছোবার পর আমাদের গ্রেপ্তার করলে সরকারকে এই
বলে দোষ দেওয়া হবে যে, সে দুর্বল, তার কৌশলচাতুর্য নেই। তাই,
আমাদের যদি গ্রেপ্তার করতেই হয়, তাহলে আমরা ওই কাঙ্ক্ষিত
ভূমিতে গিয়ে পৌঁছোনোর আগেই সেটা করতে হবে।

এইসময় গোখলে একটি তার পাঠিয়ে বললেন, হেনরি পোলক, যিনি
ফিনিক্স-এর কাজে নিজেকে সঁপে দিয়েছিলেন, তিনি যেন ভারত
চলে যান এবং ভারত সরকার ও ব্রিটিশ সরকারের কাছে এখানকার
পরিস্থিতি তথ্য সহযোগে তুলে ধরার কাজে গোখলেকে সাহায্য করেন।
কাজেই আমরা পোলক-কে ভারতে পাঠাবার জন্য তৈরি হতে
লাগলাম। পোলক-কে জানালাম, তাঁকে ভারত যেতে হবে, কিন্তু
যাওয়ার আগে তিনি যেন আমার সঙ্গে ব্যক্তিগতভাবে দেখা করে পূর্ণ
নির্দেশ গ্রহণ করেন। তিনি পদযাত্রা চলাকালীনই আমার সঙ্গে দেখা
করতে চাইলেন। আমি তাঁকে তার করে জানালাম, চাইলে তিনি এখানে
আসতে পারেন, কিন্তু এখানে তাঁর গ্রেপ্তার হয়ে যাওয়ার আশঙ্কা আছে।

গ্রেপ্তার হয়ে যাওয়ার ঝুঁকি মাথায় নিয়েই মিস্টার পোলক ৯ তারিখে আমার পরামর্শ নেওয়ার জন্য আমাদের সঙ্গে যোগ দিলেন স্ট্যান্ডার্টন আর গ্রেলিংস্ট্যাড-এর মাঝখানে টিকওয়ার্থ নামক এক জায়গায়। আলোচনা চলতে লাগল। তখন বিকেল প্রায় তিনটে। গোটা তীর্থযাত্রীদলের আগে আগে চলেছিলাম পোলক আর আমি। কয়েকজন সহকর্মী আমাদের আলোচনা শুনছিলেন। কথা ছিল, পোলক সন্ধ্যেবেলায় ডারবান-এর ট্রেন ধরবেন। কিন্তু অনেক সময় মানুষ ভাবে এক, আর ঈশ্বর করেন অন্যরকম। আমরা যখন কথাবার্তায় ব্যস্ত, সেইসময় একটা কেপ গাড়ি এসে আমাদের সামনে দাঁড়াল। গাড়ি থেকে নামলেন ট্রান্সভাল-এর মুখ্য অভিবাসন অফিসার মিস্টার চ্যামনি এবং একজন পুলিশ অফিসার। আমাকে একধারে ডেকে নিয়ে গিয়ে ওঁদের একজন বললেন, 'আপনাকে আমি গ্রেপ্তার করছি।'

এই নিয়ে চারদিনে আমি তিনবার গ্রেপ্তার হলাম।

জিজ্ঞেস করলাম, 'পদযাত্রীদের কী হবে?'

উত্তর এল, 'সেটা আমরা দেখব।'

আমি আর কিছু বললাম না। পোলক-কে বললাম, তিনি যেন দায়িত্ব নিয়ে পদযাত্রীদের সঙ্গে যাত্রা করেন। পুলিশ অফিসারটি আমাকে অনুমতি দিল কেবল আমার গ্রেপ্তারের খবরটুকু পদযাত্রীদের জানাতে। আমি যখন ওদের বোঝাতে যাচ্ছি যে, তারা যেন শান্তি বজায় রাখে ইত্যাদি, অফিসারটি বাধা দিয়ে বলল, 'আপনি এখন বন্দি, আপনি ভাষণ দিতে পারেন না।'

আমি আমার অবস্থাটা বুঝলাম। কথা বন্ধ করা মাত্রই অফিসারটি গাড়ির চালককে পূর্ণবেগে গাড়ি চালাতে নির্দেশ দিল। নিমেষের মধ্যে পদযাত্রীরা আমার চোখের সামনে থেকে মিলিয়ে গেল।

আমাকে নিয়ে যাওয়া হল গ্রেলিংস্ট্যাড-এ, সেখান থেকে বালফুর হয়ে হাইডেলবার্গ। রাত কাটালাম সেখানেই।

ওদিকে পোলক-এর নেতৃত্বে যাত্রীদল যাত্রা শুরু করে গ্রেলিংস্ট্যাড-এ এসে রাত্রিবাসের জন্য থামল। ১০ তারিখ সকাল ৯টা নাগাদ তারা পৌঁছে গেল বালফুর। সেখান থেকে তাদের নাটাল-এ ফেরত পাঠানোর জন্য স্টেশনে তিনখানা বিশেষ ট্রেন প্রস্তুত রাখা হয়েছিল। দলের লোকেরা সেখানে বেশ নাছোড়বান্দা হয়ে উঠল। তারা দাবি তুলল, আমাকে সেখানে হাজির করা হোক। কথা দিল, আমি বললেই তারা গ্রেপ্তার বরণ করে ওই ট্রেনে উঠবে। কিন্তু মিস্টার পোলক আর কছালিয়া শেঠ তাদের বোঝালেন যে, জেলখানাই তো বরাবর তাদের গন্তব্য ছিল। তখন তারা বুঝল, শান্ত মনে ট্রেনে উঠল।

সত্যাগ্রহ-র জয়

আবার আমাকে হাকিমের সামনে হাজির করা হল। এবারে আমার গ্রেপ্তারি পরোয়ানাটা জারি করা হয়েছিল ডান্ডি থেকে, তাই ওই দিনই আমাকে ট্রেনে করে নিয়ে যাওয়া হল ডান্ডি।

মিস্টার পোলক-কে বালফুর-এ গ্রেপ্তার তো করা হয়ইনি, উপরন্তু কর্তৃপক্ষকে তিনি যেভাবে সাহায্য করেছিলেন তার জন্য ধন্যবাদ দেওয়া হয়েছিল। কিন্তু চার্লসটাউন-এ সংযোগী ট্রেনের জন্য তিনি যখন অপেক্ষা করছিলেন, তখন তাঁকে গ্রেপ্তার করা হল। গ্রেপ্তার করা হল মিস্টার কালেনবাখ-কেও। দুই বন্ধুকেই ফোক্সরুস্ট জেলে কয়েদ করা হল।

ডান্ডি-তে ১১ তারিখে আমার বিচার হল। নয় মাসের সশ্রম কারাদণ্ড পেলাম আমি। নিষিদ্ধ ব্যক্তিদের ট্রান্সভাল-এ প্রবেশ করানোর কাজে সহায়তার দায়ে আমার নামে যে-দ্বিতীয় মামলাটি ঝুলে রয়েছে, তার বিচার তখনও বাকি। তাই ১৩ তারিখ আমাকে নিয়ে যাওয়া হল ফোক্সরুস্ট। সেখানে জেলে কালেনবাখ আর পোলক-এর সঙ্গে মোলাকাত হয়ে মনটা খুশি হয়ে গেল।

১৪ তারিখে পোলক আর কালেনবাখ-এর সঙ্গে একত্রে আমার বিচার হল ফোক্সরুস্ট আদালতে। প্রত্যেকেই তিন মাসের কারাদণ্ড পেলাম। ফোক্সরুস্ট জেলে কয়েকটা দিন আনন্দে কাটানো গেল। রোজই নতুন

নতুন বন্দি আসত আর তাদের কাছ থেকে হালফিল বাইরে কী ঘটছে তার খবর মিলত। এইসব সত্যাগ্রহী বন্দিদের মধ্যে ছিলেন প্রায় ৭৫ বছরের এক বৃদ্ধ, নাম হর্বৎসিং। তিনি খনির কর্মী ছিলেন না। তাঁর শ্রমচুক্তির মেয়াদ বহু দিন আগেই ফুরিয়ে গিয়েছিল, তাই তিনি ধর্মঘটে শামিল হননি। আমি গ্রেপ্তার হওয়ার পর ভারতীয়দের মধ্যে উৎসাহ ব্যাপকভাবে বেড়ে গিয়েছিল, অনেকেই নাটাল থেকে সীমান্ত পেরিয়ে ট্রান্সভাল-এ ঢুকে গ্রেপ্তার বরণ করেছিল; হর্বৎসিং-ও তাদেরই একজন।

আমি তাঁকে জিজ্ঞেস করলাম, 'আপনি জেলে এলেন কেন? আপনার মতো প্রবীণ লোকদের তো আমি কারাবরণ করতে ডাকিনি।'

'আপনি নিজে, আপনার স্ত্রী, এমনকী আপনার ছেলেরাও যখন আমাদেরই জন্য জেল খাটছেন, তখন না এসে কি থাকা যায়, বলুন?' এই ছিল তাঁর উত্তর।

'কিন্তু জেলের এই কষ্ট আপনার সহ্য হবে না। আমার মতে আপনার উচিত জেল থেকে বেরিয়ে যাওয়া। আমি কি আপনার মুক্তির ব্যবস্থা করব?'

'আজ্ঞে, না। আমি জেল ছেড়ে কখনোই যাব না। আর ক-দিনই-বা বাঁচব, যদি জেলের মধ্যে মরি, সেটা বড়োই আনন্দের হবে।'

এরকম অটল সংকল্পর সামনে যুক্তি দেওয়া বৃথা। এই নিরক্ষর মহাপুরুষের সামনে আমার মাথা নত হয়ে গেল। হর্বৎসিং-এর ইচ্ছা পূর্ণ হয়েছিল, ৫ জানুয়ারি ১৯১৪ তাঁর মৃত্যু হয়েছিল জেলেই। শত শত ভারতীয়র উপস্থিতিতে হিন্দু রীতি অনুযায়ী তাঁর শেষকৃত্য পালিত হয়েছিল পরম সম্মানের সঙ্গে। সত্যাগ্রহ সংগ্রামে হর্বৎসিং-এর মতো মানুষ অনেক ছিলেন। কিন্তু জেলের মধ্যে মৃত্যুবরণ করবার দুর্লভ ও অভাবনীয় সৌভাগ্য একমাত্র তাঁরই হয়েছিল। তাই দক্ষিণ আফ্রিকায় সত্যাগ্রহর ইতিহাসে তাঁর নামটি বিশেষ সম্মানের সঙ্গে উল্লেখ্য।

যাহোক, ফিরে আসি যারা পদযাত্রা করেছিল তাদের প্রসঙ্গে। বিশেষ ট্রেনগুলো তাদের নাটাল ফিরিয়ে নিয়ে গেল আর সেখানে তৎক্ষণাৎ তাদের জেলে পোরা হল। সরকার খনিগুলোকে বেড়া দিয়ে ঘিরে সেগুলোকে ডান্ডি আর নিউকাস্‌ল জেলের ফাঁড়ি বলে ঘোষণা করল এবং খনিশ্রমিকদের তার মধ্যে কাজে ফিরিয়ে দিল। কার্যত এ ছিল ক্রীতদাসত্বরই শামিল। ভারতে এ নিয়ে প্রচণ্ড ধিক্কারের ঝড় উঠল। তার পিছনে প্রধান ভূমিকা ছিল গোখলের, যদিও তিনি তখন খুব অসুস্থ। আর ঠিক সেই সময়েই (ডিসেম্বর ১৯১৩) বড়োলাট লর্ড হার্ডিঞ্জ তাঁর সেই বিখ্যাত ভাষণটি দিলেন।

এই 'বিখ্যাত ভাষণ'টি আসলে দেওয়া হয়েছিল মাদ্রাজে, ২৪ নভেম্বর ১৯১৩। লর্ড হার্ডিঞ্জ বলেছিলেন, 'দক্ষিণ আফ্রিকা সরকার যদি ভারত ও বিশ্বর চোখে নিজেকে ন্যায্য প্রতিপন্ন করতে চায়, তাহলে তাদের সামনে একটা পথই খোলা: সব কিছু খুঁটিয়ে খুঁটিয়ে বিচার করার জন্য একটা শক্তিশালী নিরপেক্ষ কমিটি গঠন করা, যে-কমিটিতে ভারতীয় স্বার্থর প্রতিনিধিত্ব থাকবে। আমি আপনাদের এই মর্মে নিশ্চিন্ত করতে পারি যে, ব্রিটিশ-ভারতের সরকার ব্রিটিশ সাম্রাজ্যের সরকারকে এই জিনিসগুলো বিবেচনা করে দেখার জন্য আন্তরিকভাবে অনুরোধ করতে আদৌ পিছপা হবে না।'

(দ্য কালেক্টেড ওয়ার্কস অব মহাত্মা গান্ধী [CWMG], খণ্ড ১২, পৃষ্ঠা ৬০৩)

একজন বড়োলাটের পক্ষে প্রকাশ্যে সাম্রাজ্যের অন্য জায়গার প্রশাসন নিয়ে সমালোচনা করা খুব সাধারণ ঘটনা নয়; কিন্তু এক্ষেত্রে লর্ড হার্ডিঞ্জ শুধু যে দক্ষিণ আফ্রিকার ইউনিয়ন সরকারের কঠোর সমালোচনা করলেন তাই নয়, তিনি এমনকী সত্যাগ্রহীদের কাজকেও সর্বান্তঃকরণে ন্যায্য বলে সমর্থন করলেন। লর্ড হার্ডিঞ্জ-এর দৃঢ়তা চারপাশের সকলের মনেই গভীর রেখাপাত করল। গঠিত হল তদন্ত

কমিশন। কোনো ভারতীয় যদিও সে-কমিটিতে ছিল না, তবু জেনারেল স্মাট্স-এর সঙ্গে বার্তা বিনিময় করে আমি নিশ্চিত হলাম যে, সত্যাগ্রহ সংগ্রাম আর না চালালেও আমরা আমাদের লক্ষ্য অর্জন করতে পারব। ঠিক তাই হল। কমিশনের প্রতিবেদন বেরোবার অল্পকাল পরেই সরকার তার *অফিশিয়াল গেজেট অব দ্য ইউনিয়ন*-এ ভারতীয়দের ত্রাণ বিল প্রকাশ করল, যে-বিল অবশেষে বহু-বিলম্বিত মীমাংসাকে কার্যে পরিণত করল। ওই আইনে ৩ পাউন্ডের কর তুলে দেওয়া হল, ভারতে আইনসিদ্ধ যাবতীয় বিবাহ দক্ষিণ আফ্রিকাতেও আইনসিদ্ধ বলে ঘোষিত হল, এবং জানানো হল, কোনো লোকের কাছে বুড়ো আঙুলের ছাপওয়ালা একটি নিবাসী শংসাপত্র থাকলেই সে ইউনিয়নে প্রবেশের অধিকারী বলে গণ্য হবে।

এইভাবে আট বছর পর সমাপ্তি ঘটল মহান সত্যাগ্রহ সংগ্রামের। মনে হল এবার দক্ষিণ আফ্রিকার ভারতীয়রা শান্তি পেয়েছে। ১৯১৪-র ১৮ জুলাই আমি ভারত ফেরবার পথে জাহাজে করে ইংল্যান্ড রওনা হয়ে গেলাম গোখলের সঙ্গে দেখা করবার জন্য। ভারতে ফেরার সময় মনে আনন্দ-বেদনায় মেশানো এক অনুভূতির উদয় হল। একদিকে বহু বছর পর দেশে ফেরার আনন্দ, গোখলের দেখানো পথে দেশসেবার জন্য অধীর আগ্রহে ছটফট করার আনন্দ। অন্যদিকে আমার বুক ফেটে যাচ্ছিল দক্ষিণ আফ্রিকা ছেড়ে আসতে, যেখানে আমার জীবনের একুশটি বছর অতিবাহিত হয়েছে, যেখানে মানুষের জীবনের তিক্তমধুর অভিজ্ঞতাকে পূর্ণমাত্রায় সবার সঙ্গে ভাগ করে নিয়েছিলাম, যেখানে আমার জীবনের লক্ষ্য খুঁজে পেয়েছিলাম।

গোপাল কৃষ্ণ গোখলের মৃত্যু হয় ১৯ ফেব্রুয়ারি ১৯১৫। ৮ মে বাঙ্গালোরে একটি অনুষ্ঠানে গোখলের একটি প্রতিকৃতি উদ্‌বোধন করতে গিয়ে গান্ধীজি তাঁর 'জীবনে বৃত্তি নির্বাচন' প্রসঙ্গটি ব্যক্ত করেন:

'আমি রাজনীতির অঙ্গনে নিজেকে প্রতিষ্ঠা করেছি। আমার "রাজ্য গুরু" তিনিই। ভারতীয় জনগণের হয়ে এই দাবি আমি করছি।

১৮৯৬ সালেই আমি এই ঘোষণা করেছিলাম, এবং একবার ওই পথ বেছে নেওয়ার পর তা নিয়ে অনুশোচনা করতে চাই না।

'মিস্টার গোখলে আমাকে শিখিয়েছিলেন, প্রতিটি ভারতীয় যদি নিজেকে দেশপ্রেমিক বলে দাবি করে, তাহলে তার স্বপ্ন হওয়া উচিত রাজনীতির অঙ্গনে সক্রিয় হওয়া। ভাষায় গৌরবান্বিত না করে তার উচিত দেশের রাজনৈতিক জীবনে, দেশের রাজনৈতিক প্রতিষ্ঠানগুলোতে আধ্যাত্মিকতার সঞ্চার করা ... আমি সেই আদর্শেই নিজেকে সঁপে দিয়েছি।'

(দ্য কালেক্টেড ওয়ার্কস অব মহাত্মা গান্ধী [CWMG],
খণ্ড ১৩, পৃষ্ঠা ৭৮)

আমাদের অন্যান্য প্রকাশিত বাংলা বই

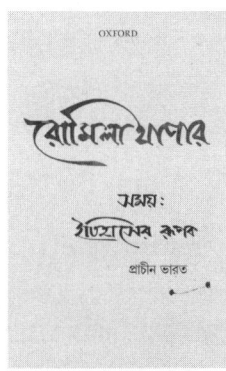

সময় : ইতিহাসের রূপক
প্রাচীন ভারত
রোমিলা থাপার
₹ ১৪৫

গণতন্ত্র ও তার প্রতিষ্ঠানসমূহ
আঁদ্রে বেতেই
₹ ৪৯৫

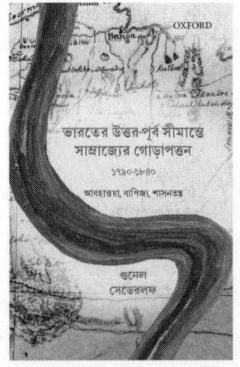

ভারতের উত্তর-পূর্ব সীমান্তে
সাম্রাজ্যের গোড়াপত্তন,
১৭৯০—১৮৪০
আবহাওয়া, বাণিজ্য ও শাসনতন্ত্র
গুনেল সেডেরলফ
₹ ৫৯৫

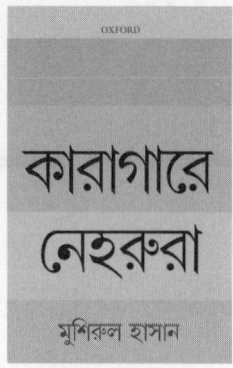

**সভ্যতার স্বরূপ ও ভারতে
জাতীয়তাবাদী চিন্তাধারা**
সব্যসাচী ভট্টাচার্য
₹ ৩৫০

কারাগারে নেহরুরা
মুশিরুল হাসান
₹ ৪৯৫

বাংলায় সন্ধিক্ষণ
ইতিহাসের ধারা, ১৯২০—১৯৪৭
সব্যসাচী ভট্টাচার্য
₹ ৬৫০

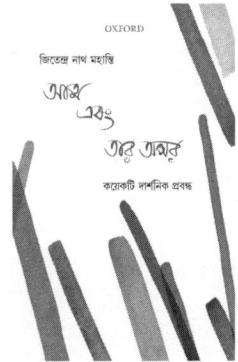

আত্ম এবং তার অপর
কয়েকটি দার্শনিক প্রবন্ধ
জিতেন্দ্র নাথ মহান্তি
₹ ৩৪৫

স্বাধীনতার পথ
ঔপনিবেশিক ভারতে বন্দিরা
মুশিরুল হাসান
₹ ৫৫০

সদা থাকো আনন্দে ...
শান্তিনিকেতনে
দীপঙ্কর রায়
₹ ১৯৫